哲学思考

思想史上的伟大论辩

Thinking Philosophically

An Introduction to the Great Debates

David Roochnik

［美］戴维·罗克里克 著　欧阳昊 译

新华出版社

图书在版编目（CIP）数据

哲学思考 : 思想史上的伟大论辩 / (美) 戴维・罗克里克著; 欧阳昊译.
-- 北京 : 新华出版社, 2020.4
书名原文: Thinking Philosophically: An Introduction to the Great Debates
ISBN 978-7-5166-5092-9

Ⅰ. ①哲… Ⅱ. ①戴… ②欧… Ⅲ. ①哲学思想 - 思想史 - 世界 Ⅳ. ①B1

中国版本图书馆CIP数据核字(2020)第051980号
著作权合同登记号：图字01-2016-6058号

哲学思考：思想史上的伟大论辩

作　者：[美] 戴维・罗克里克　　**译　者：**欧阳昊

责任编辑：江文军　　**特约编辑：**黄绪国
责任校对：刘保利　　**封面设计：**后声工作室

出版发行：新华出版社
地　址：北京石景山区京原路8号　　**邮　编：**100040
网　址：http://www.xinhuanet.com/publish
经　销：新华书店、新华出版社天猫旗舰店、京东旗舰店及各大网店
购书热线：010-63077122　　**中国新闻书店购书热线：**010-63072012

照　排：六合方圆
印　刷：三河市君旺印务有限公司

成品尺寸：145mm×210mm
印　张：11.75　　**字　数：**225千字
版　次：2020年6月第一版　　**印　次：**2023年8月第二次印刷

书　号：ISBN 978-7-5166-5092-9
定　价：46.80元

序

本书所讲的，主要是别人的书。书单所列著作的作者，有柏拉图、卢梭、尼采、奥古斯丁，等等。本书的目的之一，是帮助读者们了解一点儿所谓“哲学史”的知识。不过，这个说法本身有误导作用：它让人感觉柏拉图和过去这帮哲学家们早已躺在了故纸堆里，研究他们的著作的唯一价值，只因为它们曾经有过的影响力。从这个意义上讲，要成为一个满腹经纶、通古晓今的人，就应阅读他们的著作。这当然没有问题。如果没有哲学史的背景知识，不可能理解西方文化。但是，这本书的主要目的，却不在于这种教育，而是要让你知道，这些先哲们与他们所生活的时代一样，今天仍然活跃着。即使对这个智能手机的时代，他们同样富有真知灼见。他们的著作阐述哲学的世界观，这些衔接紧密的思想如同一节节火车车厢，构成了对我们今天许多紧迫问题的回答。即使在二十一世纪的今天——这样一个拥有其特殊成就的时代，我们依然可以发现卢梭或奥古斯丁，就是那个与我们志同道合的人。

学者不是这本书的目标读者。你翻开第一章的时候，应该还是第一次捧起柏拉图的《苏格拉底的申辩》（*The Apology of Socrates*）。你应该捧起它来，细细读完；至少，如果你希望完全加入到我们即将开启的事业里的话，你一定要这样做。否则，你便无法评判我所说的是否站得住脚。

本书各章，讨论的是几本伟大的哲学著作中的简短选段。不过，我们将读到的这些伟大作者，无一不著作等身；因此本书呈现的他们的图像，实乃冰山一角。就拿第二章来说，这章将讨论卢梭的《论人类不平等的起源》（*Discourse on the Origin of Inequality*）中的几段。但是，卢梭也写就了《社会契约论》（*Social Contract*）。乍看上去，这两本书表达的观点是大相径庭的。至于解释二者之间如何相契，那是卢梭学者的任务，不是我的。本书集中讨论的将只是《论人类不平等的起源》中的片断，并从中萃取出卢梭对于社会存在之意义的精妙分析。这样做的结果，难免有过度简化之嫌

（不过，我希望是负责任的简化）。当然，我鼓励大家多阅读一些他的著作，以及本书涉及的一众哲学家的杰作，从而对他们有更多的了解。

本书各章不按照时间顺序排列，而是围绕过去一个世纪里争论最热烈的一系列问题分布。例如第二章里，卢梭将与亚里士多德短兵相接，虽然此二人生活的年代相距长达两千年之久。这样编排出于两个理由：首先，这样做是为了体现出，文中所涉思想并非它们被写下的那个特定时代独有的，它们是基础的智识选项，因而，哪怕时至今日，它们仍然是生活中的可能选择。为了强调这一点，本书里对那些古老先哲的描述，将始终采用现在时态。第二，本书旨在引起不同观点之间的哲学竞争（Philosophical Competition）。我将在第一章中解释什么是哲学竞争，以及为什么要引起哲学竞争。简而言之，本书目标在于，邀请读者们加入战场，正如“竞争（competition）”一词的词源是“一起（com）”和“寻求（petere）”，我希望，我们能一起寻求答案，回答那些启发过古往今来无数思想家们的问题。

除第一章外，其余各章均将让在某一具体问题上持不同观点的思想家彼此针锋相对。这几章中，第一节陈述所要讨论的问题，说明其为何重要。第二、第三节将分别集中讨论一位思想家的一部著作。第四节和最后一节，将针对你或能从何处切入以图解决这一争论提出些许建议，简要勾勒几个思考清楚这一问题所必需的思维步骤。文中将一并阐述两位思想家各自观点的积极和消极方面，以期助你决定自己在论辩中持各种立场，哪怕你的立场只是暂时的。这一点十分重要：这些论辩的结果，与你是有关系的，只有意识到这一点，只有亲身加入这场竞争，你才能在哲学的求索道路上全速前进。

祝你成功！

目 录
CONTENTS

第一章
什么是哲学

是什么让哲学家们思考？

哲学是一项特殊的事业，一种特殊的对话形式。这种形式，从早在2500年前的古希腊就开始了，今天仍然存在。这本书的目的，是邀请你也加入进来。但是，你将要加入的东西，究竟是什么？

哲学家是独一无二的吗？并不。他们和别的科学家、学者、学生一样，受到某种经历甚至某种情感的强烈驱使——好奇心、兴趣、惊喜、迷恋、困惑、讶异。这些经验反过来激励他们发问，问的问题往往以“为什么”开始。哲学家们想回答自己的问题，换句话说，他们想要解释为什么事物是那个样子的。简而言之，他们和别的学者一样，受求知欲的驱使。

天文学家们为星球所惊叹，然后想要知道它们为什么这样运行。生物学家为生命错综复杂的生存机制而入迷，想要弄清楚为什么生命这样完美。数学家们为形式联系的复杂性所吸引，于是永恒地追求自己更强大的推理分析能力。历史学家们日日埋头于浩如烟海的典籍中，因为他们太想知道过去某些事件的时间、地点和原因。哲学家们也是如此。

哲学家们同样痴迷并努力解答自己认为急需解答的问题。但是，他们所想的东西，和那些引起天文学家、生物学家、数学家或者历史学家们思考的东西是不一样的。自然科学家迷醉于细菌、植物、动物、石头，抑或星辰。他们感兴趣的，是独立于自身的外部世界，因此他们用显微镜或者望远镜，好看得更清楚真切。相较而言，哲学家们惊异于自身，因而也对自身加以审视。数学家们倾其一生在解答代数或几何问题上，而对于哲学家们，自己的人生就是他们的问题所在。历史学家们研究过去，而哲学家们则思考，为什么先有过去，以及过去在自己的人生当中扮演了怎样的角色。

柏拉图的对话《斐德罗篇》（*Phaedrus*）中有句话，一针见血地指出了这一点。苏格拉底是本书的灵感来源，他走在乡村里，同伴问他是否相信北风之神的故事（“北风之神”，古希腊神话中，希腊人让他掌管凛冽的北风）。同伴的问题意涵着一个科学解释，一点点气象学的小知识，比一个愚蠢的古老神话好得多。苏格拉底回答说，虽然他敬佩科学家们揭示了这些故事的真相，但他本人没有时间追求这些。为什么？他的解释如下：

> 我的朋友，原因在此：德尔斐神谕所告诫的‘认识你自己’，时至今日我仍不能做到；我对自己还一无所知，要去研究那些跟自己毫不相干的事情就太可笑了。（《斐德罗篇》）

至少对于苏格拉底来说，哲学家所追求的是“**自我认识**”（self-knowledge），而不是认识外部世界，或者外部世界之下的数学构造。但是，小心了，这并不意味着苏格拉底所寻求的是了解他作为个体的自己。他对探索自己的儿童时光或者那些将他塑造成今日之人的伤痛往事兴趣索然。相反，他的问题要深入得多：作为我自己，作为一个人，究竟意味着什么？

《斐多篇》（*Phaedo*）中的另一段话对此作了进一步解释。苏格拉底在这段话中再一次拿自己和当时的自然科学家作比较。虽然他坦承自己对科学家们研究成就的敬佩，但他认为自己确实不适合从事这种研究。他说道，对于研究自然，“我并不具备相应的特质”。这一番话表明，“自然（Nature）”一词是有着双重含义的，其一是指外部世界：由风、水和星辰组成的物理世界；其二正是苏格拉底所醉心的——人类的天性。这两者有所不同。

上高中生物课时，见到同学们迫不及待地看显微镜，我感到十分不解。他们对切片上一滴脏水里面游动着的那些微生物惊奇不已，而我呢？我感兴趣的是为什么他们会有这么强烈的兴趣……以及，为什么我丝毫没有。

“哲学”（philosophy）一词源自两个希腊词语：philia（爱）和 sophia（智慧）。但是，倘若简单地把哲学定义为“热爱智慧”，未免过于含糊。毕竟，生物学家们同样热爱智慧——对于生命体的智慧，而历史学家们也对过往的智慧孜孜以求。那么，哲学家与众不同之处在哪儿？再说一次：他们追求的智慧，是关于人类的生命的性质与意义的智慧。

生物学家或许会有异议：“我同样很想理解人类的生命。毕竟我们也是动物，有心有肺，更有意思的是还都有基因，还有那些带着 DNA 和 RNA 信息的分子，让我们的细胞得以生长和维系。与别的所有生物一样，人这种动物有着自然选择法则，所以说，我在实验室里研究果蝇的时候，实际上也在研究我自己。”

在苏格拉底看到差异的地方——有人性，也有昆虫、植物和细胞——生物学家看到的是生命有机体的不可分的王国。达尔文自然选择理论的著名布道者理查德·道金斯（Richard Dawkins）有力地表达了这一观点：

> 一条章鱼绝不似一只老鼠，二者俱与一株橡树大不相同。然而在其基本化学成分里，它们是相当一致的，尤其是它们所携的复制因子，也就是基因，基本上和构成**我们**一切生物——从细菌到大象——的分子一般模样。（《自私的基因》）

请注意我加粗的词。对道金斯而言，“我们”不仅指他自己、你和我，还指章鱼和橡树。“我们”都是一体的。

或者，我们也可以看看他关于自然选择的观点：它是“盲目的、无意识的、自发的一个过程，达尔文发现了它，现在我们已经知道，它就是**一切**生命……存在的解释”（《盲眼钟表匠》）。他甚至十分夸张地说：

> 达尔文主义包囊了所有生命——人类、动物、植物、细菌……甚至外星生物。它为我们所有生物为何存在、为何所有生物以自己的方式存在提供了唯一令人信服的解释。它是一块基石，在这块基石之上，是我们所有的人文学科（《自私的基因》）。

道金斯认为，包括我们（你我）在内的整个生物世界是一个整体，而只有达尔文主义为“我们为何存在”这个问题提出了令人满意的解释。这个论断的惊人之处在于，它自身并不能通过生物学得以证实，尽管他本人对生物学钦佩有加；这是因为，这一论断是一个综括式的主张，不可能通过经验的证据来验证。不论多么勤勉刻苦的生物学家，也不可能将一切生物研究个遍。那么，道金斯关于达尔文主义的这一论断尽管得到了他自己的研究的支持，但道金斯的主张本身也激励和塑造了他的研究。这也让他自己了解到，自己作为一个思想者究竟是谁。他所主张的东西，既是前提，也是结论。

这并非批评。每一种科学也好，每一个证据、方法或者研究项目也罢，需要的恰是这样的前提。毕竟，你在明确自己的研究目标之前无法启动研究，或者说，在你对自己希求的答案是什么类型略有感察之前，你无法开始发问。但是，道金斯的论断过于浮夸，我们应至少提出疑问：如果他无法证明一切生物体在根本上是一致的，无法证明达尔文主义自然选择不仅仅是人文学科的基石，还是“我们为何存在”这一问题的唯一令人满意的解释，那我们为什么要相信他呢?

为了能解读道金斯，我也希望能够了解我为何是我。最近这些天来，我作为我的一部分事实是，我在波士顿市骑自行车。为什么呢？且看下边的几个兴之所至的解释。

我喜欢自行车的便利，胜过在拥挤的城市里开车。比起堵在路途中和找车位的种种麻烦，骑自行车轻松高效得多。骑自行车，我可以随时随地停靠。

我喜欢骑自行车带来的需要花费的体能。在波士顿这样一个小城市里，骑自行车的锻炼强度虽然不大。多年的骑车锻炼，我大概更加健康了。

不骑车的时候，尤其是夜晚，如果我在紧靠查尔斯河的海滨大道上而没有骑车，会感觉像一个孩子在做着什么略为危险的出格事儿。这是我喜欢的骑车时间。

因为我多年的波士顿骑行，现在我对这座城市的那些社区有了深入的了解。我知道每个交叉路口的交通情况，知道哪条街拥堵，哪条街有自行车道，哪条街有无敌的海湾景色。我知道走在人行道上的是哪些人，知道公园在哪里，知道去往那些有着室外座椅和冰镇啤酒的好餐厅的最佳路线。从内心里知道这个城市是怎么样的。

而每当我开车的时候，我总是紧闭车窗，开着冷气或暖气，听着收音机。我将自己抽离开街道，舒坦地坐在自己的小世界里，几乎不会遇上有什么东西让我惊讶的事。这种体验往往令人感到舒服，所以我也喜欢开车，尤其是在高速公路上开车。但是在城市里，我更喜欢自行车，自行车与汽车、行人、建筑以及其他骑手的互动是常有的事。骑在自行车上，我其实一头扎入了流动着的公众生活当中。与此同时，我更加独立，我不用再等火车或公交车，不用再担心交通顺畅与否。我可以随时起停，只要我想。当然了，有时候花的时间多一点，有时候还比较辛苦，但这代价其实很小。

因此我和妻子都没有买车。但我们是一家汽车共享公司的会员，需要时可以短租车辆。因为没有车，我们省下了许多钱，这一点我们俩都十分高兴。有人算过，2012 年养一辆车的平均花销，大约是 8000 美金一年。

由于我不开车，也就没法随时跳上车到超市去买一罐牛奶，因而我在购物上更精打细算。我需要详细地规划路线，加上骑自行车能带的东西少，我得多跑几次。这样的交通方式也比较费力，我对何时出门、去多远的地方等事项必须更加小心地规划。

在波士顿这个地方，最适合骑车的月份自然是夏天和初秋，这时候气候温暖，农贸市场在各处开张。鉴于我内人和我自己都骑自行车，我们的活动范围大大缩小。我们不会再为了省钱而大老远跑高速去大型商场（俗称“大袋子商店”），几乎所有东西都就近在当地购买；当地的农场主、乳酪师、面包师在售卖自己的货物，我们直接从他们那儿买；买的时候也不用信用卡，直接用现金；我们时常与他们攀谈。而在大型超市里，跨国超市集团雇佣的那些挣最低工资的超市员工，我们很少跟他们说话。我们现在还跟别的顾客聊天，很多时候，我们感觉与别的顾客被某种纽带联系着。

在繁忙的城市街道上骑自行车自然是危险的。有好几次我差点儿没躲过去，否则就是严重车祸；许多骑手也跟我谈起被“汽车门卡到”，或者被车撞了的经历。不过，在联邦大道上与庞大车流斗智斗勇所带来的肾上腺素的激荡，也是骑车的一大乐趣。我骑车时十分警觉，随时准备着急转弯，或者猛捏车闸。骑车时和我平时大多数时候很不一样：平时我总是忙碌于各种事务和责任，但一到了自行车上，我的注意力就只集中在路上。我变得更加专注，更加警惕。这是一种集放松和活力于一身的体验。

自行车和汽车一样，都是机器，都是一种能改变方向或者放大驱动力度的设备。但是，汽车的动力是通过燃烧能源产生并为驾驶员所用的，而自行车的动力由骑手做功产生。在自行车上，我必须自己运动起来才能行进，因而，比起汽车，自行车更像是躯体的延伸——这是我感到在自行车上更有生机活力的另一大原因。

骑车的时候，我总是一丝不苟地遵守着适用于汽车的交通规则。红灯时，我也停车。这样我就让我附近的汽车驾驶员们知道，我也是道路上的一分子，应该为他们所尊重。这样做我实际上是告诉他们，我在他们制定的遵守交规这一社会契约中也是平等的一员。结果我感觉更加安全，因为我遵守法律。

因为我没有汽车，在我的朋友圈子里，我略有点儿像个局外人。我以前就一直处于这样的边缘，而身处其中让我也觉得如鱼在水。现在路上的骑手太多，骑自行车几乎就像是社会活动的一部分，骑上自行车就是在表达自己的声明。过去的60年里，汽车给美国的城乡建设、经济与生活方式带来了翻天覆地的变化，但总的来说，这是一场悲剧。美国人不再赞颂和肯定生机勃勃的公共空间和身体的重要性，不再安土重迁，相反，大多数美国人开着车从一个大的私人空间前往另一个大的私人空间。而骑自行车，让我以一种新颖且政治健康的方式，成为这城市的一部分。

骑自行车迫使我认识到自己的弱势，尤其是我无法改变天气这一点。我享受和煦的阳光，但突如其来的暴风雨会让我措手不及，十分狼狈。汽车总是让人能安心地行驶。但是，我因此得来的好处更多，这个交易还不赖。

比起开车，骑自行车让我释放到大气中的碳少了很多。如果科学预测没错的话，全球变暖将对全世界的人们造成许多伤害。为此，我（骑自行车）是在为缓解这个令人担忧的趋势贡献自己的绵薄之力。或许，我们都应该这样做。

像理查德·道金斯这样的生物学家，肯定能够解释我刚才所描述的这些。他完全可以教导我，我的肌肉在驱动自行车前行的过程中怎样工作，或者我的大脑如何处理在我眼前一掠而过的事物形成的视觉刺激。他一定能够告诉我，人体组织是如何进化成现在这样，能从体力活动中得到正面反馈的。他还能够浅谈一下我在自行车上所感受到的那种与我的社区、与公众形成联系的愉悦感。他可能会说，人类已经进化到存在一种本能的渴望，渴望去与他人合作，因为这能提高物种的生存概率。

心理学家或许能解释为什么我喜欢做边缘人，喜欢回归到骑自行车这样一种孩童时代的重要活动上。或许我身上留存了某些青少年时期的叛逆。社会学家拿得出数据，证实我对骑车有助于城市的福祉这一预感不虚。比方说，哥本哈根的研究人员已经计算过，由于大量的人骑自行车而不再开车，空气污染、交通事故、基建设施的破损下降，由此所节约的价值高达 3000 万美元。

这一数据，准确性我虽无法证实，但我却十分受用。不过，这和任何其他科学解释一样，都无法完全回答我对于骑自行车一事的种种想法所激发的疑问。

当我说我觉得骑在自行车上，动用自己浑身的肌肉力量来驱动它的时候，比起舒舒服服地坐在一辆烧油的汽车里被动地享受不需要力气的行进要更有活力，这意味着什么？感到活力等于有力量吗？反之，感到活力等同于体力活动吗？如果是这样的话，我的心灵该作何感受？如果我花更多的时间在办公室里思考或者伏案于电脑前工作，我是否会感到更有活力，更有力量？很可能我并没有扩大我的生活，反而在这种严酷的体力活动——而非脑力活动——

中，实际上牺牲了宝贵的时间。

骑自行车对健康有着显而易见的好处。但是，究竟什么是健康？这段时间我感觉不错。可是，“感觉不错”这种转瞬即逝的感受，是否是衡量健康的最佳方式？更好的健康评估方式可能是：系统地对比自行车骑手和汽车司机的寿命。这样一来，问题就变成了，通过骑自行车，我有没有增加几年寿命？这个问题，直到我嗝屁前想必是不得而知的了；但是我现在就能提出这样一个问题：更长久的人生是否意味着更好的人生？健康实际上是不是能够量化评价的？还有更普遍的：“活着”和“活得很好”之间，是否有显著的差异？如果有的话，这差异是什么？

类似的，开车明明更安全，为什么还要骑自行车，故意将自己置于受伤的风险之中？莫非骑车的价值要胜过它的风险？这一问题还可以深挖：一切行动的价值都只能通过其未来收益衡量吗？没有车，我能节省很多钱。是这些省下来的钱让骑车有了价值？抑或，有没有什么事情，甚至是危险的事情，本身也很有价值？它们的好处，仅仅在于它们本身吗？

一个相关的问题：如果我们通过行动的后果和可能的收益来评价一样行动的价值，那么这是否意味着，对未来的定向是我们人生中的头等大事？我们为着自己的计划、期望、希冀和忧虑而奔波，那么，我们又该怎么来了解我们与现在的关系？为什么我们不能活在当前的现在？或许我们应该试试。尝试活在现在，是不是可能最终徒劳无功？可能现在只不过是一个消失中的时刻，是过去和现在之间的通道，而这个通道本身并不会持续。如果这样的话，我们根本就不可能存在于“现在”。不论答案如何，我们都不得不反思这样一个事实：我们不可逆转地活在这条从未来流经现在，流向过去的时间长河里。我们还不禁要问，对我们人生中这样一个压倒性的事实，我们能采取的最好最健康的姿态是什么？

既然我们端坐在汽车里就能够躲开恶劣天气，为什么我们仍然会倾向于自愿地将自己置于大自然那难以预料的力量下？如果有可能通过更强力的技术将一切不确定因素最小化，何乐而不为？

为什么夜里骑着车有一种玩耍般的童趣？我很惊讶也很高兴，我在这样的年纪仍然能享受这些。但是，这又意味着什么？玩耍是否只意味着一种对成年人责任的轻浮的背弃？

我感觉到自己在城市里和在公共空间里的物理存在感，为什么会有这种感受？它为什么是好的？公共空间和与他人合作的正面意义是什么？我骑自行车的行为，代表着对那种将自己与他人隔开的文化的微小抗议。这会不会是无稽之谈？如果你认为你家那个社区里面有些事情不妥，难道你不应该挺身而出，而不是骑在自行车上无声抗议吗？或许，我应该竞选个公务职位，或者去做一名政治活动家。

农贸市场的吸引力在于，它规模小，在本地，个人化。但是，他们售卖的货物要比超市里的贵不少。为如此高昂的价格买单是否值得？我们常听说，大型超市效率更高，上新更快，可为什么小型市场比大型超市更好？地方小市场的迷人之处在哪？

我是否应该因为法律本身而遵守它？还是我应该在守法能为我带来好处时守法？

当我的同龄人大多数还在用汽车的时候，我已经开始使用自行车，为此我小有得意。他们几乎并不了解波士顿，而我对波士顿的很多地方如数家珍。这会不会仅仅是我的虚荣心作祟？我是否只是在炫耀？

由于我身体力行地在波士顿各处穿行，我了解波士顿的外貌，它给人的感觉，以及它的运行。但是，我所知道的这些在任何严肃的层面上能被算作知识吗？我对这座城市的街道有些体验，但或许这就是全部了。什么是知识呢？

人类是否有一种道德上的义务，采取自己能力范围内的行动来保护我们赖以生存的、脆弱的环境呢？

在思考骑自行车这件事的过程中，这样的问题出现了不少，但那些主要任务是研究事物运行或者大脑演化的科学家们并不能直接地，或者卓有成效地解决。相反，笔者坚信本书后续章节中所探讨的哲学家们能够为把握这些问题给出一些方向，而这也正是本书的出发点。同样来自《斐多篇》的苏格拉底所讲的另一句话很好地阐明了它。他想象一位自然科学家对“为什么我现在坐在这里？”这样一个简单的提问做出回应。

> “我坐在这的原因，那位想象中的科学家说，是因为我的躯体由骨骼和肌腱构成，骨骼是硬的，被各个关节所连接，而肌腱让它们能够伸缩转动，还有血肉和皮肤将骨骼包裹，这样一来就把骨骼整个包在了套子里，而肌腱的伸缩转动让我能够弯曲四肢，这就是为什么我现在蜷曲着肢体坐在这儿。”（《斐多篇》）

苏格拉底对这个答案并不满意。用他的话来说，“我坐在这儿的真正原因……是因为坐在这儿对我而言似乎是最好的。（《斐多篇，98e》）”

为什么我现在坐在这儿？回答这个问题的方式林林总总。生理学家的解释会从让我们坐在这张椅子上的这种身体机制开始。演化心理学家会解释人类大脑如何演进，以至于能够阅读写作，比如我现在坐在这儿写作。经济学家会解释为什么有的人，比如我，有足够的自由时间享受这种惬意但可能毫无意义的活动，而这个时候，别的人为了填饱肚子正在工作。不同类型的解释可以满足不同类型的询问。道金斯相信只有达尔文的自然选择理论能给“为什么”的问题一个满意的答案，但这是因为他本人对此感兴趣。他对动物行为的历史和机制十分着迷，以至于他——就像苏格拉底假想的科学家一样——也会用同样的理论来解释我的“骨骼和肌腱”——它们本身是千百万年来演化发展的结果——是怎么把我带到这张椅子里来的。

苏格拉底敬佩这样的智力工作，但他对此并不满意。这倒不是因为他所在的那个时代的科技比较原始，实际上，要求多种不同答案的问题还有很多，他同样兴趣浓厚。如他自己所说，现在他坐在这儿的真正原因是因为坐在这儿对他而言似乎是最好的。毕竟，如果他想起身离开的话，他完全可以这么做。但是他没有。为什么？他的选择是对的吗？在这里，对这个问题如果用机能或演化来回答，至少对于苏格拉底来说，是错失了目标的。苏格拉底在《斐德罗篇》中说道，这样的回答只能提供“毫不相关”的信息。他真正想要了解的，是自身行为的意义。

“意义”这个词自带着一股魅力。它有两个层面的含义，首先是语言学层面：“意味着”，或者“有含义”。比如说，“桌子”一词意味着一种家具，有垂直支撑，上方有一块平板，可以放东西。第二个层面，是“作为目标”或“意图”，比如“我本来打算打给你，但我忘了（meaning

一词既可以表示“意义”，也可表示“打算”——译者注）”。如果把这两层含义放在一起的话，我们可以想到一个很常见的短语：“生活的意义”，它意味着，生活有一个目的，这个目的可以清晰明了地被表达和说明。广义上来说，苏格拉底毕生正是致力于这样一项事业。

你是打算继续阅读还是就此搁置这本书，取决于你面临的问题是什么。一场解剖学或者神经科学的讲座更能解你之渴吗？演化理论是否就道金斯的问题“我们为什么存在，为什么以这种方式存在”给了一个你满意的答案？如果是，那你无须再读下去。相反的，如果苏格拉底对于他那个时期的自然科学家们的评价言之有理，如果他的要求——把注意力放在我们生活的意义上来，因为我们正在切身经历着——对你还有些吸引力的话，那么，你或许该继续读下去。

五个问题

本书将围绕五个广义的问题展开。这五个问题可以从我前面关于骑自行车的思考当中提取出来，简述如下：

1. 我们是社会－政治动物吗？我很享受和我内人一起在当地一家农贸市场里购物，享受骑着自行车在这座城市拥挤的大街上穿行，享受在公共场所逗留的时光。我大天读报，关心这个国家大大小小的新闻。我轻视那些自私自利的人。但是，我的所作所为也产生了一个问题：我们是不是生而为社会－政治的存在？我们是在参与和关注自己的社区之时更加自我,还是孑然独处时更自我？或者，是不是只有我们独处而远离他人评判的目光之时，我们才能完全地做自己？作为社区的一部分是否意味着放弃我们做真实的个体的责任？

2. 我们该怎样做？燃烧化石燃料可能会以助长全球变暖的方式伤害他人，可能是穷人。为此，我们是否有义务尽己所能来减轻这种影响？我放弃汽车的行为，会因此而变成一种道德上令人钦佩的行为吗？现实一点儿吧，我改骑自行车而不再开车，对于大气层的化学组成而言犹如沧海一粟，根本不可能带来什么可见的不同。一个行为的道德性,是仅由其后果来决定的吗？或者说,有没有一些行为，无论其后果如何，都一定是正确的行为？

3. 我们该效仿谁？这个问题与前一个颇为相似，但有着明显的不同。与其询问某种特定行为的道德性——我是否该做 X,或者不要做 Y？——这个问题要求我们退一步，从整体上审视我们的生活。什么东西最卓越出色，最令人满足，我们能过的最真实的人生是什么？有没有哪一类人是可以作为模范来效仿的？如果有，他／她能不能具体指导我们如何过好自己的每一天？

4. 我们了解些什么，怎么了解？我宣称自己了解波士顿，因为我熟悉它的街道。但是，这种累积而成的经验真的能被算作知识吗？可能“了解”是一项苛刻得多的事业，而且是一项严格的心智行为。可能哥本哈根的研究人员在以精确的量化方式测量了骑自行车对经济的影响之后，能够宣称自己知道些东西。但是我呢？我知道些什么？如果我真的知道些什么的话，我是怎么知道的？

5. 何谓当下？我时常坐立不安，为未来的种种可能忧虑不已。我几乎总是会有点儿杞人忧天，以至于我时常因为想到下午要做的事情而打断上午的写作计划。而我妻子则不然，她能很好地专注于眼下的事务。她知道怎么及时行乐，极少忧虑——而这也是她时常约会迟到的原因。而到了晚上，她时常沉浸在往事中。她的自省，让她难以入眠。

我们都是暂时的存在，这无可避免；而我们对未来－现在－过去的适应过程则塑造了今天的自我。我们有的人一直忧虑着明天要发生的事情，有的深陷在过往中，还有的则舒舒服服地活在当下。问题在于：什么是时间？时间有着哪些现实？毕竟往事已然过去，未来尚未到来，当下又可能只不过是未来过渡到过去的这么一个转瞬即逝的时刻。一切只不过昙花一现，稍纵即逝：是这样吗？如果是的话，那么可能我们应该到别处——那些无关时间的东西中——去寻得慰藉。可是，如果一切都不能幸免于时间之流的湮灭，又该怎么办?

或许，我喜欢在城市大街上——那儿的一切总是快速而狂暴——骑自行车的真正原因在于，这迫使我比平时更专心致志，完完全全地专注于眼下。骑车的时候我自然不能担忧明天的事，而只能盯着路边停着的车辆，以防哪辆车冷不丁打开车门。可能，在这种情况下骑自行车是很有成就感的，因为它让我能够暂时逃离那从未来到过去的坚不可摧的通途。

阅读伟大的书籍

前面的五个问题和本章中其他内容一样，都旨在给您以一些暗示：被苏格拉底所启发的哲学事业，究竟是什么模样。但是我本人，如果用我自己的语言、个人的经验以及分析能力的话，我没法很好地回答它们。我没那么智慧。

所幸我并非孤家寡人。在我的成年人生中，我一直向那些古老的书籍——它们一般有着“伟大”或“经典”的标签——汲取营养。如果说我在回答前面的问题上——或者在说明那些问题上——有任何进步的话，也是由于我读了这些书。因而，我自己的这本书大部分是关于它们的内容，将涉及的作者包括柏拉图、罗素、亚里士多德、圣奥古斯丁、尼采、穆勒、康德、笛卡尔、休谟……伟大的思想家们。（还

会有一些简短的章节谈到两位伟大的中国思想家：孔子和老子）

令一本哲学著作堪称伟大的原因在于，作者在其中对一个因好奇而得的问题给出了全面的解答。由于伟大的思想家们对一切事物好奇，他们的心智如此强大，以至于能够造就出一列思想的列车出来，这辆车跨越开端和结局，庞大无比。他们很清楚，没有哪个问题——甚至高屋建瓴的广义问题——是能够孤立地从某个方面解释得清的。例如，我们应怎样来道德地行动（2）和我们应希求一种怎样的人生（3）这样的问题，取决于我们是怎样或者应该怎样面对时间（5），以及我们是否天生就是社会/政治的存在（1）。知道我们怎么了解（4）是我们对别的问题可能给出的任何回应的前提。严肃的哲学家纵观全局，总希望能给出一个有始有终的解释。除非你是个天才，否则的话，你最好不要尝试去这样做。如果我们想要学会哲学地思考，除了小心翼翼地走过那些伟大思想家们在书中铺就的思考之路之外，没有更好的办法。

我当然可以试着给出更多的解释，但这样做并不明智。要阐释得更好，远胜于此的办法则是去重走我过去卅载的教学中所走的路：打开一本书，用我自己的方式消化（讲授）它；尝试追溯或者重构作者得出解释的思维过程，并尽可能地清晰明了；请其他人（学生）来做这件事。这正是本书其他章节要做的。

这里出现了一个潜在的障碍：这些我们笃信的伟大哲学家中间，存在着一个惊人的事实：他们互不认同。例如亚里士多德，他坚信人类天生就是政治生物。这意味着，如果认为自己首先是一个个体而不是一个市民——而今大多数美国人这样做——这个个体就不是完全的人。卢梭却认为，我们天生就是孤独的存在。他认为我们在社会当中持续地将自己与他人作比较，从而也通过别人的眼睛来观察自己。这样一来，社会当中的我们总是失去自我。以此可见，在卢梭看来，亚里士多德大错特错。

约翰·斯图尔特·穆勒认为，道德的行为是由它对别人生活的积极后果来定义的。如果骑自行车对大气产生的碳排放更少，从而让这个世界变得更好，那么骑车或许是道德的行为。但康德却不这么看，康德认为道德的行为不取决于它的后果，只取决于指导这个行为的原则。他相信，如果言出必行是应该的，那么我们绝不能在任何情况下言而无信。

为了遵循自己关于人类政治性的观点，亚里士多德认为，最好的人生是由一位成熟、庄重、完全理性的成年人——这个成年人接受领导他人的责任——所领导的生活。而尼采却从一个玩耍的孩童身上发现了人类繁荣的范式。我们后面将读到关于非西方哲学的一章，其中孔子和老子也同样观点相左。孔子和亚里士多德略有些共同点，而老子的观点更接近尼采。

笛卡尔的许多观点十分清晰且独特，我们只要解读他的这些观点就能得到许多知识。这些知识是先验的，也就是说，它们独立于可感知到的现实，因而既不能也不需要进行实证检验。通过他的观点，我所认为的那种通过骑自行车获得关于这个城市的某种经验性的知识简直就是一派胡言。而休谟却认为，我们所有的思想均来自经验，以至于知识也极可能源自此。在休谟看来，不存在什么纯认知性的能力能够独立地从可感知现实中揭示世界的真理。

圣奥古斯丁认为，在时间里存在的一切事物——我们眼睛能看到、双手能摸到的一切——都是非实在的，因而一定是不能令人满意的。对他而言今天存在明天将消逝的一切都不完全真实。对于我们现在所知的“时间意识”，他给出了十分精彩的分析，并认为处在过去——现在——未来这一时间之流当中的人生本身就是消逝当中的一条烟缕，仅此而已。结果，他认为总体而言我们的明智之举是让自己去面对那些对时间之流免疫的东西；换句话说，去追求不朽，去追寻神。尼采针锋相对地认为，奥古斯丁对时间之流的诋毁十分卑劣。在尼采看来，否定现实和时间流逝的好处无异于某种自我憎恨。没错，时间是在飞逝，但这就是我们拥有的所有；因而尼采向我们提出挑战，迫使我们肯定生活的本来面目，而不要逃离到一种假想的、死气沉沉的远处去。

简而言之，哲学的历史就是对立思想的一系列分歧和争议，而且从未出现过任何一位无可争议的赢家。不像能够一致认同元素周期表上有多少种元素的当代化学家，也不像那些一致确认自然选择理论的生物学家，哲学家们在大多数议题上相互对立，今天饶是如此。他们不像自然科学或经济学界的同僚，他们从不会苟同某种单一的理论框架，以这种方式来加入别人的阵营并实现不断累积的进步。恰恰相反，他们的工作便是决定什么是基础，什么是框架。而在这件事情上，他们互不认同。这种竞争，今天仍在继续。

那么问题来了。如若笔者上文提到的列位先哲们互相之间针尖对麦芒，他们又凭什么都能够堪称“伟大”？既然互相之间观点相左，难道就不会有谁是错误的吗？

有位哲学家受够了哲学界争辩无休无止而又裹足不前，于是决定摒弃这一切。他就是笛卡尔。笛卡尔写道：

> 关于哲学，我只想说，看到数百年来无数伟大先哲们的孜孜探索，然而时至今日我们仍然没有哪个地方不存在争议，以至于没有什么东西是可以笃定无疑的，我根本不敢不自量力地以为我自己能让此局面有所好转。（笛卡尔，《方法论》）

笛卡尔这显而易见的谦逊只是一种掩饰。他决意要做的，除了摒弃传统西方哲学以外，还要从无到有，开创新的东西出来；也就是说，一种与先哲们截然不同的、无可置疑的理论立场。当然了，他的尝试，在四百多年前的那个时代，一经开始便备受争论。换句话说，笛卡尔本人变成了他自己所不齿的那个传统的一部分。

虽然在哲学的历史当中没有任何一个议题为所有人一致认同，但这不应该是绝望的理由。笛卡尔可能认为它是，但这是因为（这一点我们在第六章中将读到）他是一个有着极其智慧的气质和动机的思想家。最好的佐证是，据说他喜欢自己在数学上的成就的清晰和确定性，以至于这成了他的一个标准，所有别的知识主张都要用这个标准来加以衡量。形象点儿来说，但凡嗅到任何一点模糊或存疑的气味，他便避而远之。不过，可以肯定的是，对于哲学上的意见分歧是有更为积极的方式去对待的。数学本身，先不论其有多么美丽、多么令人折服，并不总是知识的最佳范例。如若此言不虚，那过去哲学家们之间的争论也并非那么令人沮丧；相反，它可以被理解为一种朝气蓬勃的、从不间断的对话，即便在今天，这对话不仅欢迎我们加入，还会让我们获益不浅。这一点下例可证：

卢梭想必读过亚里士多德的《政治学》，因为他曾经借用了该书中一句话作为自己的《论人类不平等的起源》的引语："不应当在变了质的事物里而应当在合乎自然法则的事物里来观察自然。"

卢梭提到的这段话中，亚里士多德提出了一个方法论原则：要理解任何自然的存在——例如一种动物——我们应当研究这种动物的最佳代表，也就是（用亚里士多德本人的话来说）"合乎自然法则"的东西。要理解什么是鹰，就要研究一只身处壮年、矫健凶狠、展翅高飞、目光如炬的鹰。这样就能够揭示什么是"鹰性"，或者说一只鹰意味着什么。类似的，如果要理解人类，就要研究那些亚里士多德称之为"杰出"的人。这些人展现了这个物种的天生能力，最大限度地发挥了潜力。正是通过研究这些人，而不是那些"变了质"的人，我们才能最好地研究生而为人究竟意味着什么。

卢梭在某种程度上认同这一立场，并且他的这本书恰好贴切地完成了检视人类最为天性的一面这一任务。但是，在这样的个体是哪些人的问题上，他完全不认同。简而言之，亚里士多德给卢梭留下了一个问题——什么是人性？——同时也留下了一个回答这个问题的方法，然而后来卢梭走到了对立面，有了自己的主意。后来，他自己得出了答案——与亚里士多德的答案截然相反，即使这个答案的得出要多亏后者。这一点，第二章中我们会进行详述。

要再一次提到的是，笛卡尔的挑战是必须的。如果这两位堪称“伟大”的哲学家互相之间如此对立，我们又怎么能够评判他们之间孰对孰错？还有，为什么我们要去评判呢？可能，因为亚里士多德和卢梭并不知道我们最近的神经科学和进化心理学的进展，一开始也都没有什么正儿八经的机会来试着回答这个问题。既然如此，我们又为什么要操这个心呢？

我读研究生的那会儿，假期会去看望父母。我的父亲是一位工程师，同时也是位业余数学家，他总是取笑我说：“近来可有何突破？”其实暗地里他十分慷慨而又乐于支持我，他的问题是有意刁难我。他实在想不通，为什么我要去学哲学，为什么要去追求这样一种百无一用的学科。

为了回答这个问题，我又一次转向了苏格拉底寻求帮助。

苏格拉底导读

📖 柏拉图，《苏格拉底的申辩》

希腊语 apologia 英文译作“apology”，取“申辩”之意，并非意为道歉，或悔过地承认错误。相反，它是一个法律词汇，意指辩护演说。苏格拉底曾被当局指控这样一项罪名：“腐化年轻人，不相信全城所信仰的神灵。”他被控颠覆罪，这又反过来加深了他对传统宗教的（被控的）排斥。在他的“申辩”中，他试图说服法官自己是无辜的。

他的申辩以复述一个故事开始。他的朋友凯勒丰从前请教过德尔斐神谕，询问有没有人比苏格拉底更加智慧。回答是：“没有。”苏格拉底用这个例子来说明自己就是那个“最有智慧”的人。但是这又让他十分不解，他说道，“我心知肚明，我丝毫也不智慧。”据推测，苏格拉底仍然发现这个世界十分难懂。不管怎么说，他向法官解释道，为了搞清楚神谕的真意，他决心找一个比自己更有智慧的人出来。到最后，他找到了三类人，这三类人——至少在公众舆论里——据说是智慧的。换句话说，他找出了当时的著名公知来，这些公知如果在当代的话，会出现在脱口秀里。他们中有政治家，有诗人，还有技术专家。当然了，苏格拉底猜想，这些人中的代表人物一定比自己更加智慧。

首先我们要明确一点，为什么苏格拉底要挑出这三个群体？不论在古代雅典还是当代美国，政治家们总是无一例外地自信，这是因为，为了说服听众，他们必须要具备权威性。他们是公认的领导者，必须果断决策，有的决策还会带来严重的后果，尽管如此，他们决不可以表现出任何犹疑。所以，很难相信一名成功的政治家在被问到什么问题的时候会回答说，“我真的不太确定，我们讨论讨论吧。”相反，他们一定会以自己最高昂的自信，滔滔不绝地发表意见，并说服别人跟随他。

而“诗人”也同样有着智慧的美名。诗人这个词，在希腊语中的含义要远比英语中丰富，它指的是那些“造”（poiein）出某物的人，跟我们现在所说的“艺术家”相近。在那个时代，“诗人”一词所对等的当代含义之广，远甚于它的字面意思——例如罗伯特·平斯基（当代美国桂冠诗人）这样的诗人，还包括剧作家、小说家、视频制作人、画家、网页设计师。这些人塑造文化，赋予这个文化以声音和图像，以及气质。像那些政治家一样，这些“制造人”十分肯定自己了解事物的样子，继而急切地向公众兜售自己的观点。他们通过散布自己的艺术作品，告诉我们——有时明确地，但更多时候是含蓄地——我们应怎么去看，怎么去说，怎么去做、去想、去感受、去用度、去观察。他们对观众有着极大的影响力，对年轻人影响尤甚。就像那些政治家，这些诗人的行为也隐含着一种自信的主张，宣告自己了解事物的本质。

著名的苏格拉底质问的第三种人，是我们今天的工程师的古代版本。他们有着某些方面的技术知识。这些人知道怎么构造各种设备，让我们的生活更加便利。古代陶工知道怎么制作陶器来长期盛放橄榄油和美酒。木工会建房子。今天的软件工程师会写代码，让我们十分方便地获得海量信息。苏格拉底承认这些人都是非常聪明的人。按他的话来说，“他们有很多很细致的知识……他们知道我所不知道的东西。”但是，他们也同政治家和诗人一样，他们会自信过度。因为他们对自己那门技术很在行，他们的作品往往又美观又实用，结果导致“他们认为自己在很多别的重要领域也同样智慧”。苏格拉底并没有挑明是哪些领域，但我们可以猜到。什么是重要领域——至少对他而言——这个问题就像，我现在坐在这儿对我而言是最好的吗？或者说，我现在耽于对未来的想象中，是否在浪费我现在拥有的这丁点儿时间？为什么和朋友们共进晚餐，是富有意义的生活必不可少的一部分呢？在波士顿骑自行车究竟有什么好的？我为什么要担心自己的行为对别人有什么影响？当我的祖国陷入危机，我应该怎样做？我真的知道什么东西吗？如果是，那我要怎么做？一言以蔽之，他的问题，广义上都集中在自我认知这个目标上。

政治家们总是用自己的慷慨陈词教育我们事情应该怎样怎样，但是他们甚少停下来扪心自问，什么才是真正好的、美的，或公正的。诗人们或许能讲非常好的故事，他们故事中的主人公或许栩栩如生，跃然纸上或屏幕上，但这些诗人无法解释自己的作品意义为何。说到工程师们，尽管他们经历了严苛的训练，他们的专长并不能告诉人们，技术创新如何才能被善加利用于人类世界。当然了，这算不上失败。相反，技术专家们的问题在于，他们“认为自己知道，实际上并不”。具备了技术知识以后，他们并不满足；他们认为自己知道最新的设备是好的，应该加以利用。他们相信技术知识是人类智慧的第一要义和终极目的，认为那些具备技术知识的人应该主宰世界。

通过严格审视这些自吹自擂的论断，苏格拉底揭露了他们的欺骗性。至于他是怎么做到的说来话长，这里只消指出这么一点就够了：以他自己的话来说——当然，他自己的观点也需要被彻底地审视——那些名气最响亮的智者，完全名不副实。

至此为止，上文对苏格拉底的哲学行为的描述似乎全然是负面的。他告诉那些当权派人物们自己并不知道自认为知道的东西，从而把他们拉下了神坛。但是，苏格拉底的故事也有积极的一面。质询了一个政治家，并指出了他论断的空洞之后，他总结道：

> 我比这个人更有智慧；似乎我们俩谁都不知道什么真有价值的东西，而他认为他知道自己并不知道的东西，但我却不然，我不知道的时候，我不会认为我知道；因此我在这个渺小的方面是要比他更有智慧的，也就是，我不会自以为是地认为自己知道些我并不知道的东西。

苏格拉底声称，自己具备他称为“**人类智慧**”（human wisdom）的东西。他承认自己的局限，也正因为如此，他变得比别人更有智慧。他的智慧既消极，也积极。欲知为何，请看下一例。

今晨我醒来，穿上衣服，冲了咖啡，打开报纸的体育版面，看看昨夜谁赢得了棒球赛。我之所以这样做，是因为（1）昨夜有比赛；（2）既然棒球赛没有平局，那一定会有一方胜出；（3）我不知道比赛结果；（4）我想要知道比赛结果；（5）报纸上的报道能回答我的问题。

像苏格拉底一样，问问题是既消极又积极的一件事。它意味着承认你不知道答案，但这也需要你具备一定的背景知识，否则你一开始就问不出问题来。我并不知道比赛结果，但我确实知道上面的五件事情，这就是我为何要打开报纸，寻找我问题的答案。

在那五件事情当中，前两件是简单的事实，我是知道的：昨夜有一场比赛，鉴于棒球赛规则，比赛不可能以平局收场。第三件——我知道自己并不知道比赛结果——假定我已经知道了前两件事，但我还需要一些别的东西：某种反省。我回想起昨天夜里我早早上床了，没有观看全场比赛。结果今晨我知道了自己的无知。第四件——我知道我想要比赛结果哦——这样同样需要一丁点儿的自我认知。我终生是个体育迷，而且不管好赖都关注比赛结果。因而，一看到报纸，我就知道自己要做什么：打开体育版。我不仅知道我缺乏什么知识，也知道这知识对我的重要性，因此我力图克服自己的无知。为此，我（向报纸）提出了一个问题：“昨夜的比赛谁是胜者？”

还有，我知道自己的问题在哪儿能找到答案：体育版面。毕竟，我已经读了一辈子的报纸，熟知一份报纸哪一页有哪些信息。当我们提出问题的时候——或者至少，当我们对答案有所准备，目的明确地提出问题的时候——我们心中已经知道答案大概会是什么样子，怎么才能找到这个答案。要不是我已经对棒球了如指掌的话，看着报纸上的大标题《波士顿红袜败给巴尔的摩金莺》对我而言将毫无意义。

总而言之：发问既有消极的，也有积极的一面，这能帮助我们理解苏格拉底在《申辩篇》中的自我描述的独特之处。一方面，相当谦逊的他否定自己的智慧，宣称他相对于同时期公知们的唯一优势就在于他能认知到自己的不是。另一方面他又声称自己拥有某种智慧，在这件事上他可谓十分自傲。比如说，有时候他将自己比作为一名著名运动员。（希腊人对体育的疯狂丝毫不亚于今天）这么比喻是因为，他代表主队获得了胜利，让看台上的观众尖叫欢呼，这个运动员“让你以为自己很开心”。但是，苏格拉底又认为这种短暂的喜悦不过是一种幻觉。毕竟，粉丝仅仅沉浸在了某个别人的成就光环之中而已。苏格拉底说，与此相反，“我让你真正地开心”。

这就奇怪了。为什么像苏格拉底这样的一个积极揭露自己无知的人，却能让人开心？因为他迫使人们进入到发问的状态。而这需要他去做的，比起让人们意识到自己的不足，还要来得更多。他必须谆谆教诲给人们一种去求知的积极愿望。他必须让人们求知若渴。正如上文第（3）和第（4）项提到的，除非你不仅认识到自己的无知，还想要克服这种无知，否则你不会发问。如果苏格拉底式的省察的第一步是告诉人们他们对“最重要的事物”无知，那第二步就是说服他们这样的无知应该让他们感到困扰，他们应该行动起来，补救这一现状。正因为如此，他告诫人们要提出最为紧要的问题——例如，现在坐在这儿为什么对我而言是最好的？——并且尝试去找到答案。他断定，如果人们这样做了，就会感到真正的开心。

可是这还是奇怪。你可能会觉得，只要有答案就会开心。实则不然，苏格拉底说，是发问让你开心。这一点，苏格拉底斩钉截铁地解释道：

> 我要说，人类最大的优点就是每天讨论美德和那些我谈论、质问我自己和他人的东西，因为，未经审视的人生是不值得过的。

最好的人生就是内省的人生，在内省中，我们进入到哲学式的对话中。我们的话题应该是“美德”，或者是从希腊语（arete）翻译过来的那个词：“卓越”。换句话说，人类所能具备的“最伟大的优点”，就是讨论最伟大的优点是什么。对于这个问题，我们应该拿出可能的答案，然后将它与对立的东西放在一起加以检视。我们都应该努力地去理解。事实上，这样的活动至关重要，以至于苏格拉底宣布，“未经审视的人生”，也就是满足于自己知道世界到底发生着什么这样一种轻率的确信中的人生，是不值得过的。在《申辩篇》发生的那一刻，苏格拉底不再是那个只知道自己的无知的“谦逊先生”，而更像是一位希伯来先知，怒称自己的人类同胞们——尤其是那些在脱口秀上夸夸其谈的公知们——不如死了算了。

这样肆无忌惮的论调怎么可能是真实的？也许只有这件事是真实的：归根究底人类就是一种有问题的动物，因为我们自己和我们所存在的这个世界，因为我们智力和发问客体的特性，我们总不会是固定而一成不变的，相反，我们总是处在中间，总是在途中。我们的本性就是努力。认为——更坏的情况是假装认为——我们对自己的大部分紧急的问题具备绝对答案是对我们自我的扭曲。

要弄清楚这一点，可以回顾我的那个简单例子。（向报纸）发问昨晚谁赢得了比赛，就是让我自己处在了知识和无知中间的状态。发问要求我不仅要理解一系列简单的事实，还要知道我所欠缺的东西，以及我尝试克服这样的欠缺本身，都是富有意义的。最后，我还必须要知道我问题的答案的大概样子，并且有一种去哪儿能找到答案的直觉。这种在中间的状态，这种匮乏和求知欲交加、消极积极相纠缠的状态，莫非恰恰构成了人类本身？如果这样的话，那发问就是一种表达和满足，能给我们的天性带来充分的发挥。提出正确的问题且愿意在哲学竞争中对我们的答案加以检验，本身也是一种答案。

毫无疑问，笛卡尔正不屑地对此翻着白眼。一个问题怎么会是一个答案？为什么会有人问“什么是卓越”这样的问题？倘若——苏格拉底似乎就这么认为——确定性的结论并不容易出现，甚至不可能出现呢？再者，虽然体育版面肯定能找到我关于昨夜比赛那个问题的答案，可是对于“什么是善良”或者“什么是美”“生命的意义是什么”诸如此类的问题，该上哪儿去寻找答案？我们有哪怕一丁点儿的线索吗？既然如此，我们该如何听从苏格拉底的劝诫，开始我们自己的发问？

苏格拉底给出了一种办法：把他当作一个哲学生活的“模型”或者“范例”来加以使用。观察他怎么与别人交谈，怎么不懈地检视别人的论断和信仰。首先要注意，他提出的问题是特别针对他所交谈的对象提出的。

在柏拉图名为《尤西弗罗篇》（*Euthyphro*）记叙的对话中，苏格拉底质问一名名叫尤西弗罗的非常虔诚的年轻人，这名年轻人对自己的虔诚坚定无疑。苏格拉底对尤西弗罗提出了问题："什么是虔诚？"这是个典型的问题。苏格拉底在对话中一开始就首先提出了对他谈话的对象而言最为重要的问题。他没有给尤西弗罗出什么谜语、疑题，或者任何我们当代哲学家们所称的"思想实验"。相反，他一开始就提出了站在他跟前那个人最关心的问题。苏格拉底所问的这个问题的答案——大多数人（错误地）以为自己已经有了——将给予一个人的人生以形态、方向，以及意义。

在《拉凯斯篇》(*Lachs*)里，苏格拉底与两位将军对话。他问："什么是勇敢？"这是军官们要求他们的士兵和自己都要具备的东西。因而他们必须相信自己能在看到它们的时候辨别出它们，也就是说，他们要知道那是什么。在《理想国》里，谈话者是个极富政治野心的年轻人。苏格拉底问他，"什么是公正？"在《泰阿泰德篇》(*Theaetetus*)中，苏格拉底与两位数学家展开了对话，话题是："什么是知识？" 在《李西斯篇》（*Lysis*）中，苏格拉底遇到了一对男孩，二人感情十分亲密，于是他问道，"什么是友谊？"无论哪一个例子中，他提出的问题都在于引导对方去思考核心问题，这样的问题，无论后者再怎么轻率也一定已经扪心自问过。苏格拉底的哲学就是迫使我们去审视我们自己。

再来看看另一个略微复杂的例子。在《申辩篇》中，苏格拉底盘问梅力图（Meletus），正是后者指控苏格拉底企图颠覆政府和“腐化年轻人（亦即，令他们变得更糟）”。他以这样一个问题开始：既然你指控我腐化年轻人，显而易见，你一定认为老年人应该让年轻人变得更好，对吗？梅力图认同。苏格拉底接着说，那么好，既然你认为我未能履行这个义务，你能不能指出都有谁成功履行了这个义务呢？梅力图说，能。苏格拉底问道，都有谁？梅力图沉默。于是苏格拉底步步紧逼。最终梅力图回答道，是“律法”让人们变得更好。苏格拉底否定了这个答案，因为他要的答案是个人名。梅力图又犹豫了，但是他随即说，是陪审员（当时有 501 位陪审员）和参与审判的观众们令年轻人变得更好。用他的话来说，事实上是所有的雅典人“让年轻人成为善良的好人”，唯独苏格拉底除外。

为了予以回应并为自己辩护，苏格拉底做了一个类比。他类比到训练年轻的马，没人会像梅力图刚刚论及苏格拉底和雅典年轻人们之间的关系时所说的那样，认为人人都让年轻的马变得更好而只有一个人让马变得更糟。因为，在这种情况下，只有一个人人皆认同的专家能把这个任务完成得比别人更好：专业驯马师。假若任何人——尤其那些不是专家的人——都能被允许来提出训练年轻马匹的建议的话——例如说，通过一致投票来决定马匹应吃什么——那么这些马匹一定养不好。要想养好马，很明显我们需要那些只被少数人掌握的知识。当然了，苏格拉底似乎认为，这个道理跟在培养年轻人这件事情上是类似的。大多数人无法培养年轻人，而梅力图却说大多数人可以。只有那些有真才实学的人才可以做到。这样的人（苏格拉底并没有指出是谁）一定是人类卓越品质的专家。这一次，梅力图又沉默了。

苏格拉底于是成功地向陪审团宣示了梅力图对年轻人实际上是怎么变得更好的这个问题并没有深思熟虑。但是这件事本身并不能证明他对苏格拉底的指控是错误的；这件事只能表明，他是有欠考虑的。这件事，恰恰是当梅力图未能挑战苏格拉底的盘问中最有力的部分时出现的：驯马师与马匹－真正的专家与人类这两对关系的类比。梅力图本应该予以回击的：因为它着实问题不小。说到驯马师这件事上，专业训练师当然可以随时指认出（并且予以聘用），但是类比之下，我们并不明确有什么随时能指认的专家，能够训练年轻人成为杰出市民。训练得当的马匹会甘愿咬上马嚼子披上缰绳，让持绳的主人控制自己的行动。但人类要远比马匹复杂得多，极少愿意这么彻底地臣服于别人。因而，让年轻人变得更好比起驯马而言是一件困难得多，而且更无法言喻的事业。

比如我们可以想一想，世界上有这么多的父母想要自己的孩子成为优秀的人；然而，他们或许对学校教育有信心，于是把子女送到学校去，相信学校会教他们读写，但要指出一位德高望重的教师来却不是一件易事。会是当地的牧师吗？会是棒球教练吗？尽管有的是机构培训和认证驯马师，但是这拿来与人类卓越的培养相类比仍显牵强。

当然有一种这样的可能：苏格拉底将他自己当成了仅有的少数美德专家之一。但这也不见得，毕竟他宣称自己只具备一种“人类智慧”，而这需要他认识到自己并不智慧。在他看来，人类最伟大的优点并不是给他人什么专业的建议——这是政治家、诗人和技术专家们做的事情——而是检视自己的人生。

写苏格拉底和梅力图之间的交锋，目的在于——这里我说的是柏拉图，也就是《对话录》的作者的目的——邀请读者加入对话中来。他想让我们质疑上文类比中提到的“美德专家（virtue-expert）”的概念。如若有这样一个人存在的话，他知道些什么，又如何施教？如果这个人我们能够找到的话，他应该像一位驯马师一样，被奉为年轻人的主宰吗？如果并没有这样的专家存在——柏拉图必定想让我们考虑到这种可能性——那么梅力图的回答不论多么站不住脚，也不可能完全错误。毕竟，当他说是所有的雅典人让年轻人变得更好的时候，他可能指的是一种类似于民主决策的程序。在美国这样的国家，每当对人类卓越品质出现了重大疑问——例如，医助自杀是否应被允许，或者同性婚姻是否应合法化？——人们是不愿意把决定大权交给美德专家的权威意见的。相反，民众会发起投票。如果投票结果不利，他们有义务服从大多数人的意见，并且乐意当这个失败者。如果美德专家不存在，与驯马师的类比不存在，那民主决策就有真正的意义。似乎，恪守民主——其希腊语词根为“人民”（demos）的“规则”（cratos）——对梅力图而言是深深扎根着的信仰——哪怕对它的理解浅薄至及。

那么，苏格拉底是反民主的吗？从他肯定自己在驯马师和美德专家之间的类比这件事上，可能是的。但是，这里又不禁要问，美德专家们是谁，他们可能具备哪些知识？他们是否知道美德本身到底是什么？

通过仔细品读苏格拉底与梅力图的对话，通过思考他的回应背后潜藏着的种种假定，读者知道了他的任务：去做梅力图没有做的事；也就是说，去努力思考人类的卓越品质到底是什么。这样一来，即使苏格拉底式的检视并不会得出什么确定无疑的答案，但它仍然会教会我们一些东西。它帮助我们理解的，不仅在于蹩脚的答案是什么样，还在于优秀的答案可能是什么样。

上文说到的《尤西弗罗》里，苏格拉底质问一位自以为是的年轻人，他自认为自己在关于神的问题上富有智慧。为了证明他只不过在自欺欺人，苏格拉底问他：“什么是虔诚？”毕竟，如果尤西弗罗真是他自认为是的专家的话，这个问题应该能够答上来。这人也做了尝试；他说道，虔诚就是被诸神所爱。苏格拉底给予的回击是问他，诸神是因为一个人虔诚才爱他，还是因为诸神爱他，这个人才虔诚？如果尤西弗罗选择后者，则面临这样一个风险——他必须承认，虔诚的人（当然他认为自己就是一个）实际上并不值得任何褒奖。这是因为，一个人因为诸神爱他而虔诚——但诸神这样做，原因可能与这个人本身毫无关系，也可能压根没有原因。似乎更有可能的情况是，一个人虔诚，是由于他是一个值得诸神去爱的人。可是，尤西弗罗并不能指出虔诚的人应该有什么样的品质，他只能不断重复说，虔诚就是为被诸神所爱。

苏格拉底的质问是为了说服尤西弗罗：他应自问，当诸神爱某个人时，这爱是否有原因。如果没有，诸神是随便就爱上某个人吗？若然如此，诸神的爱并无明显原因，那么虔不虔诚既乏善可陈，也没有任何真正的智慧可言。不过，可能诸神要更为理性一些。果真如此的话，如果他们爱某个人确实事出有因，那么就应当能够找到他们这样做的原因。那么，将虔诚定义为被诸神所爱就站不住脚了。

因为过于充满宗教热情和知识上的虚张声势，尤西弗罗并没有彻想这件事。结果，他十分危险地成了一个自以为是的人。

从梅力图和尤西弗罗的例子中可以看出，苏格拉底式的审视要求人"逆向思考"论断背后的假定前提。在能够自信地回答苏格拉底的问题前，梅力图应首先思考的是，人的卓越品质是什么，如何才能得到？进行慷慨激昂的讲演前，尤西弗罗应该先仔细想想神是否理性。正是通过揭露其对手的弱点，苏格拉底揭示出了对自己的问题而言更好的答案是什么模样。它必须要能够回溯到本原，到首要原则，到基本假设，要把它们完全暴露在日光下，经受理性的检验并且能站得住脚。

另一个例子：在《理想国》卷 1 里，苏格拉底质问拉西马库斯（Thrasymachus）——后者认为，公正是"强者的优势"。"强者"一词，指的是统治机构。用他的话来说，公正依赖于掌权的人。因而，公正在不同的政权里也是不同的。在专制国家里，公正就是对统治者有利的东西。相较而言，在民主国家里，公正就是对"人民"（demos）有利的东西。拉西马库斯隐晦地否认了世界上有"绝对的"公正独立存在于哪个政权之中。他其实是一个"相对主义者"；对他而言，许多关于公正的概念——威权统治，君主统治，还有民主制度——它们在各自的当地语境下都同样地适用。根本不存在什么“公正本身”，而只有威权统治下的公正，君权统治下的公正，民主制度下的公正等等。

苏格拉底反对这样的定义。如果公正只是强者的优势，如果当权者公正地行事只是因为他们掌着权，那这也就无异于：服从他们的领导人颁发的所有诏令，对统治机构的统治对象而言必须是公正的。换句话说，他们必须遵守所有的律法。可是，既然最聪明的统治者也会偶尔犯错，那么他们有的时候施行的法律实际上是对自己不利的。比如，统治者可能对其子民征收一种繁重的收入税，因为他认为这会增加自己的财富，从而增加自己的优势。按拉西马库斯的话说，公正要求被统治对象们遵守一切律法（也包括交纳此项课税）。可是在实际情况下，这样的税收的结果，首当其冲的就是被统治者自己破产，随后统治者也要破产。如此看来，拉西马库斯对公正的定义有着隐含的却又致命的错误：被统治者要遵守一切律法，甚至是那些最终对统治者不利的律法。这意味着，拉西马库斯陷入了自相矛盾：公正对于统治者来说既有利，又不利。

对这个苏格拉底式提问，一个好的答案开始浮现了。它必定是希腊人称为“逻格斯”（logos）的东西，一种理性的解释，说明并辩护其前提和后果，并且不会相互矛盾。它必须前后一致而又面面俱到；也就是说，它必须是一个逻辑的整体，一系列严格关联、防卫严密的命题。这是一个难以完成的任务，因此也就难怪与苏格拉底对峙的人总是相形见绌。实际上，苏格拉底自己也从没有带给我们这样的“逻格斯”或者理论；但是，他至少给了我们一个去努力的方向。

苏格拉底的对话给人的感觉常常消极得令人沮丧，实际上却教会了我们同样多的积极的东西。最基本的就是，我们应该对“最紧要的事”进行充分的思考；这些核心原则塑造我们的人生。他告诉我们，有太多时候，大多数人从不思考这些最紧要的事，尤其是那些著名的知识分子们。换句话说，他让我们知道，大多数人和我们自己一样都是不智慧的。不过，同样重要的是，他试图说服我们：我们应该对此感到忧虑。没有经过哲学的自我察省，我们的行为就会漫无目的，正如苏格拉底尖锐指出的那样——“未经察省的人生是不值得过的。” 因此他劝诫我们要克服这些缺陷，并且向我们展示这样做的人生会是什么样子。我们的人生应该是理性的、自省的人生，是充满交流同时也充满竞争的人生，是天天追求美德的人生。我们应渴求真正的智慧，因为一套完整的论断，其原则和结论都是清晰明确的。一言以蔽之，苏格拉底意图说服我们成为哲学家。

将上文粗略讨论的内容——也就是，开始去掌握哲学事业的本质——化为现实的最佳方式，就是切身地去实践它。这也是我们接下来的章节中要讨论的。我们将涉及的每一位哲学家都试图为一个基本问题给出综合、一致的答案。如果我们能尽可能跟随他们的思想，我们就会进入到与之的对话中，一同追寻、一同努力；或者说，提出质疑。

第二章
独处，还是合群？

问题

11岁大的时候，我发现了孤独。当时我参加一个夏令营，不知出于什么原因，我决定自己独自一人绕着湖边的小路走一走。记忆中那是在一处遥远的乡村里，可实际上那个地方或许只是离大马路不远的一个池塘而已。营地在新泽西，离纽约市不过区区数英里，但于我而言已然是乡野之地。

独自行走在这样的一个地方，我感到十分新奇。这不仅是因为我住在市区，更因为我从小到大要么在上学，要么在跟伙伴们玩球。我很喜欢这个夏令营，因为它完全就是为竞技性运动而开设的。营员们分为两个队：陆军队和海军队，我们的一切营地活动，从垒球、篮球到早晨叠被子，都是每个队的得分点。我很善于球类运动，所以在营地里很是兴奋。

我也不明白为什么那天会落得一个人在湖边走，但我还记得当时的感受。感觉很棒。我当时并不了解的某种负担消失了，我觉得很轻快。没人在看着我，没人告诉我应该做什么，没人嘲笑我的失败。我觉得，我不再需要用别人的成功来衡量我自己。我的思绪变得更加顺畅，不再有平时的那些看不见摸不着的压力。我感到一种前所未有的平静。没有父母、朋友或老师，没有任何挂碍，完全是独自一人。

50多年以后，我再一次回到了那个地方，又一次体会到了那种孤独；我总是觉得，在那个地方要比在任何地方来得更为自在。

可是，这又意味着什么呢？孤独真的能是我自在的家吗？那种自由的感觉是真实的吗？或者，我是否仅仅是个害羞的孩子，在一切社交中无所适从，巴不得能逃离他人评判的眼神一时半会儿？

多年以前，我陪家人到了墨西哥的海滩边。我的大女儿当时还是个女孩儿，独自一人在海里游泳。她背对着海滩，身子随着温暖的海浪上下起伏，游了有将近一个钟头。我的目光一刻也没有离开过她，我在寻摸着她会有什么感受。跟别的女孩儿一样，她的人生也受到了她刚刚进入的这个社会现实的高度压力。她担心自己的成绩、长相和朋友，这是她颤巍巍的世界的基石。我猜想，这就是为什么她会待在水里那么久的原因吧：面对着空空如也的海平线，她在那儿是自由的。

但是，世事总是无绝对。我既是一个丈夫，也是一个父亲，做了多年的儿子，同我的家人一起度过了我的青春年华。我们会在一起长时间地吃饭，这件事情大家都做得很好。我是一名教师，除了和年轻人们坐在教室里谈论各种书籍，我别无所好。周末我会伙同朋友们去看足球比赛。同时，我还是一名市民，我投票，读报，尽我所能地研究政治。我热心参与时事，不仅通过教学，也通过写作。比如这一本。

但无论如何，孤独总是在召唤着我。最近我一直在进行游泳锻炼，每周都要花掉近一个小时在泳池里，来来回回，来来回回地游。我并不怎么仔细地计算我的耗时，而是任由自己迷失在机械、重复的游泳动作当中，以及随波浮起的各种自由流淌、无拘无束的思想当中。因为我并不擅长游泳，也就无须介意隔壁泳道里的女士比我游得更快。事实上，我几乎没有意识到她在那儿。因为我游得忘我，移动缓慢而笨拙，根本没有意识到自己和别人身位的变化。这是我喜爱的提神醒脑方式。

问题在于：什么时候是你最自我的时候？是独自一人，比如锻炼或者一个人静静地在与世隔绝的树林里走？还是和别人一起，谈天说地，合作竞争？是用脸书链接他人，还是孤独地漂流？

卢梭的回答

让·雅克·卢梭，《论人类不平等的起源》

1753年，第戎学院资助了一场论文比赛。参赛者要回答这样一个问题："人类不平等的起源是什么？这是源自自然法则吗？"

这里说的不平等问题并不是物理意义上的不平等。身体上，人类当然有高矮胖瘦、快慢好坏的区别；在内在的精神能力上人类也有十分明显的差异。有的人拥有他人所难以企及的强大记忆力或分析能力。第戎学院的评委们感兴趣的不是这种差异，而是人类在政治、社会和经济上的不平等。有的人坐拥别人没有的权力、财富和名声。这种不平等是天生的吗？换句话说，社会层级和物质的分配不均内建在人类这种难以改变的秩序中吗？不平等性是否已经深深烙印在我们的DNA中了？不平等性是自然天生的吗？

这个问题后果十分严重。如果答案为"是"，那么政治家们去营造一个平等社会的种种努力就是个愚蠢的行为。从这一点来看，我们将永远与那些贫穷而无力的人同在。如果答案为"否"，那么找出为什么社会和经济的不平等这么严重，并对症下药就是合乎理性的——事实上它可能也是必须的。对贫穷宣战，或者为教育平权而战斗，于是也就理所应当了。

让·雅克·卢梭提交了一份论文。他没能赢得那场论文比赛，但还是发表了自己的论文，如今，它已经成了哲学历史上的一篇关键论文。

自然的状态

卢梭的切入点是个很简单的想法。为了了解我们在世界上所见到的不平等究竟是源于自然差异还是社会建构（以及，是否还有救），我们必须首先理解，不论过去还是未来，在社会塑造人类之前，人类的天性是什么。他称这种前社会的状态为“自然的状态”，并在其《论人类不平等的起源》一文第一部分中着重解释了这个概念。

卢梭深知，自己的论题是相当困难的：

> 人怎么可能成功地将自己视为自然塑造的产物……并且能够区分开什么是自己的东西，什么是人类环境和人类进步在他原始状态的基础上赋予或改变的东西呢？

当我们作为发问者已经被后天影响了的情况下，怎么可能区分得开自然（先天）的影响和后天的影响？例如，设想一下你和父母之间的关系。不论关系如何，似乎是自然形成的。但真是这样吗？毕竟你是父母生养的，他们塑造了你，这种塑造当然是决定性的。但是，如果你在一个没有家庭存在的公社里长大呢？你还会有同样的感觉吗？或者这样想吧，我们很多人是争强好胜的，当我们遇到跟自己类似的人——比如遇到同行，或者在球场上遇到——我们的第一个冲动就是以某种方式胜过这个人。这样的冲动是天生的吗？看上去很有可能。但是，如果我们是在另一个社会里长大，在那儿合作是最受重视的呢？既然我们已经生长于此，又怎么能够知道如果我们没有生长于此会是什么样子？

这种区分自然（先天）和后天的难度，或者说不可能性，在越是先进的社会里就越大：

> 更残酷的地方在于，由于人类的进步是与这种原始状态渐行渐远的，因而我们积累的新知越多，我们获得最重要的知识的方式就越少。因而在某种程度上，***正是通过研究人类，我们才得以发现自己没有办法了解人类。***

在一个高度技术化的社会里，例如美国——不过，实际上在任何一个社会里也是一样——“新知”构成了我们的日常生活，且阻碍了我们去获得真正自知的道路。试想一下在神经科学领域令人咋舌的进展。我们对大脑里某些区域的了解已经很多，知道它们各自负责不同的认知功能。如果你的大脑额叶受了创伤，你的情绪生活很可能会显著改变。我们往往迷恋于这样的发现，因为它们似乎能让我们得以洞悉自己。可是，它们所揭示的东西不过是一些机械结构。当然这些信息的价值是毋庸置疑的，特别是需要进行修复的时候。不过，这些新知识只能告诉我们大脑如何运作，却无法告诉我们认知和情绪生活于我们而言究竟意味着什么。正因为如此，神经科学家们就与那些了解自行车每一个零件的工程师们一样了。要造出一辆自行车并维护它，了解自行车变速器的工作原理是必要的，但这不能告诉我们为什么我们会热爱骑自行车。实际也正如卢梭所认为的那样，像神经科学这样的学科，可能让我们更加无力去了解我们自己。荧幕上的大脑图像冲击力如此巨大，以至于我们很容易认为它告诉了我们：我们到底是谁。可是，这样的知识无论多么强大，也只不过是苏格拉底所说的“外在之物”。

或者想一想超级智能手机在我们生活中的作用吧。它们几乎颠覆性地改变了我们与他人联系和交流的方式。特别是对于随着智能手机成长的一代来说，使用手机是十分自然的事情。实际上，对很多人而言它已不再是一种外在物品，而俨然是双手的延伸了。除了我们的行为，我们对于自我的概念也立足于我们能用这些设备来做些什么。在这些“进步”的影响之下，我们又怎么能够仅仅在自己内心中确定自己是谁？我们怎么才能够区分什么是自然的；换句话说，哪些东西还没有受到文化的渗透，没有被技术社会所塑造？

现在我们再看看社会不平等。社会不平等乍看十分自然，因为它似乎是——而且很早就是——无处不在的了。但是，这有无可能是历史作用的结果，而这历史作用恰好构成了我们今天存在的条件？卢梭认为，一直以来对这个问题的回答是错误的，而且是片面的。人们总是倾向于认为自己最熟悉的事情是自然的。对于那些对自然状态形成了自己的理论的哲学家们，卢梭说道，“他们错误地在野蛮人身上注入了……许多的热情，而它本是社会的产物。”这一点儿也不意外，因为对人类未被社会力量影响到的天性的研究，只能通过一个社会化的人来完成。

卢梭毫不避讳这个困境，并据此降低了自己的期望：

> 那么，我也不希望读者认为我竟敢自吹自擂地说发现了我自己身上如此难以看到的东西。我只不过有几个推理思路；***我只能斗胆猜想，相对于把这个问题阐释明白而言，把这个问题解决掉的希望是小之又小。***

卢梭和苏格拉底一样，都承认自己并不智慧，做不到自己无能为力的事情，也即是说，做不到超脱于自己已经是社会人的状态。他能做的就只有“斗胆猜想”我们在原始状态下，或者说“野蛮”状态下的样子。他坚持说自己的作品只是“假定的”，敦促我们“从放下一切既有事实开始”。因此，他的《论人类不平等的起源》更像是一个故事，而不是一个人类学理论。卢梭希望通过这个故事，通过描述自然的状态和人类摒弃自然状态以进入社会的过程，迫使自己的读者面对本章中这个问题：我们是谁？我们是需要他人存在才能成为自己的人，还是天生孤独的人？

卢梭首先让我们去想象一个在解剖学意义上与我们今天的人完全相同的人类动物，也就是“与我们一样是两足站立行走，与我们一样使用双手”的人类动物。这不难。下一步是：

> 当我从这个人类动物身上……剥夺了一切它们必须历经长期进化方能取得的能力；简言之，当我从他身上除却掉自然天赋以后，我看到了这样一个动物：它没有某些动物强壮，没有某些动物敏捷，但总的说来，它却是构造最为精巧先进的动物。我看到，他正在一株橡树底下果腹，在随便一条小溪里解渴，在他果腹

> 的那一株树底下席地而睡。如此，他的一切需要皆得到了满足。

卢梭在上文中所构建的是一种简单却又成功的动物，他可以说十分轻松，甚至十分随意地满足了自己的生存需要。我们的野蛮人祖先并没有进行农耕，也没有建造房子来住。实际上，他们在树林里随便遇到什么便吃，从“随便一条小溪”里饮水，还“在任意的某个地方就地而睡，隔夜即离开”。

很明显，卢梭假设的那些在技术社会到来之前，用于满足野蛮人基本需求的资源十分丰富且随处可得：

> 当大地自然的沃土上面覆盖了广袤的森林，而且这森林幸免于斧头的挥砍，它便给予了一切生物丰实的粮仓和庇护。

记住卢梭关于如何阅读他的书的建议：摒弃一切事实！谁管那智人时期的原始社会究竟是什么样子！（把它描绘出来是考古学家和人类学家的事，是科学家们而不是哲学家们的事情）重申一下，《论人类不平等的起源》更像一个故事而非理论。实际上，它清晰地反映了一个我们熟知的世界：伊甸园。只需要树上的果实、水，还有叶子（这些是十分富足的），自然人就可以自给自足。结果，因为技术的完全缺失——要知道，在原始森林里压根就没有斧头这种东西——自然状态下的人是强大的：

> 由于自己的身躯是野蛮人所知的唯一工具，野蛮人会用这个工具做许多事情，这些事情，我们今天由于缺乏锻炼而无法做到。工业从我们身上剥夺了他们那种获取一切所需的力量和敏捷。如果他有斧头的话，他的手腕还能够掰断这么粗的树枝吗？如果他有一架投石器，他还能这么用力地投掷一块石头吗？

这段文字例示了《论人类不平等的起源》一文的真正目的。没错，这确实是一个关于假设的、存在于远古时代的那个前技术、前社会自然状态的故事，但更重要的是，它揭露了社会的基本运转机制。技术给了我们力量，可是，技术也夺走了力量。如果我们用斧头而不是双腕来扭断树枝，我们的手腕就会弱化。机动车让我们能够轻松地旅行到很远的地方，但我们的双腿却因不再行走而变得更加软弱无力。我们的电话中都有一个通讯录，所以我们不必再动用自己的记忆力来给朋友们打电话。随着技术力量的扩张，别的能力却在萎缩。而在这一切发生以前，在自然的状态下，没有这一切设备可以依赖，只能依赖自己的野蛮人本是相当强大的。

比起这个故事中野蛮人的力量而言，更重要的却是这个野蛮人的另一个特点：自发性。他没有任何先入为主的健康、财富或成功观念，饿就进食，困就入睡。大体上，因为“他的欲望没有超越自己的物理需求”，他的生活集中在当下和极其短期的未来。觅得食物的时候，他在食物中获得欢愉；暴风雨来临而无法觅食之时，他在阵发的饥饿感中痛苦不堪。他的生活，是最轻松就能想象得出的。结果，这个野蛮人并没有经历过我们今天的社会里从未消散的阴霾：压力。他是那么地全神贯注于手头的任务，忙于自己当下的需求和欲望，根本不担忧以后会发生什么。更具体地说，他没法想象出那些超越事物表面的东西来。如同卢梭所言，“**他的想象力于他毫无作用**”。卢梭说道：

> ***想象力，它在我们之中造成了那么大的破坏，却从不曾与野蛮人的心灵对话过***；每个野蛮人都在平和地等待着自然的冲动，无可奈何地臣服于它，却也因此得到更多的愉悦而不是狂怒；而且，一旦需求得到了满足，所有的欲望便烟消云散了。

这里要再一次指出，比起卢梭这一观点的历史准确性，更重要的在于他指出了我们社会中所熟知的心理动态。总的来说，人类的不开心主要源自想象力，这种想象力包含了形形色色的可能性（或多或少是实际可行的），其中有一些还具有相当的威胁性。对未来的预期让我们感到坐立不安。相比之下，“唯一令人（野蛮人）害怕的恶魔，是疾病与饥饿”。当他感到饥饿，他要么努力觅食缓解它，或者，在情况不允许的时候，只能忍受它。如若他在森林里遇到了一头狂怒的熊，就会立即感到惊慌，继而逃之夭夭。除此以外，他并不担心熊的出没。他们不会做的，恰好是我们在社会里一定会做的事：未雨绸缪，杞人忧天。野蛮人几乎不会被眼前没有出现的事情所影响。

下文将着重阐明的是，卢梭的故事真正用意并不在于提出什么关于人类起源的科学理论，而在于迫使读者反思自己的现时状况。他的做法是下了一个惊世骇俗的结论：严格来说，不论多么原始的自然状态，都要优越于社会中人：

> 一个患病的野蛮人，孑然一人，除了自然的恩赐外毫无希望；可在另一方面，他除了自己的病痛，也毫无所惧。这一点就常常使得他的状态强于我们。

自然的人感到舒服的时候，就是单纯地感到舒服而已。他不会忧虑明天是否会感到舒服。自然的人生了病，只会蜷缩下来强忍病痛。作为对比，我们看一看现代人头痛时会怎么做：我们直接到药箱里去找药。是泰诺头痛药，还是布洛芬缓释？或者，用老掉牙的阿司匹林？如果是偏头痛呢？对我们来说，痛的感受很少只在于直接痛本身。实际上，因为我们有这么多种方式来诊断它和治疗它，我们对痛的感受是一种需要加以消除的问题。如果头痛继续，我们可能会开始忧虑，是不是脑瘤？我们知道，医院里是有仪器可以检测出脑瘤的，而且，由于这种技术已经十分可行，我们就会考虑这种可能性。结果，我们变得像热锅上的蚂蚁一样惴惴不安。

再想想检测在医疗中巨大无比的作用。比如说男人需要定期地检查前列腺癌的各项指标，女人则需要检测乳腺癌指标。一方面，这样的检查似乎无一例外是积极的，毕竟没人想要年纪轻轻死于这些疾病，而早期体检意味着更高的存活率。可另一方面，这些指标信息是那么轻易可得，以至于导致我们产生了对未来健康的一种不健康的忧虑。体检或许表明我的前列腺没问题，但我的肺呢？我的结肠，或者胰脏？它们又会不会罹患致命的病症？要不要一块儿都检查了？毕竟，如果查出来早期癌症的话，医生们能及早给予治疗，让我免于未来痛楚，不至于英年早逝。这种种的推理不论多么富有吸引力，都很容易变成陷阱，甚至成为一种瘾症。或许我应该进行全身检查，查一查每一个器官。为什么不进行一次彻底的遗传学检查，看看我是否有发展出癌症的倾向？为什么不植入微型芯片和传感器，检测我生理指标的任何风吹草动？简而言之，活在一个由医疗技术主导的社会里也有着风险，即我们心灵的医疗化，以及在我们短暂的时光里为了享有健康而导致的无力。

即便 18 世纪法国的医疗条件相对于现今十分原始，卢梭对此了解也十分深刻。随着更多的医疗手段的出现，越来越多的病痛变得无法接受。当然了，当医生们成功地缓解了我们的病痛，我们会感激涕零。但卢梭认为，医疗有着巨大的代价。他问道，究竟什么是不好的？直接遭受痛苦，或是无尽地忧虑自己的健康，并试图防止那个一定会到来的未来？技术给予我们很多，但也夺走很多。它将生命转变成了一场徒劳，一场对抗无法避免的死亡的永恒斗争。

随着人们越来越依赖于设备，卢梭发现：

> 除了他们自身的延续以外，他们的躯体和心灵被软化（那些通过爱好所得的便利性几乎失掉了全部的快乐，沦为了一种纯粹的需求），他们的被剥夺本身要比甜蜜地拥有它们更为残酷，而他们为失去它们而闷闷不乐，却不会为曾拥有它们而兴高采烈。

当你有了一台新电脑，起初你为看到它的种种功能而高兴不已。可是过不了几个星期，你已经习惯了使用它，你每天都泡在它跟前。你的欢愉变成了一种需求。结果，如果哪天停了电，或者机器出了毛病，你就怅然若失。正像卢梭所说的那样，被剥夺掉电脑这件事本身，感觉要远比曾经拥有它的那种甜美糟糕得多。而忧虑这机器会坏掉——即便现在它能正常工作——也如出一辙。

于是就出现了这么一种情况，你买了一部智能手机的几个月后，发现店铺里有一款更新、更快的手机，你自己的那部手机忽地感觉相形见绌。那一刻，你或许会感到有点儿羡慕那些拿着这最新款式的人。总而言之，随我们的科技依赖而来的是一种虽听不见摸不着，却持续不断的焦虑。

从以上论述可以看出，自然状态最大的特征在于：野蛮人不惧死亡。毕竟，畏惧死亡要求具备想象出虚无——一种我们从未经历过的东西——的能力。而野蛮人几乎没有什么想象力，所以他们做不到这一点。卢梭说，

> 动物是决不会知道死亡是什么的；认识死亡和畏惧死亡是人类超脱于动物状态的首要条件。

对死亡的畏惧是不是我们（社会人）所知的人生原始构成还有待商榷，它很可能还是别的焦虑来源。相比之下，自然人类没有想象力驱使他们去思考未来，他们无须担忧

自己的消亡。卢梭认为，这是一个基本的区别。那些正经历头疼的人们担心脑瘤，于是跑到医生那儿去检查，这恰好印证了“我们大多数的疾病都是自己一手造成”。虽然野蛮人或许会挨冻受饿，但是他们不会为自己带来不必要的困扰。

还有另一种欲望没有提及：“认为异性是必须的”那种“狂热、冲动……糟糕的”激情。对此卢梭断言：

> 在原始状态下，由于没人有房屋、棚子或任何形式的财产，人人都很随性地随意在哪就地而卧，一般翌日旋即离去。男女只在偶遇或者欲望的驱使下相见，并没有额外表达什么的需要。他们随后又漠不关心地离开了彼此。

在自然状态下，男女没有什么感情可言，只有交配。正如他们渴了就在“随便一条小溪”里喝水，在森林里遇到了狂怒的熊就下意识地逃离一样，野蛮人也在感觉到生理需要而且恰好遇到一个异性时交配。于双方而言，这都是一种“纯动物行为”，不会产生任何持续的瓜葛。“一旦这种需求得到了满足，两性就不再认识对方”。卢梭认为这是真的，哪怕这种结合会导致诞下孩子。母亲会哺育自己的子嗣，但也就哺育到孩子能独立为止。孩子会“毫不犹豫地离开母亲”，然后“孩子一旦独立，对母亲而言就不再意味着任何东西”。

卢梭的观点似乎既难以置信，又令人不悦，但为了让人把目光聚焦于社会人类的状况，他强硬地坚持这一点。在社会里，性欲是（或多或少）通过另一个人得以释放的，而且它带来双方之间一系列的共同承诺和共享的计划。它变成爱情。不过，卢梭强调的却是我们平日里奉为最珍贵的礼物身上黑暗的一面。他认为，爱情无可避免地产生占有欲，这让我们开始将自己与别人作比较，也让我们开始关心别人。你觉得你的女朋友比别的女人更漂亮，这也是你想拥有她的原因。但是，占有会产生失去的恐惧。因为你在想着女朋友会不会喜欢我多过你，这使你坐立不安。简而言之，卢梭尖刻地指出：“嫉妒随爱情而醒来；争吵终将获胜，而最甜美的激情将蒙受血淋淋的牺牲。”

在自然状态下，性欲驱使野蛮人与女人结合，享受几分钟欢乐的摩擦，然后，就这样了。他独居而又没有占有欲。最重要的是，他不会拿自己和别人比较。因为他没有想象力，他也就没法去猜测别人怎么看他，或者自己过得怎么样。如果他饿了而手边就有食物，他吃就好了。如果他有性欲了而正好有了一个性交的机会，他就“随欲而动”了。既然他没有爱，他也就没有嫉妒。

那么一切很明白了：在卢梭看来，人类天生就是孤独的。实际上人类和别的一切动物一样，我们最“自然的感情”就是“自爱”和“警惕地保全（我们）自己”的这股冲动。无论如何，卢梭认为，即使在自然状态下我们也并未完全丧失掉体谅别人的能力。潜伏在我们的天性（在我们的 DNA 中）里有一种卢梭叫作“同情”的东西，他把这定义为一种“不愿意看到任何生灵——尤其是我们的同类——死亡或遭罪”的抵触心理。这里卢梭真正所指的其实是我们常说的“同理心”，这是一种“出现任何反想之前的一种纯粹的自然行动”——也就是一种本能——它促使我们“不假思索地去帮助那些我们眼见受苦的人”。如果野蛮人看到另一个人类摔倒而伤了腿，他会感到同情，会体会到那人所受的痛楚，继而可能会过去把他扶起来。但是，他做的也就止步于此了，他当然不会再与那人有任何牵连。

在这种原始的同情心的驱使下，自然状态下的人不会去伤害别的动物（除非他为了活命不得不这样做）。而在社会里，人与人之间互相造成的苦难，以及人给其他动物带来的苦难，无论如何也不可能是天生的。实际上，它们恰恰是由于自然的同情心的弱化而造成。而造成这种弱化的，是道德的理性：

最正直的人也会认为杀死自己的同类是自己的责

> 任之一。最终，人们会看到的是人间毫无缘由的自相残杀。仅仅一天的战争里所发生的杀戮，仅仅占领一座城池所带来的恐怖，都比那自然状态下整个地球上整个世纪里发生的还要多。

人们一定会学会给别人带来痛苦。最简单的例子：孩子触犯了家规。父亲认为自己有责任惩罚他。于是，即便他十分痛恨这样做，他也要迫使自己掌掴自己的爱子。当他一边惩罚一边嘟囔着，“杖责你身，痛在我心”，他说的或许是心里话。要对孩子施以惩罚，需要大人抑制住自己天生的那股同情的本能，才能实现更高的目标：道德教育和孩子的未来。父亲的理性说服了他去做这件有违人性的事情。

在惨烈得多的战争里，这个规律也是同样适用的。这叫做“附带毁伤”。敌人威胁之下，为了保家卫国的市民只能走向战争。没错儿，高空投下的炸弹一定会伤及无辜，但是为了美好的未来，现在就要付出代价，于是决策就这么定了下来。很不幸，但有必要。这是因为，战争的理由是公正的，因而人们必须横下心来，才能防止更为糟糕的结果出现。战争里，理性战胜了自然感情，社会不可避免地要浸入血泊之中。相比之下，在自然状态下的野蛮人，除非迫不得已，否则绝不会伤害别的动物。

总的来说，在自然状态下的人类既没有科技也没有想象力，他们天真无邪，自由自在。他们的生活简单而平和，一切都是自发的。然而，朝向社会的转变开始了。

社会

从自然人到社会人的转变，其起因是由于无论野蛮人有多么像别的动物，他们在一个层面上始终有别于其他：他们是自由的。人类以外的动物无法逃脱自身的本能，而人类却可以。按卢梭的话来说，一只鸽子“在一只盛满了选择的肉块的大碗旁边，最后会死于饥饿”。相比而言，人类却能够对抗本能的力量。即使在自然状态下，我们也还是拥有一些鸽子不具备的东西：自由，以及“自我完善的能力”。

一道闪电劈下来，击中了一棵树，着了火的树正巧把躲在枝丫上的松鼠给烤熟了。烤熟的松鼠掉在了野蛮人的脚边，野蛮人闻到了熟肉的香味。虽然从没有吃过这样的东西，但他还是决定试一试。结果，野蛮人发现它比起平日里所吃的水果和坚果要更可口，更容易下肚。这样一来，下一次风暴来临的时候，他便开始观望起来，等待着又一只烤熟的松鼠。或者说，他开始尝试重新制造火这种他刚刚见过的神奇之物。而作为本能的奴隶的鸽子就做不到这一点。

卢梭的这个故事当中，有两点需要注意：首先它是有问题的。自我完善的能力似乎需要一点儿那种能想象更好的未来的能力，而卢梭本已经将这种能力从自然状态下给剥除了；第二，对这种特殊的人类能力，这种令人类进步成为必然的能力，他却用了消极的字眼来描绘："这种与众不同的，几乎不受限制的能力，是人类一切不幸的源泉。"

是自由让自然状态下的人类开始用创新的方式应对森林里的变幻无常，并继而开始了漫长的进化历程，将我们带到了今天的科技社会。在这演化发展历程中，那些最为重要的时刻有："闪电、火山喷发，或者形成火的别的偶然事件。"这不仅是后续所有科技进步的开端，也是自然终结的开始。用卢梭的话来说，它们就是灾难："钢铁和小麦使人类得以进化，也毁灭了人类。"随着火、工具和农业的发展，人类开始意识到自己在所有动物之中的独特之处：

> 这种发展所带来的启蒙作用，让人类开始意识到自己与别的物种的不同，从而提高了人类对其他动物的优越性。他开始学习怎么下陷阱捕猎；他用一千种不同的方式来诱捕它们……因此在他将视角转向自我的第一眼，就在自己的心中产生了第一次激动的自豪感。

随着科技的出现，野蛮人不仅意识到自己相对别的动物的高级，还开始意识到自己对同类的亲切感。因此，“他发现他们的思维方式和感受，和他自己的完全一致”。最终——尤其是当洪水或地震等发生并形成了岛屿，有几个人被困在岛屿上而不得不彼此靠近——人类开始彼此交谈：“一定形成了某种通行的土话。”会说话以后，他们就开始生活在原始村落或部落里，社会开始了。

首先要注意，卢梭的故事虽然并不见得科学，却和一百年后达尔文得出的自然选择理论惊人地相似。在进化之中，有太多的偶然事件起着关键的作用。在这一点上，人类对于环境变化的反应远比别的动物迅速得多，因而远远地走在了自身原始状态的前头。工具的使用，房屋的建造，农业的发明，以及语言本身，都将我们一步步带到了今天这个世界。换句话说，在卢梭和达尔文看来，人类都是历史的动物，人类的进化是对环境变化的反应。用卢梭的话说，“一个时代的人类，绝不是另一个时代的人类……灵魂与情感都潜移默化地改变了，简直可以说连天性都改变了”。这种改变的倾向，似乎就是我们天性的一部分。

不过，卢梭的故事和达尔文的理论截然不同，不仅仅因为卢梭的故事不甚科学。他断然评判了这种从自然状态到社会状态的转变，只为了一个原因：不论前者（野蛮人）

多么粗野和受苦，他们不存在邪恶和不快；而只有当社会到来以后，这些恶魔才出现。对此，卢梭也用了一个故事来加以解释。

在社会生活的早期形象中，人们聚集在破旧不堪的草屋跟前，或者围坐在火的跟前。人们唱歌跳舞，自娱自乐。而这引发了竞争：

> 人人都看着别人，又都想要别人看着自己，公众的尊重是有价值的。歌唱得最好的那个人，舞跳得最好的那个人，最英俊潇洒的那个人，最孔武有力的那个人，最身手敏捷的那个人，或者最流利雄辩的那个人，就是最受关注的人。而这就是人类走向不平等，也是走向罪恶的第一步。

在自然状态下，激励我们的是“自爱”（amour de soi，自爱心）：在自我保全的本能驱使下，一切动物都会自发养育和保护自己。在社会里，这一本能变了质，变成了一种被翻译为“自我中心主义”的东西。不过，其法语原文是“amour propre” （amour propre，自尊心），这是另一种形式的自爱：

> 可不要混淆了自我中心（amour propre）和自爱

（amour de soi）……自爱是一种自然情感，让动物警惕地保全自己，在人类的理性引领和同情的调节之下，自爱产生人性和美德。而自我中心只是一种相对的、人为的、产生于社会中的情感，它让每个人把自己看得比别人更重要，从而引起了人类之间互相造成的一切邪恶；它是荣誉的真正来源……而在真实的自然状态下，自我中心是不存在的；每个人都认为自己就是自己的唯一观者，自己是整个宇宙中唯一对自己有兴趣的人……既然不可能去与别人作比较，那么只有作比较才能引起的情感就不可能在他的灵魂里生根发芽。

在社会里，我们都不免从那些我们会与之比较的人眼中看待自己。这样一来，我们便失去了与自身欲望和冲动的直接联系。我们不再自发而为。恰恰相反，我们想要或者认为自己想要的，都基于我们对于自己看上去会怎样的一种想象。这就是自我中心的力量，也是卢梭重写《圣经》中的堕落的支点。首先，由于我们在原始科技的发展过程中积累的力量，我们开始意识到自己优于其他动物。而后在这种自我认知的驱使下，我们开始拿自己与他人比较。命中注定的一步就这么走出了。我们最看重的事情不再是谁是谁，而是谁看起来怎么样。“是什么和表现得什么样是大相径庭的”。由这种区别而来的是虚伪、炫耀、欺骗、狡诈，以及它们所滋生的所有恶习。在社会里，最重要的是别人认为我们是什么。外在战胜了现实，或者说，外在变成了现实。

也正是在这里，卢梭给了他的读者最大的挑战，一个苏格拉底式的挑战：你知道自己究竟要什么吗？或者说，你认为你所要的东西，是否是别人所塑造的呢（例如你的父母或朋友）？你所做的一切，是否只是为了在别人眼里看起来好一点？别人怎么看，是否是你想上法学院或者赚大钱的原因呢？卢梭的回答有力而残酷：在我们人人赖以生存的社会里，人“总是游离于自我之外，只知道怎么在别人的眼光里生活”。

自我中心（amour propre）总是让人拿自己和别人最显眼的成就比较，正是这一点让我们从来无法简单地欣赏自己所拥有的一切。这山望着那山高，另一边的草总是更绿，对我们来说，这样的描述已经是陈腔滥调。而野蛮人不同，他们绝不会浪费时间去想象另一面的东西。如果他碰巧发现了一片草地，那无论它是否油绿怡人，他都会心满意足地躺下来小憩一会儿。我们的生活却充斥着无尽的焦虑：别人看到我们在一块斑驳的草地上休息会作何想法？对我们来说，没有什么东西只是那样东西本身。

总而言之，卢梭认为“人本性是好的”。他的意思是，在自然状态下我们活得简单、平和、天真。我们决不会伤害任何人，除非出于自保，除了某些偶然袭来的同情心或性欲，我们总是自得其乐。我们丝毫不注意别人怎么看待我们，也不知道羡慕或怨恨为何物。我们总是率性而为，在完全自身的欲望驱使下自发地行动。而对比之下可怕之处在于，在社会里我们被自我中心所主宰，总是在近乎苛刻地努力提高自己的地位。我们拥有再多也永远不会满足，因为总是有另一个人比我们拥有得更多。我们活在永恒不安的人生里，我们永远活在自己内心真正所需之外。

但是，千万不要认为《论人类不平等的起源》主张要我们回到自然状态里去。这是断无可能的；一旦坠落，便永世不得回头。再者，坠落的种子——自由和自我完善的能力——一开始便埋藏好了，只要那么一个偶然的事件，例如一次雷击，便可以生根发芽。变得不再自然，变得不再快乐，便是我们内在的自然天性。总之，卢梭关于人类起源的故事是一个悲剧。我们是生活在社会里的破碎的存在，自然的状态我们再也回不去了，我们无法让自己圆满或快乐。

然而，当我独自一人在泳池里游泳，察觉不到身边的人，对我多长时间游一个来回毫不在乎，不再受到自我中心那股残酷无情的桎梏，我感觉到一种令人安宁的平静。当我独自一人走在海滩边，或哪怕默默无闻地走在纽约熙攘的大街上，手机关闭，不再担心我自己在最新的哲学教授排行榜上的排名，我感到一种单纯做我自己、想我自己所想的可能性。当我骑着自行车，不得不专心致志地避开打开的车门和路上的行人，我更加专注于现在，我的行动比其他任何时候都要更发自内心。而其他大多时候，我只是为了赚取公众认同，或者说多数公众的认同。或许，只有在这些孤零零的时刻,社会化的人才能一窥自然的状态。但卢梭认为,到最后,他人评判的目光还是会打碎这一切,让人重新回到自己再熟悉不过的焦虑之中。

亚里士多德的回答

亚里士多德，《政治学》（politics）

针对我们提出的问题——我们天生是社会的还是孤立的？——为得到一个与卢梭大相径庭的答案，我们可以读亚里士多德的《政治学》。正如第一章中说过的，卢梭从这本书中借了一句话，作为自己《论人类不平等的起源》一文的引语："不应当在变了质的事物里而应当在合乎自然法则的事物里来观察自然。"既然卢梭对《政治学》里面的教诲颇不认同，又为何对这句话这么感兴趣，以至于拿来用在自己的作品里呢？回答这个问题之前，我们首先需要理解它的意思。在亚里士多德的《物理学》（physics）里面，也就是对"自然（其希腊语词为 physis，意为自然界生长原则）”的研究中，他给了我们答案。

那些“天生的”事物——简单来说就是“自然的”事物——“在其本质之中蕴含着运动和静止的源泉”。比较而言，比如一张床，“其自身就没有与生俱来的改变的倾向”。换句话说，如果没有匠人的打造，一张床绝不可能凭空变成一张床；它的存在依赖于外力的作用，因此它不是自然的。相反，没有人能造得出月亮或星辰，它们自己便存在和运动着。动物也是如此，虽然动物的存在方式要更复杂一些。当然了，一方面它们都是由外在的力量所产生，它们需要生物上的父母，才能够得以存在。不过，由于子女和父母属于同一个物种（具备一样的 DNA），动物也可以说自己本身就是其存在的源头。事实上，生物的繁殖是典型的自然行为，动物通过产子的形式，让自身得以存续。

这样一来，亚里士多德一举把世界一分为二：自然之物和人造之物。这样的区分从一开始便值得怀疑。对于那些转基因植物，或者那些被人驯化的狼（我们现在叫做狗），亚里士多德该作何区分？再者，作为所有人都最为熟悉的动物，人类的自然性中就具备生产非自然事物的能力，亚里士多德又该怎么对人进行分类呢？

不论这个问题的答案如何，我们已经能够看到，为何卢梭——他显然也有着上文中的那些质疑——无论如何都会借鉴《政治学》中的这句话，因为《论人类不平等的起源》

的基础就在于人类“自然”的区分——在科技和社会来临之前的人类，和社会化的或者人为的人类之间的区分。此外，他也会认同亚里士多德所持的我们必须研究“合乎自然法则”的人类这一观点——会实现、展示、说明或者履行自己天性的人——只有这样，他才能够理解自己本身也是其中一员的人类。

这意味着什么？且看一例：一粒种子埋在了肥沃的土壤里，经受了几个星期丰沛的阳光和雨水。很快它发芽破土，长成了一株茂盛的植物。这株成熟的植物，就是“合乎自然规律”的；它完全展现了蕴藏在种子里面的潜能。相比之下，另外一粒种子，埋在了同样的土壤里，但是春天遭遇了干旱。没有了足够的水，发出来的芽干瘪苍白，弱不禁风，根本没法繁殖。这就是“变了质”的。

亚里士多德的观点是，如果我们想要理解这株植物——抑或这株植物所从属的物种——我们必须研究强壮的那一株，而不是瘦弱的那一株，因为前者才是“合乎自然规律”的，而卢梭也认同这一点。只有它才能展露出这个物种的所有特性，从而告诉我们它究竟是什么。因而对卢梭而言，这个观点意味着，如果要准确抓住人类的天性并能够自知，我们应该研究那些尚未被科技给弱化、尚未被社会所摧毁的人类。但是，我们在前文中讲过，他觉得没有谁真的能够做到这一点。自然状态下的野蛮人根本就毫无任何尝试去这样做的意向，而社会人又无法将先天与后天、真实的（或者自然的）自我和人为的（社会造成的）自我区别开来。因而，卢梭能做到的便只能是“几点猜测”，以及一个故事。现在我们会看到的是，亚里士多德就没有这样的担忧。如果我所言不虚的话，他一点也不缺少自信。

群体是自然形成的

亚里士多德的《政治学》（著于公元前350年左右）开篇写道：

> **我们看到**，所有城邦（polis）都是某种社群，所有社群都是为着某种善而建立的（因为人的一切行为都是为着他们所认为的善）。很显然，由于所有的社群旨在追求某种善，因而，如果哪个社群最崇高、最有权威，并且包含了一切其他社群，它所追求的一定是至善。这种社群就是所谓的城邦或政治社群。

注意第一句话中加粗的“我们看到”几个字。亚里士多德是从到处察看开始的，他仔细地观察眼前的世界。而相比之下，《论人类不平等的起源》的开端却是想象，一个关于自然状态的虚设的故事，一个很可能压根不存在的故事。我们后面会看到，他们二者之间的差异可谓云泥之别。

再者，再读一遍那句话：“人们按照自己的是非观行事。”人们行事必有所因，必有所图。广义上来说，人们之所以会做这件事，是因为他们认为这会带来好处。比如你在读这本书，没人会逼你打开本书，你也不是一台被程序设定了要学习我这本书的机器。相反，你读这本书是事出有因的：为了你所认为好的东西，无论最后是否如愿。总之，人类行为是有目的的。

至此，亚里士多德给我们带来的似乎不过一些常识而已。然而他马上给出了尖锐的概括：社群的行动也是有目的的。一个家庭会为各个家庭成员的福祉而行动，一支棒球队为了胜利而奋斗，而一所学校是为了求知。而那些最“有权威”的社群，也就是“城邦（polis）”或者政治社群，是为了追求至善而行动的。至此，他还没有告诉我们至善是什么，但是快了。

我将 polis 一词翻译为“城邦”，但我们应该知道一个相关性更高的词：国家（state）。古希腊的城市其实是“城邦（city-state）”，那个时期并没有叫做希腊的民族或国家存在，只有小而独立的政治实体，比如雅典、斯巴达、底比斯。

亚里士多德的下一个任务，是解释什么是城邦。为此，他遵循这样一个推理过程：“这些事物，和别的任何事物都一样，我们只有通过追溯其自然发展的根源和历程，才能得到最好的认知。”

亚里士多德建立了一套自己的方法来研究其他事物，例如（他自己发明的）生物学方法，并也以此方法来研究城邦：观察城邦的自然发展。别忘了《政治学》一开始便宣称，政治社群是自然的。换句话说，亚里士多德一开始便与卢梭的理论不同，而这也并不令人意外。毕竟《政治学》第一句话便是“我们看到”，一开始便提出了对他眼前真实世界的观察。我们都在社群里出生，在社群里生活。与卢梭不同的是，亚里士多德认为现在的东西都是自然的，这一看法正是卢梭所抨击的其前人（尤其是霍布斯）所犯的错误。他们观察自己周围的世界，认为它就是自然的；但他们都错了，他们只不过将自己所熟悉的感情——社会中形成的感情——投射到自然的大屏之上，可是——至少在卢梭看来——这自然的大屏根本不存在。相比之下，亚里士多德认为我们目前完全身处的政治社群是自然的，因而我们应该像研究任何别的生命体一样来研究政治社群，解剖它，研究其组成部分：

> 那么首先，必定存在着一种人与人的结合体，他们一旦相互分离，这结合体便不能存在，例如为了繁衍而存在的男女结合体——这并非出于人的有意选择，而是和其他动物植物一样，出于遗留下和自己相似的

后代的一种自然本性。

在性欲和繁殖愿望的驱使之下，男女结为配偶并一起生活，以便于养育后代。因而在亚里士多德看来，家庭乃是完全自然冲动的结果，人类绝不是天生孤立且自足，恰恰相反，人类要依赖于彼此才能生存。我们在家庭里和家庭成员一同生活是有原因的：生儿育女，然后将子女——我们自己的另一些版本——抚养成人。

这还不算完，在他称作“家族”的原始社群里还有别的成员。他们是：

> ……天生的统治者和被统治者……因为那些能够运筹帷幄的人天生就适于做统治者和主人，而那些能够用身体去劳作的人是被统治者，是天生的奴隶。

这里他再次与卢梭形成了鲜明的对比。卢梭认为不平等完全是社会形成的，绝非什么自然现象；而亚里士多德认为不平等在人类的初始便出现了。有些人是天生的统治者，而有些人天生要被统治。简而言之，他们就是主人与奴隶。前者运筹帷幄的能力要比后者强大很多，他们有先见之明，能预先计划；而奴隶们缺乏这样的能力，因而只能够遵守前者的命令行事。他们走到一起组成大家庭，因而形成了家族，而这个家族也和其他任何社群一样有一个明确的目的："满足日常生活所需"；也就是说，保证每个成员的生存。

这里重申，在卢梭看来亚里士多德错得十分离谱，因为后者的分析居然是从"我们看到"开始的。他所生活的雅典城邦里到处都是奴隶，在那远古的世界里，城邦之间诉诸战争并不鲜见，而战争的胜者总会杀死战败方的男人，将女人和孩子带回去作为战利品。因此，当亚里士多德四处看看，想必会见到一些家庭里面有很多奴隶，然后他就犯下了那个致命的错误，他认为他所看到的东西——尤其是人类等级的不平等——是自然（天生）的。他被自己所看到的蒙蔽了双眼。

亚里士多德的发展说仍在继续。家族相互结合，形成了村落。他说道，这是为了满足"非日常需要"。村落和家庭、家族一样，都是为了生存而存在的，尽管他们的目光放在了更远的未来：

最终，村落聚集起来，形成了城邦。

> 当多个村落为了满足生活需要，以及为了生活的美好结合成一个完全的共同体，大到足以自足或近于自足时，城邦就产生了。如果早期的共同体形式是自然的，那么城邦也是自然的。因为城邦就是它们的目的，**本性即目的**；每一个事物是什么——比如人、马以及

> 家庭的本性是什么——只有当其完全生成时，我们才能说出它们每一个的本性。

家族和村落能够维系其成员的生命，这也是他们的职责。但是，他们没法提供让人能够过上充实而精彩的生活（一种合乎自然天性的生活）的条件。只有城邦能够做到，因为城邦就是家族和村落的目的（其希腊语为 telos）。这就是亚里士多德提出的所谓发展次序的自然终点或完结，而城邦的“终点”、目的，抑或目标与其原始的组成不同，它不再是为了生存，而是为了生活得富足。

注意上文中加粗的五个字：本性即目的。[希腊语中，“目的”一词为 telos，是我们今天“目的论（teleological）一词的词根”] 对亚里士多德而言，本性本身（而不仅仅是人类行为）就是有目的的，或者说，是目的论的。他的这个观点在他的思想中是基础性的，因而我们有必要暂时离题解释一下。

目的论（Teleology）

亚里士多德在《政治学》一书中说道，“我们探询一个事物乃是为了理解它，在我们得知它的原因之前，我们都会认为自己并不了解它。”因而“自然科学家”——对研究自然的人的统称——的职责就是回答“为什么”这个问题。例如，要解释为什么火柴划拉一下会点着，就必须解释火柴头的化学成分和摩擦原理。火的原理现在已经清楚了。亚里士多德的独特之处在于，他认为解释自然事物的途径不止一种，而有四种。他管这四种方式叫做“因”或者“解”，每种都有一个传统的名称，亚里士多德自己虽然并不使用它们，但它们仍然是有帮助的：

1. **质料**因（material cause）。质料因可以回答“这是个什么东西？”或者“它是什么做的？”这样的问题。为什么它质地坚硬？因为它是铜做的，铜这个质料，就是它坚硬的质料因。

2. **动力**因（efficient cause）。是事物改变或存在的起源。为什么杯子会在桌子上移动？因为我的手在推着它动。动力因产生效果。因而，它最接近于我们今天的“原因”的概念。

3. **形式**因（formal cause）。形式因回答的是“它是什么”的问题，可以解释一个事物的本质。知道一匹马的本质是什么，才能最终解释为什么它会是这个样子。

4. **目的**因（final cause）。目的因是指事物的目的、宗旨，或者终结（telos）。它回答“为了什么？”的问题。

为什么我晚饭后要散散步？因为它有助于我消化。健康就是散步这件事情的目的（telos）。

亚里士多德自己也承认，终结（telos）或者目的因——也就是自然的目的性概念，这是他思想的重要基础——是有争议的。事实上，他在《政治学》一书中提到了一种潜在的关于目的因范围的批评立场，好予以反驳（他很可能指五世纪思想家恩培多克勒）。这种批评源自对类似雨滴落下的现象的思考。雨滴的现象，是在不同元素之间产生接触作用的情况下出现的无意义的或者机械的事件。当雨水遇热蒸发，就逃逸到了大气里，然后在大气中冷却。水蒸气变得越来越重，就落到地上。这个过程毫无目的可言。但是，事实上，下雨可让人类能够种植作物并收获营养丰富的谷物这件事情本身就没有表现出任何目的来。没错，雨滴让作物得以生长，但它不是为了作物生长才落下（它也不是因为某个仁慈的神，安排在某个需要雨水的地方下雨的结果）。正相反，农业是一系列别的机械（动力）事件的一件巧合的、幸运（于我们而言）的副产品。

亚里士多德批评对手并非出于对手分析雨水运作的方式——实际上他是认同的——而是因为对手将一切自然之物均放到这种偶然事件的模型中去。例如，像恩培多克勒（Empedocles）这样的思想家，可能会用同样的方式来解释我们门牙为什么那么尖锐。在他看来，我们牙齿的外形只是千年以前我们祖先所发生的偶然事件的结果——我们会说这是一种基因突变。因为它们增强了人的生存能力，于是它就遗传给了下一代。门牙边尖这件事本身并没有什么目的，它只是在古人身上发生且有效，随后其特征遗传到古人后代身上的随机事件而已。亚里士多德反对这一点：

> 事物不可能这个样子。因为（门牙和背齿等）一切天生的事物，要么永远如此，要么多半如此，然而仅因运气或者偶然事件而出现的事物不会这样。

亚里士多德的逻辑是，如果什么事物"总是，或者大多数时候"出现，而且它是明显有序的，那么就不可能是偶然因素的结果。如果希腊夏天下雨了，会被认为是好运，因为一般而言，或者自然因素上来说，夏天很热。在人类一代又一代的繁衍中，牙齿在咀嚼食物和帮助消化方面发挥了很好的作用，它们满足了一个目标：帮助人类活得更好。偶然事件没法解释为什么生物会持续不断地自我繁衍，以至于它们的各个部分都能保持高度的一致。亚里士多德论证道，需要用目的论（或者目的因）来解释自然过程的稳定性和非任意性，尤其是动物的身体部分有序的繁衍。门牙之所以会是门牙的外形，就是为了撕咬食物（为了实现这个目的）。在亚里士多德看来，恩培多克勒大错特错，这还不算，更糟糕的是那些和他一样否认目的论的人“摧毁了天性的东西，实际上摧毁了天性本身。因为那些天性的东西按照自己的方式代代流传，它们是带着目的（telos）的”。亚里士多德认为，否定目的论就是否定天性本身。

显而易见，还有另外一个人的名字——不论时代多么错乱——也要加到亚里士多德的批评者名单中来：达尔文。恩培多克勒稚嫩的适应和生存理论或多或少预示了自然选择理论。达尔文本人在评论《物理学》一书中的一段话——“我们在这里（指亚里士多德对恩培多克勒观点的重构）可以看到自然选择法则的影子被迷雾围绕，但是亚里士多德对这个法则理解的匮乏，就体现在他对牙齿形成的评价中。”

据达尔文所说，但凡亚里士多德在解释牙齿尖利的原因之时能够遵循恩培多克勒的引领的话，他就不会掉入到目的论的思想深渊中去了。不幸的是，亚里士多德坚持认为动力因和偶然因素——加上生存的驱动——不足以解释动物的有机构造和生物繁衍的规律性，从而错误地将目的性当作了天性（自然）本身。

当然了，今天几乎所有的生物学家都不仅会认可恩培多克勒和达尔文的观点，认为亚里士多德是错误的，还会就亚里士多德错在哪里给出与此二人同样的解释。这个世界在惯常的、肉眼经验中展现自己的方式，让亚里士多德受到了表象的引诱。乍一看，自然世界确实显得刻意地有序，尤其是动物世界。我们的门牙，看上去确实是为了撕咬食物才那么尖锐的，因为这一点它们做得很好；可是如果仅根据这一点就认为世界都是刻意构造的，就未免陷入了思维的懒惰，因为这样的概括无异于将我们“所见”投射到一个非人类的屏幕上面，可是我们的“所见”并不属于这个范畴。目的论看上去或许能很好地解释事物在乍看之下的性质，或许契合人生经验的直觉性，但是，绝大多数后达尔文生物学家们——别忘了理查德·道金斯——认为，这是彻头彻尾的伪科学。

前面也说过，卢梭的《论人类不平等的起源》也预示了达尔文的自然选择理论，即便并不怎么科学。他的故事也难免有目的论的影子：野蛮人原本只是比别的动物更复杂但并没有本质的不同，后来通过适应一系列的偶然事件，野蛮人得以进化。一道闪电击中大树，他学会了如何生火；一次洪水把一片森林隔绝成岛屿，于是人们开始彼此交谈。用卢梭的话来说，如果没有“多起互不关联的偶然因素一齐出现”，我们向社会人的进化根本不可能发生。正如卢梭的故事里说的，我们曾经在自然状态下孤立而自足地生存，而后我们成为了社会人和政治人——通过失去自我的方式。我们的天性就是易受外界影响的，我们永远在适应新环境。对此，亚里士多德不会认同。

一场根本性的争论正在浮出水面，它不仅关涉到政治，更关乎我们理解自己和我们所身处世界的事业。在试图解释事物规律的过程中，哪些东西应该作为相关证据？我们是否应该像亚里士多德那样，将我们“所见”作为一切的根据？如果是的话，我们可能会得出结论认为，生活在社群中是自然的，而我们的门牙也有其目的。抑或，我们应否一开始就怀疑我们习以为常的事物是不可靠的，而且，要成为负责任的科学家的话，必须采取完全不同的视角？

一个简单的例子：我们都已习惯说，太阳每天清晨从东方“升起”，傍晚在西方“落下”，因为看上去太阳就是每天在划过天空啊。可实际上却恰恰相反，是地球在绕太阳公转。这样一来，如果我们轻信眼前常见的一切的话，我们就不可能成为科学家。相反，没有任何人——无论他的天文学知识多么深厚——会不再用上升下落来描述太阳，或者认为地球不再是其生存的稳定中心，换句话说，不再是自己的家园。

天生的政治动物

因为家庭、家族和村落构成城邦，因为它们都是自然的，因而城邦也是自然的：正如别的一切社群的目的（telos）

一样，这也是人类活得好所必需的。对此，亚里士多德一句话总结道："从此可见，城邦也属于那些天生存在的事物，因而人类天生就是政治动物。"

政治性是我们的原则所在。因而，那些不住在城邦里，或者住在城邦里但是丝毫不参与政治活动的人，过的是萎缩的生活。他们是"变质的"，并不是"合乎"其自然天性的存在。没错，他们作为个体动物能够生存下来，但在亚里士多德令人讶异的观点认为，非政治的生活，是给"要么是野兽，要么是神灵"过的；换句话说，那不是给人过的。

想象一下，亚里士多德搭乘时光机器，来到了今天的波士顿。他一定会对街上遇到的形形色色的人惊诧不已：他们多数身强体壮，而且教育良好的人数多得惊人。他会惊异于人们手上拿着的电子设备、远处高耸的摩天大楼，还有呼啸而过的汽车。他一定会想到城里点缀的图书馆里去游览一番。但是，当他对现代人稍有了解之后，一定会为今人对政府的漠不关心感到困扰。很多人根本不去参加投票，有的人甚至不知道在国会代表自己的人姓甚名谁。少数人在军队服过役，但太多的人对自己的国家在21世纪参加的大多数战争一无所知。他会见到波士顿人目光锁定在小小的屏幕上，大家的脸紧紧贴着手机，他们耳朵里连着线，听着自己的曲目。总之，各自全神贯注于自己的私事上。当然，许多人会与家庭成员、同事和脸书（Facebook）

上的朋友紧密联系，但他们没有去做的事情，正好是亚里士多德认为我们人类最天性的事：把自己当作市民。在他看来，波士顿人是“变了质”的。他在下面一段话里着重强调了这一点：

> 因而，城邦天生便须位列家族和个人之前。这是因为整体需求必须高于部分需求；因为如果身体整体遭毁灭，就根本不可能有手脚存在。

政治社群要比个体更加基础，或更加重要；它是整体，而个人只是部分。任何部分之所以能存在，只是因为它是整体的一部分。一只手之所以是一只手，仅因为它属于一个存活的身体，属于一个官能正常的动物。如果把手从手臂上卸下来，安到桌子上去，看上去还是手，或者仍然被称为手，但实际上它再也不是手了，它只是一堆即将分解的肉。亚里士多德认为，城市与个体之间也是一样的道理。人类个体之所以是个体，乃是由于他是更大的社群的一部分，乃是因为他是一个市民。

而卢梭至少在《论人类不平等的起源》一文中的观点，是与此相悖的。卢梭认为，城邦绝不是自然的，而是像斧头或者汽车一样，是人造的，是一种工具。而作为一种工具它和别的工具一样，放大我们力量的同时，夺走了我们本身的力量，让我们离自己的天性愈来愈远。

在这一场论辩当中，我们有充分的理由支持卢梭的立场，为当代文化喝彩；亚里士多德对城邦优先性的宣称——他的目的性说法——会引致可怕的后果。如果说城市是一个有机的整体，市民是这个整体的部分，那么市民就得让整体的维系凌驾于自我之上，应该将政治社群的利益作为个人的利益。但是，我们真的欠城市这么深重的依恋吗？《政治学》中，亚里士多德一度认为是的。他告诉我们，正如水手的职责是养护船只使其远航，市民的职责就是“养护政治社群”。表面上，个体是因为城市才存在的，而不是相反；但是，这是否会让人们担心国家变成一个极权的整体，一只暴政的巨兽，将人类生命吞噬殆尽？

相比之下，像当代波士顿这样的城市——在这里，人们认为自己是受私人利益驱使的自由人——就显得吸引力非同寻常了。没有了政治需求的羁绊，人们可以自由追求不同的事业和梦想。所有的约束——无论政治的、地理的、技能的、生理的，或是宗教的——都被当作是障碍，能够而且应该加以克服。这样的城市里，创造性被释放到一个无与伦比的程度，多元化显得欣欣向荣。在这个地方，政府的角色是最小化的，它应通过保护个人权利来保证人们的安全，除此之外的别的方面，政府应置身事外，任由人们追求自己认为对的幸福。

但是，脱离政治让人们变得更像原子非分子，这会不会也有其黑暗的一面？它是否会导致无所寄托、疏远、冷漠甚至绝望？如果亚里士多德所持的我们都是社会集体的存在、我们的天性就是结成互相合作的关系的观点是对的，那么它会引起。对亚里士多德而言，当代美国人熟悉的自由主义就是一种疾病。

我们何时才是真正的自己？与他人一道，还是独自一人？在城市之中，抑或城市之外？这个基础性的问题，如何才能得到答案？

逻格斯（Logos）动物

亚里士多德认为我们是天生的政治动物，对此他给予了下面的论证。他的论证，主要集中在“逻格斯（logos）”这个希腊词上。“逻格斯”意为“演讲”“语言”，也有“推理”“理性”，或“合理解释”之意。

> 与任何种类的蜜蜂或别的群居动物比起来，人类更是政治动物。这是因为，我们主张自然从不会做徒劳无益之事，在一切动物之中，只有人类有语言能力。声音可以传递苦乐，因而别的动物也具备声音，它们的天性就是感知苦乐并且相互表达出来。但是，语言

却能表达利弊，因而也能表达公正与否。和别的任何动物相比，只有人类能感知利弊和公正，因而只有人类有这种能力……而正是人类在其中形成的合作关系导致了家族和城邦的出现。

亚里士多德的这个论证方式，和动物学家在研究一只从未见过的动物时可能采用的方式是一样的。例如，动物学家发现在它的胸腔中有东西在跳动。她并不知晓里面为何物，但因为动物是个有机的整体，所以她会推测认为，这个跳动的东西必定有助于维系整体的机能。她会以“自然从不做徒劳无益之事”作为出发点来开展自己的研究，而亚里士多德也同样以此为基础研究人类。他发现（很明显），我们和别的动物不同，我们具有语言。黑猩猩和鲸鱼都有“声音”，也能有效地互相交流，但它们都不具备语言；也就是说，它们无法相互讨论什么是好坏，什么是对错，什么是利弊。它们没法根据讨论的结果来改善自己的生活。

今晚我们是去看电影，还是待在家里打牌？我们晚餐是吃汉堡，还是改吃素食算了？我们要不要堕胎，或者要不要对富人征税？你是应该念哲学专业，还是选一个更实用的学科？我们会争论这些问题，相互公开自己的意愿和希望，从而表达出自己的价值观，而价值观将我们的社群联系在一起。语言这种显而易见的事实——至少对亚里士多德而言——证明了，我们天生就需要同别人一起生活，同别人交流，只有这样我们才能成为我们。回想一下他在《政治学》的开篇所宣称的：社群的运行是有其目的的：一个家庭会为各个家庭成员的福祉而行动，一支棒球队为了胜利而奋斗，而学校是为了求知。这些价值观正是这些社群的组织原则，也只有通过语言，它们才能成为公共群体，才能互通有无；因为语言，它们才能活跃起来。

在《政治学》一书中，亚里士多德通篇都在强调逻格斯（logos）在政治社群中的突出作用。其中一个很好的例子，来自他对于我们今天所说的“集体智慧”的探讨。他说道，“大多数人，其个人并不是怎么出色……当他们的思想联合起来，却要比那些（最出色的人）还要智慧。”每个个人或许只有很小的“智慧”，但就好像百乐餐（百乐餐，即每人自带一个菜的家庭聚会——译者注）一样，讨论或争辩中所有人智慧的总和，要胜过任何个人。多人思考同一件事情，就好像“有多种判断”一样。有多人各抒己见的情况下，同一个主题就会有多个不同的探讨角度，因而，如果各人均能听得进去的话，就会得到更多的信息和见解。市民互相交谈会带来一种“认识力”的好处，也就是说，能帮助彼此获得知识［“认知力（Episteme）”一词，在希腊语中意为“知识”］。如果他们能够就某一件事或某个问题展开研讨，他们就更有机会得出正确的结论。

海琳·兰德摩尔用一个极佳的例子说明了这一点：老电影《十二怒汉》。

为了说明所谓的审议效果，我要分析一下在审议过程中出现的两种程式化情形。为此，我首先借用电影《十二怒汉》的例子。这个例子独特的美妙之处在于，它很适用于认知性的阅读，因为陪审团的审议，为了找出真相，要采取一个程序上独立的真理标准：被告要么有罪，要么无罪。

电影中，一位勇敢的反方陪审员——亨利·方达饰演的8号陪审员——成功地说服了其他11位陪审员，重新讨论大家即将通过的判处被指控谋杀的年轻人有罪的判决。8号陪审员请求大家，在下结论之前将自己的推理“说出来”，从而带领陪审团经历了漫长的评审过程，最终让诸陪审员一致选择无罪释放。在我看来，《十二怒汉》可以很好地体现陪审员评审中展现集体智慧的现象。如果仅仅凭借一己之力，8号陪审员本不可能说服大家有罪判决超越了合理怀疑的范畴。只有通过结合其他陪审员的智慧——包括针对他们自己的感情和偏见的智慧——陪审团才能最终得出真相。

审议中，各位陪审员作用不一，互为补充：5号陪审员是个年轻人，来自充满暴力的贫民窟。他发现嫌犯不可能用弹簧刀刺死受害者；他的视角不仅独特（别的陪审员谁也不熟悉弹簧刀怎么用），对陪审团的推理过程也有着至关重要的作用：它让关键目击证人的证词不再可信。而9号陪审员是个老头，随后也开始质疑另一位关键目击证人（一个不合格的证人）从他的房间一瘸一拐地走到门口并正好见到凶犯逃离现场所花的时间。对凶案细节的集体认识的改变，他也起到了促进作用。

只有通过交谈，通过每个个人的不同视角来切入到讨论中，这12个陪审员才能给出公正的判决。影片末尾，陪审员们热烈甚至剑拔弩张的对话让他们最终推翻了自己的最初立场，一致认为被告无罪。

在城市的理想规模问题上，亚里士多德也强调语言的作用：城市不应太小，否则会过于依赖邻里关系，因而无法实现自给自足——他认为,自给自足是政治健康的标志。他写道，“人数太少，就无法达成妥善或美妙的安排”。另一方面，城市也不能太大，因为“人数太多，就无法有序地分享”，就无法产生社群认同感，因而会治理得杂乱无章。因此，最佳规模的城市就是最好的城市：不大也不小。他没有直接给出具体人口或者理想面积，但说了下面一番话：

城市的规模是有所限度的，和别的一切事物一样——动物、植物、工具皆然。如果它们的尺寸太小

> 或太大，就都不可能完全实现其自身能力……例如一尺长的船根本就不可能航行，而 1200 英尺的船也不可能。

这番话里，他跟平时经常的做法一样，借用了动物学家的模型。任何特定种类的动物，一旦体型过大或过小，一定会影响其生物完整性。比如一个患有巨人症、身高超八尺的人，他的循环系统会出毛病，他的心脏相对于其躯体来说太袖珍了。同样的，只有一尺长的船只是无法航行的。是那些本质的和适当的功能决定合理的“尺寸”。只有通过实现本质和功能，这个物体才能最大化地发挥潜力，实现其天性。

那么，究竟什么是一个运转良好的城市的规模？亚里士多德也没有给出具体数字，但也给了我们一个线索：

> 为了能有公正的判决，也为了将领导人职位和机构分配给有德才的人担任，市民必须要熟知各个人的素质；如若不然，与公职和判决有关的事务就会运行得很糟。

为了让一个城市能管理得当，市民必须“熟知”彼此，并且要深入到当地去。如果鲍伯要参选财政部长，为了聪明而妥当地投票，你我必须要了解鲍伯其人。他是否富有责任感，真诚，而且精于数学？只有当这个社区足够小的情况下，我们才能够了解到这些东西。那么很明显，亚里士多德这段话所说的其实类似一个镇子而非巨大的国家。亚里士多德所在古希腊有大约两万五千市民，即便在这样一个规模不大的城市里，人们也不可能熟知每一个人。不过在这样的地方，容易产生名望，也容易出现八卦。

八卦也是逻格斯（logos）的一种形式，虽然听上去略带贬损。人们热爱谈论自己的邻居、亲戚、同事、朋友和名人，这样的谈话有一种近乎磁性的吸引力，而且很多时候这种谈话带着羡慕之情。不过，尽管八卦有变得下作的倾向，它倒也不是一无是处。实际上它也能为社群带来好处。

我所在的部门成员们经常八卦我们的校长。一般我们的闲谈是批评的多，偶尔还会恶语相加，粗口以赠。但是，不论这些八卦它多么粗鄙而不专业，它们的产生却是出于大家想要弄清楚一个好的领导者应该是什么样，应该做什么。八卦的过程中，我们其实在探讨什么是卓越，虽然很多时候我们自己并没有意识到自己在这样做。

学生们总是八卦自己的老师，当然，我的学生肯定也八卦我。亚里士多德想必会同意这一点。八卦可以是一个过滤器，通过它，我们对别人的看法精练成具体的、大家一致认同的价值判断。那么，究竟什么是好老师呢？

卢梭会认为这一切相当糟糕。对卢梭而言，八卦只不过是被不受约束的自尊（amour propre）罢了，在拿自己与他人比较的欲望驱使之下，八卦让我们远离我们自我。更重要的是，卢梭对逻格斯（logos）本身便持疑问态度。我们可以回想起，在他的观点里，逻格斯并不是自然状态下出现的，而是在人类进化的过程后期才发展出来的。用他的话来说，在“纯自然状态和语言需求之间……存在着巨大的空间”。语言让我们能够在社群中交流、分享和推行自己的价值。但对于卢梭而言，这意味着语言是一种工具，用于欺骗和疏远。

现在，我们可以再次系统地梳理本章中的论辩：我们是在同别人交谈并因而与他人形成关联的过程中最自我，还是在我们缄默地独处，没有任何闹人的喧闹时最自我？可是，我们独处时，不是也常常与自己对话吗？这不就是思考吗？如果是的话，那么或许亚里士多德是对的。对话和与他人交流的冲动，甚至与自己交流的冲动，是我们生而为我们的基础。或者恰恰相反？可能思考就是与自己对话这一概念，恰好是我们在成为社群成员之后堕落的证据。要怎么来分辨？

生而不平等

回到《政治学》和那个令人不快的话题上来：亚里士

多德宣称，有的人生来就要比别的人低贱，他们活该成为奴隶。对我们而言，因为我们都受到了当代文化中平等主义的浸染（即使平等主义的执行断断续续），我们会觉得他的观点令人震惊。但实际上，亚里士多德的观点要比表面上微妙得多。他并没有为一切形式的奴役辩护或洗白，他所指的乃是其所说的“自然奴役”而已。前面说过，古希腊奴隶是一种制度。如果一个城邦攻克了另一城邦，胜者会杀死战败方所有男人，将其女人和孩子变为奴隶。这并非亚里士多德所辩护的，因为他那个时代的奴隶制是军事和武力的结果，因而这与被奴役的人们的素质毫无关系。相反，亚里士多德所定义的自然奴役的特征，正是他们独特的素质所在：他们精神上有缺陷，只能够理解和执行别人的命令。结果，他实际上因为身为奴隶而得到了好处：

> 因为那些能够运筹帷幄的人天生就适于做统治者和主人，而那些能够用身体去劳作的人是被统治者，是天生的奴隶。这样一来，主人和奴隶的意愿都得到了满足。

亚里士多德当然能够充分理解，人类绝大多数人如果变成奴隶的话都是受害者，因而奴役他们绝非正义。他打了个比方：自然奴隶们“（与其他人类相比的）差距，就像灵魂之于躯体，或者人类之于野兽一样大”。正常成年人的“灵魂”——我们更愿意称作“心灵”——是能够控制身体的。例如，即使你已饥肠辘辘，但你认为还有更重要的事情去做而选择不进食。当你心智健全，你能够驱策自己的身体。灵魂/心灵之于身体，正如正常人之于奴隶一样。从这个比方可以看出，自然奴隶与其说是个完整的人，不如说只是一具肉身而已。他和正常人的关系，就像正常人和野兽的关系一样。

亚里士多德这些话所隐含的东西很明显：以自然奴隶的缺陷之大，以至于他们极其罕见。这样一来，我们不要惊讶，亚里士多德对自然奴役的辩护反而可以理解为对制度性奴隶制的批判，因为后者将人们不加区别地缚以枷锁。

> 当主奴双方都满意这种天生的安排，双方便都有利，并互生好感；而当主奴关系并非天生结果，而通过传统和武力强迫来实现的话，二者必不共戴天。

以此看来，天生的奴隶除了必须在客观上得到主人的优待以外，还要能够感到对主人的感情。而相比之下，在希腊城邦中实行的传统奴隶制下，奴隶们是战争中被征服的人，因此毫无疑问，他们既不可能得到主人的好处，也不可能对主人有任何好感。可见，他们所受的奴役既不是天生的，也不公平。实际上，根据亚里士多德对天生奴役所下的苛刻定义，天生奴役几乎可以视作不存在。毕竟，他坚持认为，天生奴隶的推理能力如此有限，他们不可能进行任何对未来的考虑。但是，除了那些大脑受损的人以外，每个人都能或多或少做到这一点。

可是，即便亚里士多德对自然奴役的辩解可以理解为对希腊奴隶制的批判，其观点仍叫人无法苟同。在他看来，仅仅从作为人的美德来看，人在政治上或道德上就不平等；人有优劣之分，这样的分层是事物的内在天性。但是，认为在自然状态下人人平等的卢梭就不认同这一点。究竟谁是对的？

生活的许多领域里，我们会很快地同意：不平等不仅真实存在，而且还是件好事。例如，我们自然而然地期待自己喜爱的球队或者交响乐团能将最有才华的人纳入麾下。但是，当涉及到个人尊严或基本人权时我们就认为人人平等。这一点甚至被铭记在著名的《独立宣言》里：

> 我们认为这些真理是不言而喻的：人人生而平等，造物主赋予了他们不可转让的权利，其中包括生命权、自由权和追求幸福的权利。

暂且先别管“造物主”是怎么介入进来的，也别在意原文中的“人人（men）”原来仅指白人男子，我们先要知道，大多数美国人对杰弗逊的语言有着强烈的情感。但是，为什么人类的平等是不言而喻的真理？

亚里士多德说，“自由人统治奴隶，男性统治女性，成年人统治孩童。”今天我们当然不会同意其中的前面两条。但是，大概我们大多数人是同意成人应该统治孩童的，毕竟孩子还不能妥善地照顾自己，因此，为了他们着想，他们需要成人告诉他们做什么，怎么去做。显然孩子是不能与大人划等号的，因此他们也没有大人那么多的权利。但是，那些不成熟的孩子气的大人呢？他们同样无法抵抗眼前之欢，因此也时常陷入麻烦，把事情搞得一团糟。再说，还有那些确实笨拙，或者病理性自私的人呢？他们真的等同于我们社会的中坚，能让别人的生活变得更好吗？

2003年对伊拉克的入侵开始时，许多美国人相信，萨达姆·侯赛因要为纽约世贸中心的爆炸案负责。这次战争——对美国而言可以说是灾难性的——得到了一众市民（可能还有立法者）的支持，而他们根本没有花时间去做一点点研究，弄清楚放炸弹的人究竟是谁。我们真的希望这些人来进行选举投票吗？

我的外甥十分聪明，但有点儿野。因为他没法安静地坐着，所以他讨厌高中。他大多数时间在玩电子游戏。到了高年级时，他就开始陷入大麻烦了。令人意外的是，他决定去参加海军陆战队。这恰好是他需要的。只有在被强迫的情况下，他早上才能起得来，才能不穿得像个混混，才能不遭到别人异样的眼光。只要是枪，不论是真枪还是虚拟枪，就在吸引着他；现在，至少他已经受过训练，知道怎么正确地用枪，而且在为国效力。如果不是海军陆战队的话，我猜他的人生不会善终。有的人就是需要强迫限制才能管住自己，而有的人自控力很强。有的人就该发号施令，而有的人就该听令行事。

一位 92 岁高龄的老头，已经无法行走，耳朵失聪，视力已下降到无法阅读，还患有慢性疼痛，住在养老院里。他的儿子很清楚，如果允许这老头明天就死去的话，老头会很乐意这样做，因为他已经度过了积极而慷慨的人生，过去几十年里是很多人的靠山，而现在，他认为自己的情况已经跌到谷底，这样的生活不值得再过下去。他也很讨厌那高昂的医疗费用，他更愿意把这些资源留给年轻人，让年轻人善加利用。他觉得，医生现在还在设法延长他的生命，简直多此一举。可能他是对的。

从某种意义上说，一个行将就木的老头子和一个健健康康的年轻女孩是完全平等的：他们都是人类。这意味着他们有着同等的价值吗？或者说，正如亚里士多德所思考的，活着和活得好之间有没有本质的区别？人生和良善人生之间呢？当然在医院里，这样的区分是不允许的。医生们（正因为是医生）是极端的平等主义分子，因为他们的职责只有一个：不管是谁，要让他活下来。

或许，在人生和良善人生之间并没有什么区别。如果是这样的话，愿上帝保佑这些医生吧；如果不是的话，亚里士多德支持的那种等级区分便有了基础。有的人值得活着，有的人并不。

亚里士多德认为，女性的位置在家里。今天，我们大多数人会厌恶这样的观念。把人放到某个地位上，尤其是图腾柱（等级制度）上较低的位置，就等同于限制人的自由，而这是断不可接受的。在全球化的今天，女性的位置当然不再是在家庭里，而是她想去的任何地方。在我们看来，所有人都有权选择自己的家庭、职业、教育程度、性伴侣、国籍，甚至性别。但问题仍然存在：这样的无地方性，是否真能促进人类的幸福？自由自在的可能性，能否滋养人的灵魂？

今天，对（无地方性）这个问题，世界上有成百上千万人涌向原教旨主义宗教，并甘愿让自己臣服于传统的枷锁，以自己的双脚在投着“反对”票。他们之所以想要这么一个地方，恰恰是因为这个地方限制他们。法国的穆斯林女性常常不顾世俗国家的反对，自愿选择穿戴希贾布。美国的东正教犹太女性也罔顾自己半裸上街行走的自由，选择穿上长裙。他们自愿地，甚至时常是热情高涨地将自己置于传统社群之中（即便其父母实际上早就摒弃了这样的社群）。他们（有时候甚至狂热地）欢迎约束，接受自己被安排的位置。他们蔑视巴黎和波士顿随心所欲的街道。

或许，这样的转变昭示着平等和无地方性的黑暗面。浸染了创新个体精神的当代社会，是否已经变成了大量自由浮动着的原子，它们不属于任何地方，也不属于任何人？亚里士多德肯定会说，是的。他会发现我们的处境不容乐观，而今人亦不乏同意者。但是，谁才是对的？

亚里士多德是一个精英分子，他认为有的人比别人更高级，有更好的生活。他认为城市应该划分等级，大家在社会层级中各司其位，社会就能运转得很好。他会觉得，我们今天的养老院——在这里，苟延残喘的人们被无限期维系着生命，花费高昂的成本——完全是荒谬的。毫无疑问，他的思想十分危险，极易被滥用。有什么东西能防止鲍伯去宣称自己是个亚里士多德学派的人，然后简单（而真诚）地宣告自己的高人一等？随后，他有可能会强迫别人去照他说的做，或者将那些他不喜欢的人群斥为低等。有什么东西能防止他去宣称女性的位置在家里，然后将其强加于自己的妻子和女儿身上？或许，亚里士多德式的精英主义及其人性和政治地位观念的危险性如此巨大，应立刻予以否定。

论辩的解决：人是社会的、政治的，还是孤立的？

亚里士多德与卢梭在本章讨论的这个基本问题上南辕北辙。我们更多的是在社群和交流中更自我，更“合乎自然”，还是我们独自徘徊、远离八卦和他人目光的时候更自我？我们属于城市，属于某个地方吗，或者我们仅凭自己就能发展？

这个争议该怎么解决？偏向其中一方的证据或者理由是什么？可能你会觉得，演化心理学或者神经科学能够回答我们的问题。有没有可能，历经几千年演化之后，社会互动已经在今天人类大脑中根深蒂固？如果是的话，我们恐怕该点头同意亚里士多德？因为，若果真如此的话，我们或许真的“天生”是政治动物。而另一方面，即便人类在基因层面上就倾向于群居，但这并不意味着每个个体都必须或应该如此。诚如卢梭所言，人类能够对抗动物本能。例如，我们和别的一切生物体一样，天生就懂得为了生存而努力奋斗，我们中大多数人也确实会这样做。但并非人人如此。

倘若一位社会科学家向我们展示了一堆数据，表明那些能很好地融入到社群里，并在群体中感受到强烈认同感的人们报告称，比起生活在崇尚个人主义和隐私权的社会中的人，他们认为自己更加幸福，会有何不同？倘若统计数据证据表明，随着社会凝聚力的骤跌，自杀率攀升呢？这样的发现，或许同样支持亚里士多德的观点。

相反的，可能像美国这样的具备高度创造力和经济生产力、无比崇尚个人主义的国家，应当受到嘉奖。布鲁克林的街道充斥着多样性和冲动，而硅谷的发明改变了全世界。可能这就是一个证据，表明强烈政治认同感着实将人打垮、妨碍人类真正繁荣。

要解决这个争议，需要对人的天性和政治社群有综合的理解，为此，我们需要对每一种可用的资源加以利用。凡是实证的科学，无论自然科学还是社会科学，都需要进行研究；互相对立的哲学理论也一样，需要加以研究来为之辩护。

这里，我们不妨再提起第一章中那个苏格拉底式发问。虽然这样的发问不会带来决定性的答案，但它依然告诉了我们，好的答案是什么样的，强有力的逻格斯（logos）是什么样的。它必须能够准确地表达和捍卫其前提和结果，并且做到没有矛盾之处。它必须一致而全面；换句话说，必须是一个逻辑的整体，一个由一系列固若金汤的命题严谨连成的整体。

毫无疑问，要达到这个目标需要巨大的努力。亚里士多德的《政治学》或者卢梭的《论人类不平等的起源》，或者加上别的林林总总的著作，能不能完成这个任务？显然，要得出结论就必须先大量地阅读它们。

但在那之前，你仍然还可以自己走出重要的一步。举起一面镜子，试着想一想，在亚里士多德的政治动物和卢梭的孤立动物的争论之间，你站得离谁更近一些（哪怕只是暂时）。这样做显然解决不了这个争议，但它仍很有价值，甚至十分必要，因为，只有这样做才能让这个原本是学术上的争议变成与你切身相关的问题。既然如此，那就问自己几个下面这种问题吧。

如果你得到了一个很有吸引力的工作机会，但工作地点远离你的家，你接受吗？或者说，家庭比经济回报对你更重要吗？你的朋友比经济回报对你更重要吗？如果这个工作机会在另一个国家呢？你是否愿意在异国他乡生活，只能通过网络与你的家人朋友联系？

如果有人告诉你，在旷日持久的阿富汗战争中牺牲了超过两千名美军士兵和两千名美国平民，你作如何反应？这个消息是像一把利刃一样刺痛你的心，还是，只是那满是太平盛事的荧幕上另一件无关痛痒的新闻？

你投票吗？如果投的话，你会研究候选人的立场吗？或者，你只看电视广告来决定支持谁？你是否通过阅读严肃的出版物，关注政府的一言一行？或者，你认为人生那么忙，根本无暇关注？

你参加基督教堂、犹太教堂或者清真寺的礼拜吗？你在这些地方感受到的普世目标和众人团结，会让你觉得温暖，还是暗暗地排斥？

你童年时期有没有学校精神？你喜欢到球场去为主场球队加油鼓劲吗？当你支持的球队在最后时刻反败为胜，球迷沸腾了，你喜欢跟着一起沸腾的感觉吗？还是，这种集体的歇斯底里会让你感觉这是一种对个体责任感的逃避，令人惋惜？你更喜欢集体运动，还是像高尔夫这样的个人运动？

当你走在家乡的街上，发现迎面而来的陌生人来自全球各地，很多人根本不会讲英语，你会如何反应？你会为全球人口现在已然演变成各色人种混合的自由人，再不受国界的限制而感到兴高采烈？还是，你会为共同语言的消失而感到怅惘？你会怀念往日的时光吗？那个时候，你身边的人和你看上去都差不多，而且大家还有着共同的价值观。

你认为，交谈——关于你的希望，你的问题，你的热情，你的政治倾向，你的思想，你的疑问——会让你的人生变得更好吗？　或者，你会对喋喋不休的人感到可疑？或许，你会觉得最好还是一个人沉潜下来，静静地做自己的事？

你会经常查看手机，总是跟手机里的朋友保持联系吗？或者，你会时不时地断开与外界的联系，沉浸在没有任何干扰、甜蜜而安静的沉思中？你喜欢独自一人行走于树林中吗？

得出上面问题的答案以后，看看这些答案相互是否一致。如果不一致，试着找出并解释差异在哪儿。例如，为什么你支持当地的足球队，但却讨厌去教堂？为什么你参加投票，却仍然对伊拉克情势一无所知？为什么你认为谈论政治富有价值，但讨论私人关系却一无是处？为什么你明明在独处时更自然、更自我，却还是喜欢连续好几个小时泡在 Facebook 上？

更重要的是如果通过这样的自我反省，你发现自己倾向于争论的其中一边（亚里士多德或者卢梭）的话，试着挑战一下：尽可能以体谅理解的心情解读一下与你对立的另一方。只有这样，你才会真正仔细地思考我们的问题。然后你会发现，本书这一章所为无他，只为邀请你加入思考而已。

注：

1. 许多哲学家们进一步发展了自然状态理论，其中最争锋相对地反对卢梭的是托马斯·霍布斯。霍布斯（Thomas Hobbes）的不朽著作《利维坦》（*Leviathan*，原书出版于 1668 年）中，尤其是其第一部分的第 13 章“论人类幸福和苦难的自然状况”中，霍布斯认为人类天生是竞争性的，充满侵略性，而且深深忧虑别人怎么看待自己。

2. 加里·施特恩加特（Gary Shteyngart）在其超级讽刺小说《超级悲伤的真实爱情故事》（*Super Sad True Love Story*）里，华丽地展现了卢梭对社会人的批判。小说的背景设定在不远的未来，书中人物被自我中心（amour propre）驱使得疯疯癫癫。他们有超智能的手机（他们管它叫做“apparat”），手机摄像头扫描一下房间，就能立刻区分出房里人的财富、性吸引力、健康、智力的等级。在这个世界里，人们只通过攀比的镜头来看待别人和自己。施特恩加特的讽刺非常贴近当前的现实，反响很大。

3. 对亚里士多德生物学概念进行出色更新（同时对理查德·道金斯的理论提出了强有力的反击）的是李昂·卡斯（Leon Kass）的作品《饥饿灵魂》（*The Hungry Spirit*）。类似更新还有阿尔芒利来（Armand Leroi）近年的作品《泻湖：亚里士多德如何发明科学》（*The Lagoon: How Aristotle Invent Science*）。

4. 这里提到自杀是受到了埃米尔·涂尔干（Emile Durkheim）的启发。他在 1897 年成书的经典作品《自杀：社会学研究》（*On Suicide: A Study in Sociology*）中写道，自杀“看上去是一种个体现象，但其实可以在社会结构中找到其病因”。换句话说，即使是自杀这种最个人的决定，也是一种“社会事实”，可以通过严格的科学和统计学分析来很好地理解。他的结论可以简化为：远离社群的独居人士更容易自杀。换句话说，他和亚里士多德一样，认为人类天生是社会动物。

5. 这一论辩的当代版本，是我们今天称之为“自由主义”思想家和“社群主义”思想家们之间的争辩。广义来说，前者更贴近于卢梭的个人主义，后者更贴近亚里士多德“人类天生是政治动物”的立场。关于这一争辩，我们可以从迈克尔·桑德尔（Michael Sandel）《自由主义及其批评》（*Liberalism and Its Criticism*）中一窥究竟，书中编列的一系列文章，其中有以赛亚·柏林和约翰·罗尔斯（两位都是自由主义思想家）的文章，也有阿拉斯代尔·麦金泰尔和桑德尔自己（两位都是社群主义思想家）的文章。

第三章
我们该做什么

问题

你是否认同卢梭的看法，认为你在独处时的状态最好？各种组织或者社群邀请你去参加的活动，你会敬而远之吗？你是否认为自己有权利，甚至有责任去无视别人的欲望？即便你有着这样极端的反社会观念，你仍然在如何与他人保持一致方面采取了立场。换句话说，你在你应当如何行为、应当做什么的问题上，已经采取了一种道德的立场。

于我们大多数人而言，这是常有的事。在真的去做什么之前，你会停下来问自己："应不应该？"你坐在公交车上，邻座的是一个男子，靠在窗边已经睡着了。他衣着光鲜，但你闻到他满身酒气；你知道他一时半会儿醒不过来。他的钱包从外套里滑落出来，你看到钱包里装满了现金。你开始犹豫了：为什么不抓一把钞票出来，然后马上下车呢？

他反正不会知道的。醒过来以后，他甚至什么都不会记得。你停下来问自己：我该不该这样做？

你怀孕了。你年纪还很轻，没有工作，也没有房子可住。你知道自己身处的这段感情不会持续太久。你那不负责任的伴侣，丝毫没有要与你成家的打算。现在，怀着一个孩子的你仍然和父母同住，你大学还没毕业，也没有工作，怀孕将把你的光明未来毁于一旦。你所在的城市有一所计划生育诊所，你可以去那儿把孩子打掉。你会去吗？

有人邀请你去参加聚会，他们说聚会一定会刺激非常。后来，你那魅力平平又不善社交的室友问你：你今晚要做什么？很明显，他想要跟你一起去。你其实挺喜欢他的，毕竟他十分聪明友善，有时候还挺风趣。但你心里清楚，今晚的聚会如果他去了，一定会需要你帮忙解围，而这是你不愿意去做的。这个聚会是个猎艳的好机会，你不想因为他而浪费掉。这时候你会想：要不要告诉他你要去图书馆？你应该撒这个谎吗？

晚餐聚会十分丰盛，但主菜是牛排。你是个虔诚的素食者，你认为杀害动物来填饱肚子是一种不必要的残忍，甚至很不公平。当你见到朋友们在餐桌上大快朵颐，你会想，我要不要大声说出来，告诉他们这样是不对的？在这样精致的晚宴上，这样的长篇大论未免粗鲁而扫兴。但是，或许你无论如何也应该告诉朋友们你的所思所想。

这些问题中，都包含着一个词：应该。它们将我们推到了人生的驾驶座上，我们如何回答它们，就相当于我们为自己的未来做出了选择。我们没必要从沉睡的陌生人身上偷钱，没必要堕胎，没必要撒谎，也没必要吃肉。因而，问题的实质是：我们是否应该这么做。但是，我们该如何解决这个问题呢？

穆勒的回答

约翰·斯图尔特·穆勒，《功利主义》（Utitarianism）

对这个问题，约翰·斯图尔特·穆勒提出了直截了当而又合乎常识的回答。当你在纠结是否要偷窃，是否要堕胎，撒谎，或者吃肉的时候，问自己这个问题：我这样做会为世界带来更多的幸福，还是更少的幸福？在人生这本总账册的正面和负面页里，这会影响到更多的人，甚至别的动物吗？正如穆勒所说的，“旨在促进幸福的行为是正确的；反之，会产生不幸福，这种行为是错误的。”这一原则，就是穆勒道德理论的基础。他将此称为功利主义，并把这个词作为其 1863 年那本著作的名字。

想一想，如果你偷了那个醉鬼的钱。当然了，如果他醒过来发现钱被偷了，一定会很不爽；但是，他原本是打算把钱用来买更多酒的。再说，他衣着光鲜，意味着丢了那点儿钱可能对他没什么影响。但你就不同了，你身无分文，这点钱你可以善加利用。例如，你最近报了一个课程，现在你有钱去买相应的教科书了，因而，你顺利通过了考试，从大学毕了业，变得更加开心，变成了更有生产力的市民。如果你拿了他的钱，这个世界会变得更好。或者，可能公交车上的那个人，当他发现钱丢了以后心烦意乱，竟然诉诸暴力。或者，可能他的损失会让他意识到自己行为方式的问题，从此戒除酒瘾，重新过上了中规中矩的生活。

有可能，你去堕胎会给更多人带来更多幸福。你还太年轻，没法养好孩子。但是如果你没有孩子，你就能够去追求好的教育和职业，然后你会更加幸福，更有能力去造福社会。你这样做，你的父母也会高兴。然后你也会想，这样对你将来的孩子也有好处，孩子以后会更加幸福，因为他们有一个准备充分、渴望好好养育他们的母亲。但是，这个问题也有对立面。堕胎将会剥夺这个胚胎的一切未来，或者潜在的幸福。或许，这里还有一个普遍的担忧：堕胎如今十分容易，在很多城市里就好像去看牙医一样简单，但这（可能）令我们丧失掉对生命的珍爱。这样看来，堕胎的便捷令我们之中最弱小的东西——也就是胎儿——十分轻松地变成了一种牺牲品：我们牺牲掉他们来追求自我的幸福。因而，这样的一种现象，委实不能称之为真正的幸福。

你是不是应该撒个谎，好让室友别当跟屁虫，在聚会上拖你的后腿？你告诉自己，其实，如果他留在宿舍别跟去，不仅你更开心，他也更开心，因为在聚会上他一定不会受人待见。那么，向他撒谎就确实是在保护他免受那不可避免的受排挤之感。但是，万一他发现你撒谎了怎么办？你们的友谊将毁于一旦。信任一旦破裂，就很难修复了。

你是不是应该大声抗议晚餐聚会主人上烤牛排？你当然不想败坏朋友们的兴致，但你真的认为，因为动物的肉好吃就要吃它们，简直坏透了。你想跟朋友们解释，牛也能够感受到快乐，而杀害它们让这感受荡然无存。你可能会想，你计划送出的长篇大论会让大家十分难受，继而重新审视自己的饮食习惯。那么，在他们愉快的交谈中突兀地插话进去，就可能变成了你的责任。毕竟，比起什么房地产或者市中心新开那家火爆的餐厅而言，动物的福祉是个重要得多的话题。

上文中设想的种种场面，都利用了穆勒的功利主义原则作为出发点。在穆勒看来，我们在决定要做什么的时候，关注点应该始终在我们行为的后果上。

穆勒是一位伟大的思想家，有一个决定性的东西，我们应该效仿他。他很清楚，为了得到最强有力的观点，他必须挑战自己的理论，然后尝试推翻这种挑战。换句话说，他必须进行某种内心的斗争，而跟随他的脚步去进行这种内心的斗争，能够让我们彻底想清楚他的观点，而这也恰恰是他希望我们去做的。

什么是幸福?

穆勒给自己的第一个挑战，是要搞清楚功利主义的基本原则：促进幸福的行为，就是正确的行为。但是，究竟何为幸福？他说道，“幸福就是快乐而没有痛苦；不幸福，就是痛苦，以及快乐的缺失。”他还说，“快乐和没有痛苦是人类追求的唯一终点。”

为什么要认为这是对的？穆勒说，因为这是一个“心理学事实”：

> 能证明某个物体可见的唯一证据，是人们真的看到了他。能证明某个声音能被听到的唯一证据是人们听到了它……同样的，我所理解的唯一可能证明什么东西是值得追求的证据，就是人们确实在追求它……为什么普世的幸福是值得追求的，这没有道理可言，只是每个人——只要他觉得这可以实现——都在追求自己的快乐而已。

对于这个假想的对手，穆勒通过引用在他看来十分有力的经验证据来回击。他认为，即便是随机观察，哪怕是反思，也不难发现人们都在追求自己的幸福。他用同样的办法来捍卫自己的幸福和快乐方程式：

> 那么，为了确定……人类是否追求某样东西并非因为它本身而是因为它带来的快乐，或者是否因为它的缺失让人痛苦，我们显然已经得出了一个事实和经验的方程式，它和别的一切类似问题一样，都取决于证据。它只能通过熟练的自我意识和自我观察，辅以他人的观察来决定。

和所有伟大哲学家一样，穆勒也要求自己的读者诚实地面对自己。是什么驱使你这样做？你追求的是什么，为什么追求它？他问道，是不是因为你想要获得幸福，因为你认为那会让你快乐，以及为了规避痛苦？

功利主义是粗鲁的

反对者或许这样反驳：即使穆勒所谓的“心理学事实”是真的，而且表现为快乐式幸福（happiness-as-pleasure）就是我们在寻找的东西，它也不可能成为“人类行为的指导原则”。毕竟，快乐看上去只是衡量人类行为品质的极低标准而已。从在泥水里打滚，到在飞机洗手间里性交，人们可以从各式各样的龌龊行为中获得快乐。那么，一个“道德的”的理论——道德这样一个阳春白雪，听上去就高尚的字眼——怎样才能在快乐式幸福当中找准自己的位置?功利主义似乎是一个低级的理论，对人的作用和对猪狗的作用无异。

穆勒回应：快乐其实是全人类的追求，但快乐不是什么单一现象，相反，它是有许多种的。有的快乐，例如在泥水里打滚，我们和猪有着同样的快乐；别的情况就不一样了，“人类的官能要高于动物的欲望”。我们有想法和能力去欣赏文学、戏剧、音乐、友谊、电影、数学，以及社会行动的快乐，这些快乐是“理智的快乐，感官和想象的快乐，以及道德情感的快乐”，是“高于”那些纯感官的快乐的。因而，它们“要比别的快乐更值得欲求，更有价值”。他继续道，因而任何一个能感受到这两种快乐的人，不可避免地会去选择和欲求它们。

> 就两种快乐而言，如果其中有一种快乐，所有或几乎所有对这两种快乐都有过体验的人都不顾自己的道德感受而断然偏好它，那么这种快乐就是更加值得欲求的快乐。如果对这两种快乐都相当熟悉的人，都认为其中的一种快乐远在另一种快乐之上，即便知道

前一种快乐带有较大的不满足也仍然偏好它……那么我们就有理由认为，这种被人偏好的快乐在质量上占优。

这也是一种经验性的论证，这种“某些快乐要高于别的快乐”的结论，源自观察。如果有谁经历了这高低两种快乐的话，穆勒认为，这个人会选择更高级的快乐，即便它“带有较大的不满足”。

举个简单的例子：我没喝酒也没吸毒的时候。我要喝酒或者吸毒都很容易，只要去买酒或者买点儿毒品就好了。但是，我不想这样做，原因很简单：不论保持清醒是多么困难和令人沮丧，我仍然喜欢我现在的样子，努力去阅读、写作、思考。比起那种温暖的醉意，我更喜欢在办公室里头脑清醒地工作。这并不是说，醉意有什么不好，醉意本身当然没什么不好的，毕竟，这是一种快乐。事实上，我晚上下班回到家以后，我很可能喝上一杯酒，而且我很期待星期六晚上我要去的那个聚会上的那种“高度愉悦的兴奋感”。

穆勒的观点是，智力活动虽然很多时候费力而不能令人满意，但它最终要比单纯的感官刺激更令人快乐，因此人们也更加偏好它。任何感受过这两种快乐的人，也就是说，任何有相当的立场来评判这两种快乐的相对优点的人，将

（穆勒预测）不可避免地选择高级的快乐，而非低级的快乐。正如穆勒所说：

> 然而，确凿无疑的事实是，对两种快乐同等熟悉并且能够同等地欣赏和享受它们（高级和低级的快乐）的那些人，的确都显著地偏好那种能够运用它们的高级官能的生存方式。

想象一下，你面前摆着两个选择。第一个：你继承了一大笔遗产，再也不需要工作了。你住在一个封闭社区中的一栋巨大的豪宅里，家里有泳池、浴缸，有塞得满满当当的冰箱，还有吧台。你可以随意选择性伴侣，对方唯你是从。你有一位女按摩师兼药剂师，她 24 小时听候差遣。你唯一的问题是，不能有任何别的访客，你的性伴侣不能和你说话，你没有书籍，没有电视或电脑。你的肉体愉悦可以说几乎享之不尽，你唯一欠缺的就是精神刺激。

第二个选择：你的上司对你挑挑拣拣，但你不得不勉力做着这个工作，继续住在市区一间普通的公寓里。你可以去戏院看戏，可以去听音乐会，可以逛书店，会朋友，可以去各种餐厅跟各种人说话。你买了有线电视，可以看各种收费频道，这意味着，你不需要看那些无聊的广告。

你会选择哪一个？第二个选择意味着艰苦和挫折。你读的书也并不总是轻松愉快。像《火线重案组》和《绝命毒师》这样的电视剧，会折磨人的情绪，甚至让人精疲力尽。在报纸上读到坏消息会让人闷闷不乐，和朋友们讨论政治往往显得毫无用处。在试图翻译修昔底德的著作时，你总是感到头昏脑涨。

但是，如果你从不看《火线重案组》，从不看戏剧，从不听现场音乐会，从来不和人就阿富汗战争问题展开争论，你就不会意识到第二种选择的吸引力，因而你很可能会选择第一种。但是，如果你两种都经历过的话，穆勒十分肯定你会选择第二种，亦即更高层次的快乐。

穆勒是对的吗？有可能，这对人类状态有点儿过于乐观了。你或许会坚持认为，不论多么低等的快乐，只要这种快乐足够强有力，人们就会偏爱它。穆勒就持这种观点。他意识到，酗酒吸毒是能够战胜别的更佳选择的。在他看来，这种情况只有当精神崩溃的时候才会出现。很多时候，当事情变得棘手，就很容易觉得无知是一种赐福。当挣扎感变得愈加强烈，我们就很容易有买醉的倾向。穆勒说道，有些人的抱负在智力上野心勃勃并因而极易受到打击，这种人比起那些头脑简单的人“或许会经受更尖锐的折磨”。因为“享受高贵情感的能力，在大多数人的天性中是一株柔弱的花草，很容易夭折”，因而人迅速走向下坡路的可能性是非常大的。不论何时何地，任何人都能轻易地沉陷于毒品，即使我们中间最出色的人，也会“陷入低级的快乐中去”。一旦事情发生，一切都完了。

但是，穆勒是个坚定不移的人。他将自己的信念总结为一个掷地有声的句子：“宁做不满足的人，不做满足的猪；做个不满足的苏格拉底，好过做个满足的傻子。”

想一想，对于美国泛滥成灾的毒品滥用问题，穆勒会怎么说？我们的政策一直是警告年轻人毒品是不好的。我们的那句被南希·里根推广开来的格言是“对毒品说不(Just say no)”，美国的策略一向是对毒品宣战，对贩卖和使用毒品的罪犯宣战。但这个政策失败了，毒品仍然泛滥，价格低廉，整个美洲，包括拉丁美洲在内，都成了毒品恐怖主义的牺牲品。

对此，穆勒的补救办法是：既然毒品能产生快乐，那么，假定毒品是好的。这就是为什么人们选择它。因而，妖魔化毒品并试图通过惩罚的威胁来消除它们自然也就成了无用功。相反，公共政策的目标应该是向青年人展示，还有更高级的快乐。要记住，穆勒说过，经历过高低两种快乐的人，会选择高级的快乐。因而，对付毒品滥用的最佳方式就是用快乐来对抗快乐；也就是说，让人们更轻松地得到高级的快乐，让更多的人了解到高级的快乐。而这一切都需要对教育更大力的投入。这并不是说，我们不需要去宣传滥用毒品的危害了，不是这样的。穆勒真正想说的是，要用教育来提高人们感受高级快乐的能力。

我在大学时，一个朋友推荐我参加《西方音乐史》课程。对这门课，我一窍不通。在他提出这个建议之前，我从没想过要去上一门这样的课。但是，我很敬佩他，于是我遵从了他的建议。在修这门课的两个学期里，我了解了从额我略圣歌（一种单声部、无伴奏的罗马天主教宗教音乐——译者注）到斯特拉文斯基的众多音乐。虽然我这门课学得不怎么样，但我欣赏音乐的能力得到了巨大的提升。哪怕是受到这样短暂的一点儿教育，我现在也有了更多的快乐来源。40 年来，我经常去音乐会，在家里也听音乐。最近，我在乘飞机旅行时很少喝酒了，我随身带一副上好的耳机，在飞机上调大音量，沉醉于音乐的世界中。

教育在广义上可以理解为获得享受更高级快乐的能力的过程，是对抗无聊的最佳药剂；当生命显得无处可去时，那种无聊不断重复，令人难以忍受。反过来，无聊又经常是愚蠢和毁灭性行为的催化剂。无聊的人什么事都做得出来，甚至用最低级的快乐来增添情趣。例如，失业的年轻人经常随意地参加暴力行动，只为了让热血得以发泄。各种各样的人，不同年纪的人，都容易酗酒——或者能让他们逃避自己深深陷入的单调乏味的任何东西。但是，受过良好教育的人有一系列办法来刺激自己：无事可干，坐立不安的时候，我可以读一本小说，或者去博物馆。因为我很了解棒球，我还可以去浏览一下波士顿红袜队的网站，看看球员数据什么的。

真正的教育，远不止掌握专业技能或者吸收知识这么简单。真正的教育在于启智，智力的发展可以成为人一生的快乐源泉，而这是人类幸福的本质。为此，穆勒对于人类状况改善的前景是极其乐观的。他坚信，我们能够创造出让更多人感到幸福的条件。他说道，“当前我们困窘的教育和社会安排，是几乎所有人获得幸福的唯一、真正的阻碍”。他是一个进步分子，打心底里相信人们可以通过改革来过上更好的人生。他认为，数量庞大的人类没有理由一直过一种困窘的生活。“贫穷，或者任何意味着苦难的东西，都可通过社会的智慧完全消除掉”，他这样说道。疾病和夭折“或许可以通过良好的体育和道德教育无限期降低”。事实上，“人类所遭受的一切痛苦之源……在很大程度上，甚至可以说是完完全全地，通过人文关怀和努力来消除”。（作为对比，卢梭的主张是“我们大部分的病痛都咎由自取”。）

穆勒认为，我们在道德上有义务让尽可能多的人的生活变得更好。延伸教育的触及范围，将为更多人带来更大的快乐，从而也带来更多的幸福。即使你最终并不认同功利主义，但它绝不是什么卑鄙贪婪的，或者粗糙原始的教条。

功利主义是自私的

因为功利主义是一种将幸福置于首要地位的道德理论，乍看上去它似乎是自私的。但是，正如上文中所说的那样，事实并不如此。穆勒有力地指出："标准并不是人的个人幸福，而是最大多数人最大幸福的总和。"争论到底要做什么的时候，要问的问题不应该是我这样做会对我有利吗？而应该是：这会有利于尽可能多的人吗？

这一想法之中蕴含着另一个想法：既然功利主义禁止我优先利于我自己，这就意味着我的幸福并不比你的或者任何人的幸福更重要。换句话说，人类在道德上是平等的。"因为在自己的和别人的幸福之间，功利主义要求（行动者）像一个没有利益关系的、善意的旁观者一样不偏不倚"。

正因为这一平等主义基础及其所衍生的对他人福祉的关注，穆勒宣称自己的道德理论与基督教教义是完全相通的：

> 拿撒勒的耶稣的金科玉律中，我们会读到关于功利的效用的完整精神。"你想让别人怎么对待你，你就怎么对待别人"和"爱人如己"构成功利主义道德的理想境界。

在这里，有必要引入一个对立的观点（来触发论辩）。想一想亚里士多德是如何捍卫天生奴隶说的。他声称有的人天生更高级，因为他们比别的人更聪明。在穆勒看来，这样的观点是要受到基督教理念的唾弃的，因为后者看来每个人都是上帝的子民，因而每个人都应得到同等水平的道德尊重。

亚里士多德可能会这样回应：尽管穆勒声称自己是个经验主义者，但他只不过在兜售一种理想化的哗众取宠罢了。随便扫一眼这个世界，就会发现大多数人只关心自己的福祉，而绝不是他人的。对此，穆勒的回答我们已经很清楚了：虽然这或许没错，大多数人目前是自私的，但这不代表当前的窘境今后不会发生改变。我们需要的是道德教育：

> 教育和舆论对人的性格有着巨大的作用，因而应该利用它们的力量，在每个人的心里，建立起个人幸福和全人类福祉之间不可分离的联系。

重申：教育能增强人类认识自己和他人利益的能力。文学就很适合用来教授这样的课程；换句话说，文学能教会我们应如何换位思考。读故事能够锻炼想象力，让人学会去感受别人的感受，去认识到那些原本看似与我们十分疏远的角色实质上和我们并没太大的不同。无论我们之间有多不一样，我们最终仍在同一条船上。这是穆勒的基本思想之一，因此，我们将立刻进一步阐述它。

功利主义变成道德狂热主义

如果穆勒所说的“人类所遭受的一切苦难之源……可以通过人文关怀和努力加以克服”是正确的，那么我们是否有义务每天 24 小时为了他人的福祉而奋斗？如果所有“该不该”的问题，都必须通过最大幸福原则的透镜来加以观察的话，是不是每个决定都必须从最大化他人的幸福这个出发点来做出？穆勒是不是因此就要求我们变成全职的社会活动家？甚至，成为道德圣人？

如果我决定在办公室冲一杯咖啡，而不是去外面花费十倍的钱买一杯双重脱脂卡布奇诺，拿节约下的钱去帮助穷人。我是否道德上有义务去这样做？我有几双昂贵的皮鞋，但它们完全可以用廉价的帆布鞋代替。那么穆勒的道德理论会要求我摒弃一切中产阶级消费，转而投身于“促进社会公共利益”的事业中吗？如果是这样的话，这是否超越了正常人类的能力呢？如果穆勒是对的，那么我们大多数人不应该为自己的不道德而感到羞愧吗？

穆勒早已预料到这样的诘问。他解释道，虽然他的理论目的在于指出我们的道德义务，但我们没有义务永远道德下去：

> 没有任何道德体系要求我们所做的一切的唯一动机是一种责任感；相反，我们百分之九十九的行为是出于别的动机，只要我们的责任法则不谴责它们，它们就是对的。

这一点很难弄清楚（至少对我而言）。在穆勒看来，大多数时候，我那些出于非道德因素的动机所做出的行为，是可以允许的。因而，喝昂贵的咖啡，穿昂贵的皮鞋，这些可能是没有问题的。那么，吃肉、开跑车、穿奢侈夹克呢？我怎么来划清这个界限？人生中有没有一条特殊的通道，通向正式的“道德”，而只有身处在那儿的时候我才必须践行最大幸福原则？穆勒坚称，“我们都会受到除了行动的正确与否以外的因素的左右，对于这一事实，功利主义理论中没什么是不相符的”。但是，我们如何才能分得清，生活中哪些是关乎道德的，哪些不是？

功利主义者是无情的

和前面几章一样，有人可能会这样挑战穆勒：穆勒的理论，将人类变成了计算道德的机器。如果功利主义所行使的终极标准是“最大程度的幸福的总和”，那么决定要不要做某件事情的时候，恐怕我们需要把这件事情可能产生的多种预期的单位幸福相加了。穆勒也预料到会有这样的挑战，因而自己提出了一个可能性：“对行为后果的冰冷坚硬的考虑”会将功利主义变成一块坚冰。但是，他再一次回应了这一质疑：“功利主义者”十分清楚还存在美德以外的值得追求的东西和品质”。同时，他还意识到自己的道德理论有把其实践者变得极端而冷酷的风险。不过，他仍然相信这个风险是值得去冒的。道德算计总要好过模棱两可的感情主义。他说道，“如果说有什么过错的话，那也比走向另一道路的过错来得更好一些”。可能，这种伴随双倍脱脂卡布奇诺而来的负罪感，还算不上是这个世界上最糟糕的感受。

功利主义是私利的

穆勒承认，因为功利主义是一种建基于行为后果的道德理论，它可能会被指责为一种私利（expediency）。他这是什么意思呢？我们想一想撒谎的例子。有的情况下，撒谎很显然是一件正当的事。例如，如果我听到有人敲门，开门后发现有个人说有个疯狂的杀手在追杀他，求我把他藏起来，我可能会让他躲到我的地下室里去。当坏蛋来到我门前，问我有没有看到他要追杀的那个人，我应该说“没看到”，不是吗？毕竟，如果我说了实话，杀手就会找到他。或者，如果一个病入膏肓的孩子问我，她会不会很快好起来？明知不可能出现奇迹，难道我不应该说，“当然”？穆勒也会这样说的。虽然他认为说实话是一种“神圣的”规则，他也同样允许在这种情况下违反这一规则。他说道，撒谎在道德上是可以允许的——

> 如果这个隐瞒事实（例如不让恶人得知真相，或者不让某个病情危重的人得知自己的坏消息）的人，这样做能够拯救某个人（尤其是别人）免遭巨大且不应得的伤害的话。

穆勒知道，这种后果论者对撒谎的粉饰是很冒险的。我们重新回到那个不善社交，但又想和你一起参加聚会的室友的例子上来。摆脱他最简单的方式，是告诉他你要去图书馆。你说，你可能晚上想去喝杯啤酒，如果你决定去的话就打电话给他，虽然，你知道这不会发生。你告诉自己，你之所以撒谎，是为了保护这位室友的感情——也就是，让他更幸福——但是，看上去你更像在保护你自己。向他诚实地解释这件事的原委是痛苦而费时的。无论如何，在这个例子中，撒谎是出于自私的目的；也就是为了私利。

困境在于：功利主义认为某些谎言——那些利他的——在道德上是可允许的。但是，一旦允许用结果来开解谎言，是否意味着向大量可能的开解——它们不见得都是利他的——大开方便之门？对此，穆勒说：并没有。换句话说，他认为功利主义在概念上就有着一种拒斥在几乎一切场合里撒谎的土壤。特别是当“为了化解某种暂时的尴尬，或者为了达到自己或别人眼前的目的”而撒谎，这是不允许的；也就是说，仅仅出于私利的目的而撒谎是不允许的。

穆勒认为，（几乎总是）说实话是有着许多功利主义理由支持的。这是因为，撒谎看上去是有利的，但即便善意的谎言也有坏的后果。首先，撒谎（如果被识破的话）会破坏信任，这在发展长期关系当中是很糟糕的事情，从而这也不利于促进长期的幸福。如果你的室友发现你实际上并没有去图书馆，而是去了聚会，那你们之间的友谊不说毁于一旦，至少也会千疮百孔。当你下次又告诉他你要去图书馆，他怎么确定你是不是又在撒谎？比起聚会的快乐，这样的损失显然更令人心痛。

其次，或许也是更糟的情况，撒谎会养成习惯。如果你的计策得逞，你的室友始终没有发现你到底去了哪里，你的不诚实就会加强，你可能会确信——在有利于别人（甚至实质上不过是出于自我保护）这个理由的开解下——撒谎是一种有效的社交策略。于是，你就冒了变成习惯性说谎者的风险，而这是灾难性的。穆勒解释道，“对于真实性（诚实）的敏锐感受是最有用的”一种人类特质。这是因为，这是可靠而又持久的关系的基础，而可靠又持久的关系是众多幸福的源泉。一言以蔽之，我们要能够坚信自己所爱的人在说实话。因而，诚实不仅是“当前一切社会福祉的主要支撑”，还是“很大程度上人类幸福所依赖的一切东西”的基础。为此，即使撒谎能获得短期的好处，长期来看也一定是有害的。它会破坏掉信任，从而毁灭人对他人的信心。由于他所受的伤害，他或许从此对你失去信心，从而这也变成了对你的伤害。再者，习惯性说谎者最终将会无法分辨真理和谬误。那个时候，他们将不仅对他人而言不可信，无用，甚至危险，而且他们将失去自我。他们将不再知道自己到底在说什么，或者自己真正想要什么。

想一想伟大的自行车运动员兰斯·阿姆斯特朗吧。他常年站在电视机镜头前，信誓旦旦地说自己在环法自行车赛上摧枯拉朽般的胜利与药物毫无关系。但我们现在知道，他在撒谎。可是，他是怎么保持这个讲真话的假面这么长时间的？我就是被他迷惑的人之一，我搞不懂，为什么这个人的真实的一面和他那坚定不移的外表有这么大的差距？他究竟是怎么做到这一切的？可能，在他的内心深处，他并没有觉得自己真的在欺骗。所有那个时期的精英自行车手或许都用了药物。阿姆斯特朗或许告诉自己说，自己用药物也只是为了实现与别人公平竞技，因而，实际上自己的胜利来得公平合理。他对自己优越性的深信不疑，还能通过别的什么方式发展起来？可能，这些谎言阿姆斯特朗已经说了这么久，以至于它们的谬误在自己所深信的所谓深层真相面前，显得苍白无力。

阿姆斯特朗的形象已经破碎了。不仅别人将再也不会相信他，很可能他自己也不再会对自己诚实。他是卢梭眼中的那种社会化的人的极佳例子，因为他“是什么样的人，与表现得是个什么样的人，已经变得完全不同”。

总的来说，穆勒认为，诚实的品性是功利主义完全支持的。这不仅让人与人之间恒久的关系成为可能，还让人与自己之间的关系永恒。不过，他确实同意说，有时候不说真话是有（道德的）道理的。因为，“即使这个规则（人应该说真话）是神圣的，它也同意存在可能的例外情况”。有的时候，例如上文提到的杀手就在门口的情景，权衡利弊，我们会发现撒谎的负面作用远远不及它带来的正面后果。但是，我们真的能够确定，什么情况属于这种情况吗？如果撒谎只是在这么寥寥几种情况下是允许的，可撒谎的人并不令人尊重，这是否是不被允许的？如果撒谎者是个曾经大张旗鼓地支持利他主义，而后来却被发现是个自私自利的人呢？因而，或许，在任何情形下都不允许说谎或许在道德上更加安全一些。我们很快会看到，下一位哲学家（康德）确实是这样认为的。不过，翻到下一页之前，让我们与穆勒再待上一会儿吧。

功利主义是不公正的

房间里有 20 个人。我向大伙儿提议说：我们让鲍伯做大家的奴隶吧，我们讨厌的那些低贱的工作都让他来做，这样我们其他人就会更开心了。鲍伯将会遭受苦难，但是其余 19 个人，会因为他的牺牲而过得更好。这不是很合理吗？

这个问题的本质是：鉴于功利主义只关注最大多数人的最大化幸福，它是不是因为缺乏对个人权利的保护而不够格成为一个道德理论呢？它有没有变成一种残忍的算计形式？如果说为了更大的善而必须牺牲少数人的福祉，那还真是这么回事。

穆勒也预料到了这个反对立场，并用了回应“功利主义导致私利”这一诘问同样的方式来予以回应。没错，表面上，可能奴役鲍伯会让房间里其余的 19 个人受益并且过得更好，但实际上不会。因为，长期来看，侵犯鲍伯的权利（亦即不公正）会让房间里其余 19 个人失去安全感。毕竟，如果鲍伯能被奴役，我怎么知道我不会是下一个被奴役的人？用穆勒的话来说，功利主义很有“兴趣”保护个人的权利（亦即保持公正），以便培养安全感，而安全感反过来形成“一切利益中最重要的利益”——实际上，就是“没有任何人能离得开的安全”。这是因为，如果没有安全感，未来就只是一种隐约的威胁，令人无力。在这巨大的不安全感弥漫开来的时候，希望将坍塌，随之而来的是麻木。因而，奴役鲍伯这种令人人感到自危的事，是错误的。

不过，功利主义的这种对权利的捍卫是不是足够强大呢？如果我们发现了另一种奴役鲍伯的方式，这种方式能将房间里其他 19 个人瞒在鼓里呢？如果我们轻描淡写地说，鲍伯离我们而去了，但实际上，他已经被送到黑暗幽深的煤窑里去了（这将让我们的暖气费用降下来）？可能，他们还会继续感到安全。这种情况下，又该用哪个功利主义-道德的理由来证明这样做是错误的？ 4

或者，设想这样一种情形：警察抓住了恐怖分子，审讯官认为他知道有一颗行将爆炸的炸弹埋在了什么地方。他们是否应该对犯人严刑拷打，得到他的情报？正如电视剧《24 小时》（24）中杰克·鲍尔频繁地（或者误导地）告诉我们的，严刑拷打是撬开坏蛋们的嘴从而拯救无辜的人的行之有效的办法。这样做在道德上是不是正确的？如果不正确的话，功利主义能不能说出个所以然来？

功利主义是虚幻的

我们还记得，功利主义的一个潜在异议是，因为它让幸福成为人类努力和道德的终极目标，所以这是一种自私的学说。如果说有什么东西让我快乐，那我为什么不追求它呢，即使我的行为对别人有负面影响又何妨？穆勒回应道，他的道德理论有一个基本标准，那就是“不是行动者自己的幸福，而是最大多数人的幸福的总和”。但是，或许有人会批评说：荒谬透顶。人们才不关心别人怎么样哩。

这一点，穆勒并不认同。他相信，我们所有人身上（除非我们是反社会的人）都有着一种“与自己的同类团结一致的感情”，他称这种感情为“同情心（sympathy）”，也就是我们今天所说的“同理心（empathy）”。看到你痛苦，我也会痛苦。因此，我会尽我所能来减轻你的痛苦。

穆勒的“同情（sympathy）”和卢梭的“怜悯（pity）”类似，都指我们在看到别的人（或者别的有知觉的动物）受苦时的那种天生的抵触心理。穆勒认为，经验的观察可以确定，这样的感情是深深植根于人类心中的。事实上，他也用这样的观察来为最大幸福原则辩护：

> 因此，既然对一切道德（外在动机除外）的最终约束力是我们内心的一种主观感情，那么在我看来，“功

> 利主义道德标准的约束力是什么”这个问题对于功利主义者而言就没有任何尴尬之处。我们或许会这样回答：它的约束力和别的一切道德标准的约束力是一样的——就是人类出于良心的感情。

穆勒才不在乎同情心（或同理心）源自何方；换句话说，无论它是“内在的还是被灌输的”，无论是天生的品格，还是社会化的结果。真正重要的是，它确实存在，而且可以经验地观察到。他说道，“人类的社会感情……是人类天性中强大的原则”。

批评者反问道，说什么呢？看看你周围吧。人类才没有以他人的感受为中心，人们都是自私鬼，一个个在迫不及待地损人利己呢。或许，你现在自己也能想到穆勒的回应：没错，人经常这样做，但是，人们这样做是因为他们的道德或社会教育不足。不过，幸好这样的不足是可以补救的。他说过，“哪怕像细菌一样微小的情感，也是通过同情心的感染和教育的影响来掌握、滋养和传播的”。

注意这个比喻。同情的细菌可以在最矮小且自私的灵魂身上发现——哪怕是暴力罪犯也担心自己的母亲——这种同情是可以被滋养长大的。同情是可以传染的，它可以像病毒一样传播开来。只要人们得到了良好的教育，它也一定会传染开来。需要重申的是，这里所说的教育并不仅仅是知识或专业技巧的灌输，穆勒所想的是，我们想象力的增强过程，以及我们设身处地的能力提升的过程。我们需要学习，才能意识到那些与我们看上去不同的人实际上是相似的。

近年来更引人注目的电视剧是《透明家庭》（*Transparent*）。剧中主人公是个年届六旬的离婚男人，有三个成年子女。他决定遵从自己儿时就开始持有的一个冲动：变性成为女人。随着剧情深入，我们看到他变成了她，这并不是什么令人欢喜的场面。她个头很高，嗓音低沉，她看起来和听起来都十分奇特。但是，随着我们进一步了解她，我们发现，她和我们并没有什么不同。她所要的一切不过是在自己的身躯里舒舒服服地做人。她在挣扎着，勉力支持和理解自己的子女。她渴望被理解。简而言之，她同我们每一个人并没有什么不同。

或者，我们可以想一想 2002 年的电影《秘书》（*Secretary*）。电影伊始，一位年轻女士从精神病院里出来，回到了母亲所在的那个家。她是一个“自毁者（cutter）”，一个性受虐狂，热衷于受到肉体的折磨。她找了一份秘书的工作，发现老板是个施虐狂，以对他人造成痛苦为乐。他们是我在屏幕上见过的更特别的变态者，但是结果，他们二人却恰好成就了对方。在剧情奇怪而有效的转折之后，二人结了婚，从此幸福地生活在一起，虽然，二者的关系是基于他的施虐和她的受虐之上的。

《秘书》这部电影令人苦恼。事实上，我的妻子很反感见到男性对女性的暴力行为，这个电影还没看完她就直接离开了电影院。但我没有。在电影最后，我很关心这两个主人公，我祝福他们。电影成功了，因为我知道无论这些角色多么奇怪甚至令人讨厌，他们也只不过是两个渴望着对方的灵魂。他们都是挣扎求生的苦难灵魂，就像我一样。

这些例子体现了穆勒在说“哪怕微小如细菌的同情心（或同理心）也能够通过教育得到培养”时的所思所想。如果真是这样，那么我们就有义务去建立一种教育机制，“教”年轻人去关心他人。这样的“教”需要不断地讲述各种各样的角色和故事，就好像在让同情的想象力做健美操一样。穆勒坚信，不论他自己所在的那个社会距离实现道德上的相互关心还有多远的距离，实现这个目标既可行，也一定会发生。人们完全有可能认为，他人的福祉实际上对自己的福祉而言极其重要。因此，这至少是一个健康社会的标志，而这个健康社会，是我们人人都应该向往的。

现在，我们应该能清楚地看出，在穆勒上述的推理中，还隐含着他的道德理论中的另一个基础观点，从一开始，这一观点就隐含在他所说的普遍幸福原则当中，那就是：平等主义。平等主义的观点认为，人类在道德上是平等的：

> 除了主奴关系以外，人与人之间的社会，要想不建立在所有人的利益都得到照顾的基础上是不可能的。只有在所有人的利益都得到同等对待的情况下，平等的社会才能形成。

亚里士多德不会认同这一点。

不管对穆勒的道德理论作何反应，我们都必须为他智识上的勇气点赞。他强迫自己挑战自己的立场，与自己展开论争。他认为，这是能够确定自己的理论是否足够强大到独立存在、屹立不倒的唯一方式。对此，他深信不疑。无论他的理论对错如何，他至少给我们树立了一个智识严密的模范，这个模范，是我们都应去效仿的。不过，下面我们将看到对穆勒的另一种考验，这考验不再源自他自己，而是伊曼努尔·康德。

康德的回答

📖 伊曼努尔·康德，《道德形而上学基础》（*FUNDAMENTAL PRINCIPLES OF THE METAPHYSIC OF MORALS*）

穆勒的道德理论积极而人道，有社会责任心，似乎还为那些希望搞懂自己应该做什么的人提供了详尽的指导。

但是，另一位哲学家却认为它有着严重的不足，他就是伊曼努尔·康德。对于我们可以通过计算一个行为的后果来确定这个行动的对错与否这个观点，康德予以否认。康德还否认幸福是道德评判的终极标准，也不认为人类的共情能力——虽然是可以通过经验来加以观察和鼓励的——在概念上强大到足以确保个体人权得到保障。我们首先从他的一部著作切入，以了解他的观点。这部著作有一个令人生畏的名字：《道德形而上学基础》（1785）。

善的意志

康德这部著作的第一部分，开篇即写道：

> 这个世界上，或者甚至在这个世界以外的世界里，除了善意以外，不要指望任何事能被无条件视为良善。

很多东西，看上去是善的。有些东西，例如智力，幽默感，自律能力，或者强大的记忆力，这些都是属于我们的品质，或者我们内在的品质。而别的一些东西，例如继承的财富，这是来自外界的。还有些东西，例如身体的协调，或者强健的体格，这要感谢（基因的）好运气。但是，这一切都有着同样的局限性：他们都能够被误用，或者被利用于作恶。一个暴力罪犯，可以是英俊潇洒，身强体壮，腰缠万贯，而且聪明绝顶。因此，所有的这些公认的优点之上，都应该加上一种品质：它们必须被善加利用，才能成为真正的善。因此，比方说，如果你刚刚中了彩票大奖，你可以拿这笔横财去买一些自己根本用不上的华装异服，也可以拿出一部分救济穷人。当你在决定要怎么花这笔钱的时候，实际上是你的意志在指挥你的行动。正是这种意志，将品质上的或者潜在的善（例如一笔财富）变成真正的善。因而，只有善的意志（good will）才具备“内在的无条件的价值”。对此，康德作了进一步阐述。

后果与道德

善的意志之所以是善，不是因为它的作用或成就，也不是因为它被用来达成某些特定目的；它只有通过其意志才成为善，亦即，它本身即为善。

假设鲍伯正全身心地享受和一群充满活力、赏心悦目的人共进的一顿高级晚餐。这时，他的手机响了。是他的好朋友苏打来的。苏生病了，药被吃完了，但是她没法下床，所以她让鲍伯帮她去药店买点儿。她现在急需这个药。但是，这个聚餐太棒了，鲍伯不想去。不过，想到朋友应该互相帮助，他觉得自己应该去买药，于是他迫使自己离开了聚餐。他上了车，开到药店，买了药。在开车去苏家的路上，在他自己没有任何过错的情况下，迎面出现了一位醉酒的司机酒驾，他撞了车，手机摔碎了。幸好他的伤不重，但他撞到了头，感觉头晕目眩的，在车祸现场待了好几个小时才醒过来。结果，他没能把药给苏送过去。

这不是鲍伯的过错。他已经尽了自己作为一个朋友在道德上的义务，虽然他的任务失败了，但他尽了自己的责任。当然，一开始，苏发现鲍伯没有送药过来可能会生气，但当她得知为什么他没能及时出现的原因（并最终得到了自己的药品）以后，她的怒意消散了；她意识到，朋友是有这样的心意的，只不过走了霉运才没能成功而已。

这个故事告诉我们的是，后果并非衡量一个行为道德价值的真正标准。否则的话，鲍伯离开聚餐去给苏买药，在道德上就是有瑕疵的，但实际上，这是个令人敬佩的行为。因而，从道德的角度而言，真正重要的并不是事情的结果，而是鲍伯去完成的事情的意图，是驱使鲍伯去做这件事的意志。康德说道：

> 如果尽了最大努力，却仍然一无所获，只有善的意志应该（当然，意志不能仅仅停留在意图的层面，而是对我们能力之内一切手段的驱使），也一定会像一颗珠宝一样，仍旧发出自己的光芒，这光芒就是它

自身蕴含的所有价值。

康德还用更专门的术语说道：

> 一个履行职责的行动自有其道德价值，这价值不在于其意图达成的目标，而在于下定决心做出这个行动所根据的行为准则。因此，道德价值不取决于行动目标的实现，而仅仅取决于意志原则：正是根据这样的意志原则——无论意欲这个官能的对象是什么——这个行动才最终落实。

行为准则（Maxim）指的是“意志的主观原则”。可以把它想象成一个“应该”句，或者我们命令自己必须要完成的一个祈使句。鲍伯告诉自己，朋友有难他应该帮助，因此虽然他很想留下来聚餐，但他仍然迫使自己遵守他对自己说的话。他的行为准则指导了他的行动，正是这个行为准则决定了他行动的道德价值，而不是这个行动造成的后果。

责任

上面的道理也可以改写成：“责任的概念”是道德事

业的关键。鲍伯所做的是道德要求他去做的事情；也就是，他的责任。从道德的角度来说，这才是真正重要的东西，而非他未能把药带给苏的事实。

责任的概念，让康德得以将人类的行为按照道德的观点加以分类。他提出，一个行为可以以四种不同的方式与责任相关联，并以举例（笔者略有改动）的方式加以说明。

行事违反责任，我们假设自己在道德上有义务去帮助有难的朋友。然后，想象一下，当苏打给鲍伯求助，鲍伯实在是不想离开那美妙的聚餐，于是他告诉她："对不起，我没办法，我的车在修理呢。你还是问问别人吧。"

这很好理解。鲍伯满嘴谎言，道德卑劣，他的所作所为是"违反责任"的，是不道德的。

行事合乎责任但违心。我们换一个场景。这次，鲍伯在聚餐时感到无聊透顶，连腿都抖了起来。苏打电话来的时候，他意识到自己有了离开的借口，感到喜出望外。这种情况下，鲍伯并不是个特别慷慨的人，因而他自己也承认——如果聚会很有意思，他就会对苏撒谎。他并不是真的很想去帮助生病的朋友，主要是因为聚餐太无聊，所以他很高兴能有个借口离开。

鲍伯做了对的事，但却出于一个错误的，也就是一个自私的理由。他利用苏的请求来为己服务，私利才是他关心的。试想，在这个情境下，鲍伯成功地将药品送到了苏的床前，苏对她感恩戴德，连连道谢。从穆勒的观点来看，也就是行为后果优先的角度来看，鲍伯的行为是正面的。他说过，“行事的动机和行为的道德性毫无关系”。但康德不以为然，这是他举这个例子的原因所在。因为，做出这个举动本身并不意味着鲍伯在道德上令人敬佩，相反，他能做出这个正确的行动，几乎是出于一种偶然。如果他要在道德上令人敬佩的话，他不仅需要做出正确的行为，这行为还得有正确的理由。虽然他的行为是“确实符合责任”的，但却并不真正道德，因为他并没有“第一倾向”去做这件事。

行事合乎责任，也真想这样做。假设你开了一家烘焙店。一天，来了个孩子，拿着几张钞票，要买一条面包。你本来很容易多收他点儿钱，或者少找零一点儿。但你没有这样做。因为，我们有责任保持诚信，这是正确的事。你遵从了自己的道德责任行事。不过，虽然你真正想做的是正确的事情，但你仍然受到了自私的影响。你明白，如果你的行径被发现，别人知道你欺骗小孩，你的声誉将扫地，你的生意将一落千丈。这种情况下，你“自身的利益要求（你）去那样做”。

我常常早起到当地一家餐厅就餐。那家餐馆的侍应生对我很客气。他们热情地欢迎我，对我开的玩笑报以大笑，还让我品尝最新的菜式。很显然，他们的动机是两面的。

一方面，他们可能真的非常好客，对别人热情是他们的性格。另一方面，他们这样做可能是出于私利的原因。毕竟，我之所以总去这家餐厅大吃特吃，就是因为他们对我热情。就像上文那位虚构的烘焙店主一样，餐馆员工不仅行事正确——他们的行事合乎责任——他们也想要做正确的事。不过，有可能他们之所以这样想，更多的是出于一种私利的目的，而不是道德的目的。

行事合乎责任且出于责任。你患了一种慢性病，长期感到痛。你完全依赖护工生活，再也体会不到任何生活的乐趣。此外，你还给家人带来了显著的财务和感情负担。你心想，够了，不如一了百了吧。换句话说，你下定决心要自杀了。好，假设（正如康德认为的那样）自杀在道德上是错误的，但你一直在努力做一个道德正确的人。所以，即便你的每一个细胞都在希望自己生命的终结，你却仍然在抗拒这种冲动。你之所以这样做，只是因为你认为自杀是不对的。和上文两个例子中的角色一样，你的行动也是合乎责任的。但更重要的，你和他们二人不同的地方在于，你是出于责任才这样做的。仅仅是因为你相信自己有道德上的义务去抵抗自杀的诱惑，你才能活到今天。

康德描述了这样一个人：

如果厄运和绝望已完全夺走了生命的乐趣，如果一个不幸的人，他有着强大的灵魂，对自己的命运他更多的是愤慨而不是绝望或沮丧，他希求死亡，他不再爱自己的生命，但却仍然坚强地活着——不是出于求生的本能或怕死，而是出于责任——那么他的行为准则的确有着道德的内涵。

读这本书的时候，我可以很高兴地说，你还活着。这意味着，你今天早上没有自杀。因此，你的行事是合乎责任的。但是，因为你不仅身体健康，还是个快乐的人，因而自杀断然不会吸引你。你有着活下去的直接意愿，因为现在生活对于你而言是快乐的。当然了，这样一点儿也没有错。不过，康德的观点在于，你今天早上没有自杀这个事实，并没有任何关乎道德的内涵。相反，上文描述的那个罹患疾病的人，他是没有活着的意愿的。事实上，比起活着，他更被死亡吸引，更有死亡的意愿。正因为如此，他对抗自杀的行动，就是一种道德的成就。

重申一下：康德并不认为我们这些仅仅因为乐于活着而没有自杀的人，是比那些患了疾病、绝望地想要死但却出于道德的原因而活着的人低等的。他举这些例子的目的，仅仅在于说明行动者与责任的观念之间的四种不同的联系，而这种责任观念，正是道德的核心。第四个例子所说明的，合乎责任且出于责任的行为，是一种最原始的道德意志的体现。

普适性

康德说，责任是“出于对法律的尊重之外的原因行事的必要性”。罹患疾病的那个人，拒绝臣服于自杀的诱惑，仅仅是因为他尊重那个在任何情况下都不允许自杀的道德原则，而正因为这种尊重，他也就有了意愿去将自己的倾向臣服于这个原则。当然了，我们要问的下一个问题是，这些原则是什么？道德律又是什么？这些问题康德没有直接回答，但是他确实揭示了道德的一个关键本质。他认为：道德律令必须是普适性的。它必须适用于所有人。

这是我们大多数人随手便可以获得的见解。例如，我们经常听到孩子抱怨说她受到的对待不够“公平”。姐姐可以玩电脑到深夜不睡觉，她为什么就不行？她的抱怨之中隐含的是（虽然孩子的理解能力有限），人们应该得到同样的对待。优待这个人，轻慢那个人，显得不公平。因而，哪怕是个孩子，也有着一种早期的平等和道德感受。

或者，想一想人们在行动前会经常问自己的那个熟悉的问题：如果人人都这么做呢？我是不是该偷那个人的钱？万一所有人都曾偷过东西呢？我虽然来晚了，但是，我是不是应该插队呢？如果每个人都这样做，那一定天下大乱了。虽然不知道这个问题究竟意味着什么，或者为什么要问这个问题，但康德认为，它仍然是处于道德核心的一种冲动。我们是有能力走出自我（哪怕一点点），从一个适用于所有人的角度来审视自己的行动的。

关于这一点，还有一种更曲折的理解方式。我们大多数人，在确信违反规则不会伤害到任何人的情况下，都会乐于违反规则。这一点，在开车的过程中尤其常见。你开着车，发现前方不远有个“停”的标志牌。但是，你看到标志牌附近一个人也没有，而且各个方向的视线都很清楚。你开得很慢，并没有完全停下来。换句话说，虽然一般情况下你也认为驾驶员应该遵守交通规则，但是这次你违反了规则。这种情况下，你为自己找了个例外的借口，因为你预计，慢速通过这个标志牌不会有什么危害。或者，想一想那个问你会不会去聚会的室友吧。你相信，如果你告诉他实话，你和他都不会开心。于是你撒了谎。但是，别忘了你在做出这个决定前的思前想后。即使在你打破规则的当儿，你仍然同时在承认那普遍规则的作用的。这就是为什么，你会觉得有必要合理化你的行为。你告诉自己，没错儿，撒谎确实不对，但这种情况下室友的感受更重要，因此不告诉他实情是情有可原的……毕竟是为了他好呀。人们在说出善意的谎言的时候，一般并不会认为自己在欺骗。相反，康德清晰地说明，“撒谎的时候，你只不过在那个要求所有人都应该讲真话的普遍规则面前，为自己造了个例外的借口。”

下一次说什么显得无关后果的话，或者撒善意的谎的时候，不妨注意一下自己的思考过程。即便你违反了那个要求不得撒谎的普遍规则，你也会对自己解释，为什么这样做是合理的；为什么你这次是个例外。康德认为，这表明即使在违反它的时候，你也同样在承认它的存在；也就是说，你认为道德是在一种普遍性的要求中得以伸张的。

康德用自己所称的“定言令式”来浓缩这一系列的推理过程：“除非我这样做能让我的行为准则变成普遍法则，否则我决不应该这样做。”为了展开说明这个观点，他又举了一个例子，笔者略作改动：我破产了，急需钱。于是，我找你借了 20 块钱，虽然我很清楚自己没法还给你，我还是保证会还给你。别忘了，在康德眼里，后果并不是衡量一个行为道德价值的真正标准。因此，虽然我现在能用那借来的 20 块钱买点儿吃的，让我的家人明天不至于挨饿，但这并不意味着我做得对。相反，要确定这个行为是否道德，我必须——

问我自己，如果我的行为准则（亦即，通过虚假的承诺来让自己走出困境）要被当作适用于我自己也适用于他人的一种普世法则的话，我是否真的会感到满意。

康德认为，这样的思想过程将导致对“我是否该做出虚假的承诺”这个问题给出一个斩钉截铁的回答：不。这是因为，如果我将对你撒谎以从你那儿得到钱财这一行为准则普世化，其结果是无法持续的。康德说，我不可能想要一种“撒谎的普世法则”，因为“这样的法则的结果就是，世界上将再也没有承诺……因此，我的这一行为准则，极可能一变成普世法则便立即摧毁自己”。如果有一种普世法则，允许我们见风使舵、随时随地地打破承诺，那许下承诺这个概念本身的含义将蒸发掉。当一切谎言普世化，撒谎将变成准则，因而“世界上将再没有任何承诺可言”。或者，正如康德后来所说，被普世化了以后，许下虚假承诺这一行为准则本身将变得“自相矛盾”。换句话说，要想承诺有意义，首先得满足一个前提：人必须说实话。重申一下，如果“为了我的方便，不恪守承诺也没关系”这样一个行为准则普世化的话，恪守承诺的观念将支离破碎。康德相信，定言令式只不过是将自己所称的“道德常识”中潜伏的东西形式化了而已。虽然大多数人压根不可能想到用普世化行为准则这种字眼来解释自己的行为和意图，但是“人类在实际判断中的惯常理智完全同意这一点”。我们经常用到“公平”这个字眼这个事实，以及另一个事实——我们送出善意的谎言并将它合理化，在此过程中我们实际上注意到了一个通用的规则，并通过这个过程让自己成了这通用规则中的例外情况——恰好证明了我们对道德的本能感受要求普适性。

不过，康德的道德理论似乎仍然很容易反驳。想想杀手在敲你家门的那个故事。你把这个杀人犯的潜在受害者藏在了自家地下室里。这个坏蛋问："他是不是在地下室里？"我们几乎所有人都会说："没有。"显然，我们大多数人（包括约翰·斯图尔特·穆勒）会很乐意为了救人而触犯不得撒谎这个普遍的禁令，而且，如果我们不这么做，在道德上就近乎疯狂了。但是，康德建议你，再进一步想一想这个情况。如果对杀手撒谎的时候，神不知鬼不觉地，那个潜在受害者从你的地下室逃了出去呢？杀手离开了你的家门口，走到你家旁边的马路上，结果正好碰到了逃跑的受害者，于是立即杀害了他。试想，如果你当初告诉了凶手实话呢？可能凶手会跑到你的地下室里，发现地下室没人，然后他那卑劣的杀人意图变成了未遂。

上面这个故事的前一种情况下，因为你为了保护受害者而撒谎，结果受害者反而被杀了。他的死，你是否有责任？不，你会说，这是个意外。你的意图本是好的。但是，在后一种情形里，你告诉了凶手实情，却歪打正着地救了受害者的命。不论这个结果多么令人高兴，这也只不过是个意外罢了。康德想说的是，后果总是取决于这种难以预料的种种意外情况的。因此，康德推理道，如果我们一切以结果为导向的话，无异于将自己的道德生活的命运，交给飘忽不定的偶然。但是，道德要求我们对自己的行为负责，而我们唯一能控制的只有自己的意志，也就是我们试图去做一件正确的事情的能力。我们能够选择做出某些行为，从而让自己的行为准则成功地普世化，进而避免那些可能导致自相矛盾的准则。拿撒谎来说，不管撒谎的后果会怎样，撒谎不对这个事实总是存在的，撒谎这个准则就不能被普世化。因此，撒谎是错误的，句号。康德相信，正直的人一定心知肚明。

那个罹患疾病的人不断遭受痛苦，医生还告诉他，这痛苦将一直持续下去。他还活着（而且清醒），但他希望自杀。如果他真这样做了，他的这个行为的准则就将是“出于自爱的原则，当我的生命继续下去并不会得到更多满足，而只会得到更多痛苦的时候，我就应该缩短它”。可能有点儿奇怪，但是有的时候，自杀虽然看上去是因为自暴自弃，实际上却是由于自爱。至少在这个例子当中，自杀的目的是为了终结折磨，免受未来的痛苦。因此，康德认为支持自杀的行为规则是不能被普世化的。他的理由如下：

自然体系的法则是，行为是为了促进生命的推进而做出的，可这个自然体系的法则也会通过与促进生命同样的感受摧毁生命，这样的矛盾，一眼便能看出来。

自杀在道德上是没有意义的，因为，一旦这种行为被普世化，就将无以为继。它激起生命的冲动——亦即，一种避免痛苦的欲望——这冲动反过来与生命对抗。因而，无论它可能得到什么样的积极后果，它都是错误的。句号。

平等主义

如果道德在本质上必然走向责任和普世化的话（康德认为这是显而易见的），那么它的核心同样是平等主义。这是因为，如果道德法则适用于每一个人，那么每个人都必须同等地遵守它。从他的观点来看，所有人都应得到同等的道德对待和尊重。

那么，我们不妨可以回忆一下，穆勒同样认为人人都应被平等地（公平地）对待，但是，穆勒的理由和康德不同。在穆勒看来，不平等地（不公平地）对待人，优先某些人而怠慢其他人，这是有着严重的社会后果的，最坏的结果，就是它产生的不安全感。如果鲍伯可以被孤立出来并加以伤害，即使这样做的理由是为了共同利益，但是，难保哪一天这样的遭遇就不会降临到你我头上。社会的繁荣需要广泛的安全感，因而，在道德上，促进安全是迫在眉睫的。如果不公平地对待哪怕极小部分人对实现这个目标不利，那它就是错误的。因而，穆勒认为，保护个人权利是有很好的结果主义理由的。

而在康德看来，功利主义对个人权利的捍卫不够强有力。尽管，在多数环境下公平地对待别人对整个社会有益这一点或许不错，但不难想象，某些情况下这个原则并不奏效。如果对少数人的压迫可以在暗中进行，可能就不会损害大多数人的安全感，因此社会并不会因此受到损害。简而言之，功利主义试图通过行为的后果来辩护这个行为，这必然受到现实中难以预料的偶然事件的影响。因而，康德推理，必须有一种比后果更强有力的东西，来支持道德律令的不可侵犯性，支持道德法则中平等主义的实质。他认为，这只能通过他所称的“实践理性（practical reason）”来获得。

想一想这个问题：奴隶制在道德上是公正的吗？对康德来说，这需要我们对支持这一观点的那个准则进行审视。它能否成功地普世化？不能。为什么它不能被普世化？对此，康德后来给出了另一个版本的**定言令式**，才让这个问题明晰起来：

你的行为方式，在对待人的时候，不管自己还是别人，应永远把人当作最终目标，决不能把人只当做手段。

我的电脑，是为我所有的一样物品。我可以想怎么使用就怎么使用它，当然我也可以用它来满足我的需求。当它不能再满足我的需求时，或者，哪怕我只是用腻了它，我完全可以卖了它，或者扔掉。康德重新修订后的定言令式是说，我决不能把别人当作一样物品，而这恰恰是奴隶所受到的待遇。把别人当作“一种手段”来满足我自己的欲求——就好像我对待我的电脑那样——将剥夺掉他的尊严，而尊严是他作为人一定具备的东西。我在道德上需要把别的所有人当成一种“目的”；换句话说，我要尊重他们。因此，奴隶制在道德上是错误的。

但是，这并不意味着，我们（在道德上）完全被禁止把他人当做手段。当然了，我们会从我们的许多关系中获益。例如，我工作的那个部门的行政助理，多年以来对我十分有用。我们并不是朋友，说得专业点儿，我们并不平等。但是这并没什么不对。可如果我内心里把他当做一个用以满足我所需的工具，那就不对了，或者说不道德了；虽然我将他作为手段来加以利用是完全可以的，而且他也反过来将我当成手段来利用我，但是如果我们之中任何人把对方“仅仅当做手段”来对待的话，就是断然不可接受的了。

“仅仅”这个词是关键。把一个人仅仅当做是达到目的的手段而不是别的任何东西，相当于将他变成了一样物品，从而侵犯了他的人权。

这个推理，甚至可以用在对待恐怖分子身上。一个恐怖分子，无论他多么罪恶滔天，他也是一个人。因此，我们不应该严刑拷打，逼他提供情报，因为这样做会将他变得像一台电脑。他会成为一个情报机器，而不是一个人。

可能，这样刻板的道德显得有点儿违反直觉。可能你会觉得，很明显，恐怖分子很可能知道下一颗炸弹会在何时何地爆炸，因此应该对其用上一切可能的审讯手段，撬开他的嘴让他交代。毕竟，无辜的生命危在旦夕呢。但是，别忘了康德的那个在敲门的杀手的故事。后果是无法预料的，因此，道德分析不应该牵涉到预计的效益。折磨是错误的，因为它将人变成工具，因为它泯灭人的人性，哪怕那个人是个恶人。到此为止，不再赘述。

上面讨论的康德的两个例子——做虚假承诺和自杀——也可以通过这个版本的**定言令式**来加以说明。那个想结束自己生命，将自己和家人从苦难中拯救出来的老人，实际上是把自己当成了实现目标——终结痛苦——的手段。就好像，他宁可将自己变成麻醉药或者镇痛药，也不愿意维持自己作为一个有尊严的人，有内在价值的人（也就是，一个目的）的状态。或者，假如我在向你借 20 块钱的时候，我告诉你我会还给你，但其实我心里清楚还不上，这就等于把你变成了一台 ATM 机。当然不应该这样做。

普通道德直觉

在这个问题上，康德的道德理论显得有点儿令人生畏。但是，我们要谨记的是他说过，他要作的只不过是阐明“普通道德知识”的依据罢了。虽然他的文字或许略微晦涩，他的思想较为抽象，但是他确实是在试图为他当做是基础道德直觉的东西辩护；在他看来，这样的基础道德直觉已经是人皆有之。撒谎是错误的。将人当作物品，是不对的。这些思想并不复杂，因此，他说道，“要知道一个人必须怎样做才能诚实、善良，甚至怎样做才能智慧和道德，既不需要科学，也不需要哲学。”你不需要什么复杂的理论，便可以成为一个品行端正的人：你只要品行端正就可以了。

康德的道德理论的这种简约的一面，拿它和穆勒的理论相比，还会变得更令人瞩目。想一想穆勒关于撒谎的后果主义理论就知道。一方面，穆勒当然也认为诚实是最佳策略。他知道欺骗会破坏信任，并且会对未来的一切关系造成恶劣的后果，因而对这个社会本身造成恶劣后果。但是，他也同样清楚，在某些情境下，撒谎在道德上是允许的。这里再现一下他的话：“即使这个规则（人应该诚实）

本身十分神圣，它也同样允许例外的情况。” 如果撒谎一定会让别人受益的话，那么，撒谎的禁令就松懈了。

从研究生时期开始，我便每天抽几支香烟。我女儿小的时候，我几乎从不在家里抽烟，还定期重复她们在学校里学到的东西：吸烟有害健康。我当然不希望她们抽烟，因此，我虽然没有公然欺骗她们，却也试图给她们这样一种印象：她们的父母都不是烟鬼。不出意料，有一天她们逮住了我抽烟。我想通过语言来走出这趟浑水，因此我解释说，我几乎不抽烟，只是偶尔抽根烟清醒下头脑，方便工作而已；我的精神，很难坐下来连续集中好几个小时。尼古丁会松缓肌肉，刺激大脑运作，就像咖啡一样，这些是我工作需要的。自然，我的孩子们都不高兴。我有没有对她们撒谎？我失去她们的信任了吗？或者说，我有没有成功地传达我要说的信息，哪怕只是一会儿？抽烟是有害的。据我所知，我的女儿们都从未抽过烟。（当然了，她们也可能瞒着我，就如同我瞒着她们一个样）这样很好。但是，我难道一开始就做错了吗？这我还真不清楚。

功利主义理论难免陷入这种困境中，有时甚至陷入到极为痛苦的思想斗争里。功利主义者们必须计算得失，诚如穆勒所说：

> 如果效用的原则放之四海而皆准，那么它必然对

斟酌相互冲突的效用之间孰优孰劣很有好处，有助于得出一个用于判断孰优孰劣的区间。

对我的孩子们隐瞒我抽烟的事实，是消极的。但是，如果这样做令她们远离香烟的话，那这也是积极的。我举这个例子是为了说明：功利主义的道德生命必然会在不断的辩护、计算和合理化之中变得复杂。康德的看法则不同：只要符合基础（规则）就行。保持诚实。不要把人当作物品、绝不奴役别人、不得自杀。这些表述，对于成熟的人而言是极其浅显的。但是它的威力（如果说有什么威力的话），或许要通过比较康德与卢梭才能更好地把握。

卢梭认为，在自然状态下，我们受到怜悯的驱使，也就是当我们看到别的有知觉的生物（不仅仅是人类）遭受苦难时所感受到的本能的厌恶。但是，我们进入社会，进入充满了语言、竞争和道德理性的世界以后，一切都变了。卢梭掷地有声地说，在社会里“连品性最端正的人也学会了把杀人越货当作自己的责任之一”。从（衷心地）认为打孩子屁股能让孩子变得更好的那个父亲，到明知杀害敌军同时也将杀害平民，但还是扔下炸弹的飞行员，我们都能够为自己开脱，好让自己（仅仅凭借自己的天性冲动）去做那些平时不会做的事情。卢梭说道，因为在自然状态下，没有人会伤害别人，除非这直接关系到生存。

康德也认为，我们的道德生命其实是非常简单的：

> 我不需要什么影响深远的敏锐感觉来领悟怎么才能让自己的意志在道德上成为善的。我在这世上的经验那么匮乏，对偶然事件的准备那么不力，于是我只问自己，愿不愿让自己的准则变成普世法则？

重复一下，无论康德的理论有多么抽象，它的目的在于支持最简单的道德律令。恪守诺言。不得自杀。这样做固然不错，但是，在复杂的情形下，它真的能有什么指导作用吗？想想下面这个情形：2001 年，以色列入侵加沙地带。这场战争结束时，有超过 2000 名巴勒斯坦人和 70 多名以色列人丧生。要知道，这些丧生的巴勒斯坦人中有几百个孩子。问题是，以色列人在明知自己的轰炸会造成平民伤亡的情况下，仍然使用自己极其先进的武力袭击巴勒斯坦人，这是符合道德的吗？以色列有没有尽自己最大努力减少平民伤亡呢？如果有的话，这又会不会改变它的道德性质？哈马斯将自己的武器藏在医院和学校里，是不是利用平民作为他的挡箭牌？如果是的话，这些无辜的鲜血，是不是应最终算在哈马斯头上？是哈马斯打向以色列的火箭炮引发了战争吗？如果是，这是否给了以色列充分的入侵理由？如果长期来看，这次入侵导致了更少的未来伤亡，那可能以色列确有充分的理由。但是，如果 2014 年的那场战争，只不过造成了接下来另一次战争呢？

定言令式有没有给我们一个工具，为身处凶险莫测的道德壕沟中的我们指路？很有可能，以色列和哈马斯仅仅把加沙地带的平民们当做一种满足自身目的的手段而已。如果所言不虚的话，二者是否都应受到谴责？

亲爱的自己

康德似乎是一位冷血的理性主义者，要求我们分析不同的情况以便确定自己的责任是什么。他的道德理论（浓缩为**定言令式**）否定了预期效益的作用，从而绕开了血肉纷乱的现实。至少，持有这种看法，他是有一个不错的理由的。为什么这么说呢，我们先设想这样一种情形。

你走在街上，一位衣衫褴褛的妇人找你要钱。她说自己的孩子需要食物。她不像是有什么精神疾病，也不像是瘾君子，因此，你给了她 20 美元。你为什么这样做？因为你相信乐善好施是一种道德义务吗？你认为这是一种责任吗？或者，你这样做时，心里头有没有一股自私的目的流过？可能，给她钱会让你觉得自己是个更好的人，或者让你在别人眼中的形象更高大。也有可能，你刚刚去 ATM 机上取了钱，钱包里满是 20 美金的钞票，你就是想减轻点负担而已。

这里的观点是，无论我们对自己的审视多么坚决，我们任何人都不可能确定地知道自己的实际动机。正如康德所说（我认为言之有理），“我们将永远不可能完全弄懂自己的行为动机中所深藏的秘密，不论对自己的审视多么严格也不可能。”原因在于，“如果我们更仔细地察看自己的规划和抗争，不论在哪，我们都永远会碰到那个亲爱的自己，它总会出现。”换句话说，不管我们多么自信地认为自己会为他人付出什么，实际上我们这么做只是为了让自己受益。

我曾经对一个人许下了一个承诺。他听说，我和住在这栋公寓里面的几个人打算成立一个阅读小组，他想加入。问题是，我很不喜欢这个人。他这个人好自吹自擂，总是叽叽喳喳说个没完，他那尖利的嗓音令人厌烦。我真的不想让他毁掉我们的阅读小组。可是，我答应了他，小组一确定日程就通知他。过了几天，小组第一次集会的日程确定了，我不想通知他。可是，我还是通知了他，这（似乎）仅仅是因为，我对他有这个承诺。但是，即便在这样一个浅显的例子里，我可能也没有准确地了解自己的真实想法。因为，“亲爱的自我”很可能在我毫无意识的情况下，就成了我做这件事的出发点。可能真正迫使我给他打电话的原因，是我害怕如果不这样做的话，随之而来的负罪感会折磨我。又或者，如果我隐瞒了这个消息，然后他识破了我的诡计，我会感到非常尴尬。不管怎样，在拿起电话的那一霎那，我选择了履行诺言，可是究竟是什么原因驱使我履行它，我永远不会知道了。

还有另一个例子。我很喜欢教书，可为什么呢？为什么我会在学生面前感到很自在，为什么乐于花费大量时间备课呢？是因为我急于帮助年轻人吗？还是因为我在试图让这个世界更美好（哪怕只是一点点）？我算是一个利他主义者吗？或者，我从教学中得到的快乐，乃是源自我作为一个教授所感受到的力量？我对学生们的评分很严格，所以他们必须要仔细听讲。我年纪比他们大很多，知识远比他们丰富（至少在我任教的科目上）。可能，我就是喜欢成为我课堂上的老大吧。毕竟，这是我唯一能说话算话的地方。

说真的，我不知道是什么让我走向了教书生涯——或者，是什么让我写了这本书——因此至少在这个问题上，我是认同康德的。我不可能完全探索出我自己的行为背后那深藏的“秘密激励”的。这个现实——且把它叫做“经验的自我”吧——是没法彻底看透的。对康德来说，这意味着，它不应该在道德推理中有任何作用。相反，我应该仅仅凭借清晰明了的实践推理来让自己理解自己的责任。例如，我们应该恪守承诺。康德认为，这是一个显而易见的道德律令。但是，即便当我们遵守它（即行事合乎责任），并因此抵制了破坏承诺的诱惑，我们也不可能确知自己的行为究竟是出于道德还是自私的原因。可那又怎么样呢？道德推理的目的并不在于告诉我们是什么让我们这样做，只在于告诉我们应该怎样去做。

论辩的解决：后果，还是责任？

行动之前，我们应该先计算这个世界将被我们在这个情形下做出的这个举动变得好了多少，或者被我们遵守不允许有例外存在的严格律法而变得好了多少吗？对于意志活动的主观原则，我们到底应该相信经验的研究，还是应该相信理性的审视？我们行事，是应该遵从预计的后果，还是应该遵从责任？以穆勒和康德为主导的这一对论争，要如何才能解决呢？

或许我们该先问一问，这两位大哲学家，谁对自己理论的前提条件有更好的辩护。比方说，我们假定人类具备自由意志。但是，许多思想家质疑这个观点。例如，有神论者会认为，因为上帝是全知全能的，所以他能预知未来，因而，人类的选择实际上只是一种幻觉。机械论者会认为，整个宇宙就是一台大机器，因而我们现在做的每一件事，都是在我们无法控制的一系列事件的影响下做出的。可能，这些理由早已经编码在我们的基因链当中了。那么，康德或穆勒，谁会站出来反对这样的对立者呢？这是个棘手的问题，因而，还有一大堆工作等着你去做。

但是，即便现在摆在台面上的只有两个简化了的选项，你仍然可以开始你的哲学探究。和往常一样，我们先开始内省。你还记不记得，自己曾经做过什么事情实际上是出于道德的考虑？你有没有经历过和本章给出的例子类似的情况？你做任何事之前，会停下来问自己：我应该这样做吗？如果有的话，你的思考是怎么展开的？你会权衡自己选择的利弊，然后看哪个选择能给大多数人带来好处吗？计算完利弊以后，你会根据计算结果行事吗？或者，你是一个有着严格的原则，无论预计的后果如何，都会不惜一切代价坚持原则的人吗？

你敬佩像杰克·鲍尔这样的人，以及他折磨恐怖分子以获取情报的决心吗？如果是的话，那么对于康德那个精心设计的敲门杀手的案例，你会怎么回答那位杀手呢？别忘了，如果你为了救那位受害者而对杀手撒谎，你最后却是会害死那位受害者的。与此类似，折磨犯人的后果，可能要与预想的乐观情形失之千里（例如得到了假情报，继而放跑了敌人，让美国在全世界颜面扫地）。或者，折磨犯人对你来说是不是作为美国人不该做的事情，而且仅仅因为一个原因吗？或者，它也是完全错误的吗？

对于2014年以色列入侵加沙地带所引爆的论争，你持什么立场？在你的心目中，如果考虑未来利益的话，平民的伤亡是否是正义？国家有权利通过任何必要的手段来保护自己免受火箭的炮火吗？如果有杀害儿童的必要，杀害儿童就是合法的吗？或者，这也是完全错误的？

或者也可以这样想。因为穆勒的道德理论是从后果出发的，它要求我们去面朝未来。而相比之下，康德却让我们原地站着不动，仔细审视我们的准则。因而，此时此刻，我们问一问自己与未来的关系或许是有用的。你会在到达办公室门口前，就把钥匙从兜里拿出来吗？或者，你更专注于当下，更注意眼前的东西？前一种倾向更贴近于穆勒的阵营，因为，毕竟，他是个伟大的进步主义者。而后者伴随着对原则的明确逻辑的追求，更贴近于康德。

另一种可能性隐约出现了。在诚实内省的基础上，你或许会发现无论是康德式的还是穆勒式的道德推理，在你行事之前的实际考虑中都没有什么作用。沉吟之后，你或许会进一步得出结论：这两个学派代表人物关于像堕胎或协助自杀的论辩，最终只不过是一种抽象的练习而已。逻辑的车轮不断旋转，争论四起，但是它们都没有现实存在的可能。你会怀疑，我们需要有些其他形式的推理才能最好地解决“应该”的问题。如果你（此时此刻）的思路是这样，接下来两个章节应该很对你的胃口。

注

1. 功利主义是一个复杂的学说。对功利主义的一个很好的综述，请查阅《斯坦福哲学百科全书》中名为“归结主义”和“后果主义原则”的条目：http://plato.stanford.edu. 此外，这本书也是我们查阅本书中论及的其他主题的很好的资料。不过，该书的文风较为学院派，有时十分技术性。

2.《火线》是 HBO 于 2002 至 2008 年播出的一部电视剧。《绝命毒师》则由 AMC 于 2008 至 2013 年播出。

3. 哲学家彼得·辛格（Peter Singer）认为，我们与非人类动物的福祉之间的关系是道德上的近亲，这个观点影响很大。他受到功利主义的影响，并代表素食主义建言。见彼得·辛格《动物解放》（*Animal Liberation*），该书原版于 1974 年出版。

4. 批评功利主义缺乏概念资源以充分保护个体人权的最著名人物，是美国思想家约翰·罗尔斯。他的代表作是《正义论》（*On Justice*），这本书影响了政治学理论界长达近 50 年。

5. 杰克·鲍尔是电视剧《24 小时》中的英雄人物。该剧由 Fox 电视台从 2001 至 2010 年播出。

6. 美剧《透明家庭》，2014 年由亚马逊制作和播出。

7.《秘书》是 2002 年由斯蒂芬·申伯格导演的一部电影。

8. 康德关于“一个人出于阻止杀人的目的对凶手撒谎，却歪打正着地促成了杀人的结果”的例子，见于康德《论出于慈善而撒谎的假定规则》（On a Supposed Rule to Lie Because of Philanthropic Concerns）一文。同样的案例还见于康德的著作《道德形而上学基础》。

9. 讨论酷刑的道德性的一本很好的书，其书名亦表达了某种康德哲学的信念：《因为它是错误的：恐怖主义时代的酷刑、隐私和总统权力》，作者为查尔斯·弗莱德和格雷戈·弗莱德（Greg fried）。两位作者曾进行讨论，见视频：https://www.youtube.com/watch？v=WiWweN9s3zA.

10. 自由意志的问题在当代哲学中讨论非常广泛。关于此论辩的完整概述，其中包括康德的节选，见《自由意志》（*Free will*）一书，由德科·佩雷伯恩（Derk Pereboom）主编。

第四章

我们该效仿谁？（1）

问题

“应该”问题是人类生活的组成部分。没有了这个问题，我们将无法认识自己。（没有它，我们将不得自由）但是，这并不说明康德和穆勒二人对这个问题有独家权利；这是因为，问“应该”问题而不从道德上解释它是可能的。本章将提到的另外两位思想家——亚里士多德（再一次）和尼采——将对此加以阐释。此二人都无意用什么既定规则或原则来告诉我们应该做什么，他们的著作也不会试图解决上一章中的酷刑和自杀的道德正当性困境。相反，他们的问题是：我们到底该向往什么？美满人生的完整表述究竟是什么？人类的卓越品质是什么？以及，我们之中有谁是别人效仿的最佳典范？虽然这样的问题和那些伦理学家们提出的问题明显相似，它们却也改造了后者。此二人把“应该”问题的范畴大为拓宽，从而让我们能够从整体上检视人生。

亚里士多德的回答

📖 亚里士多德，《尼各马可伦理学》

幸福与卓越

从亚里士多德学派的观点来说，穆勒和康德之间的论争，从一开始便入了歧途。提出“正确的做法是什么？”这样的问题，然后试图给出一个答案来，这种做法不过是从一面狭隘的透镜来检视我们人生中的“应该”问题而已。和很多当代哲学家不一样的地方在于，虽然事实上是亚里士多德发明了“伦理（ethics）”这个词，但是亚里士多德并没有仅仅抓住一系列道德问题（例如堕胎或撒谎的问题）不放。相反，亚里士多德把目光放在了不同的地方：了解人类可能实现的最好人生。他的关注点，是人类的“卓越”，或者说，是希腊人所说的“arete”（英文译作“virtue，即美德”）。他想要的是一幅完美的画卷，这画卷上是人类在巅峰状态下的形象。他认为，在我们摸索着穿过迷离岁月的过程中，这将给我们一个最佳的指引。

我们就从《尼各马可伦理学》开篇的几个段落开始吧。

（1）亚里士多德说，人类的一切行为乃是为了某种“善（good）”。这种善可以被称为一种“终点”或者“目的”。用第二章中讨论《政治学》一书时的一个词来说，人类行为是“**技艺的**”。

你在读这本书，这是有原因的。可能，你对哲学有热情，你认为看这本哲学书可能会很有意思。或者，可能这是你老师布置的作业，你想要得到一个好分数。不论你的答案为何，关键在于：你不是什么机器，因而你做出某个行动时，脑海中是带着目的的；捧起这本书的时候，你心里有着某种你认为是善的东西。

（2）人类的善构成等级次序。它们就像是从手段到目的的一架上升的梯子上面的梯级。比方说，鲍伯在餐厅里刷盘子（手段），因为他想要挣钱（目的）。但是，他之所以想要钱，是为了用这笔钱（手段）买一辆车（目的）。原本是目的的金钱，现在成了更高级目的（车）的手段了。他想让车子来实现一个更高的目标：开车去海滩。

（3）亚里士多德认为，这一手段－目的的次序，一定会因为下列原因而终止：

> 如果，在我们行为目的这个领域里，有个目的（telos）是以其自身为目的，这个目的将主宰我们的

> 一切欲求；换句话说，如果，我们的选择不是为其他任何事物而做出——否则的话，我们欲求的过程将无限循环，因而我们的欲求将失去效用，毫无意义——的话那么很明显，这个目的就是善的目的，也就是至善。

这里，亚氏的论据是间接的。他先从一个假设开始，表明它将导致无以为继（或者荒谬可笑）的后果，然后从这一点出发，表明这个假设必须要加以摒弃。因而，如果手段－目的的次序不加终止的话，如果它无限重复，那么一个人无论在这架梯子上爬了多少级，也是无济于事，达不到任何成就的。每个目的，都只是另一个目的的手段而已。如果这架梯子没有终点，那么，任何一级梯级都算不上真正的进步，因而每爬一级的欲求，都将沦为“无谓之举”。这样的生活，也将变得意义全无，甚至早上都没什么理由起床。但是，亚氏坚信欲求不会白费，人生也不是毫无意义。毕竟，我们大多数人早上都还是会起床的。我们努力工作，努力实现自己定下的目标。因而，在我们的骨子里，我们一定相信，进步是可能的。这一点，亚里士多德也认可。因此，手段－目的的梯子不可能无限延续。它一定要在什么地方终结，而这终结之处，便是“至善”；这架梯子的最后一级，将不再是通向别处的手段；我们寻求的这个目的，就是为了这个目的本身而非其他。

（4）“至于它的（至善的）名字，大多数人或都同意：普通人和富有教养的人都称之为幸福（eudaimonia）”。这是因为，多数人都同意“我们总是选择将幸福本身作为目的，而不为其他任何别的目的”。

如果我问鲍伯，你为什么要在这家低劣的餐厅里刷盘子？他会回答说，为了挣钱。他答案的内容（钱）和问题的内容（刷盘子）是不同的。相较而言，如果我问他，你为什么想要快乐？他会回答说，因为我想要快乐。这个时候，他回答的内容再现了问题的内容。鲍伯想要快乐不是为了实现什么别的目的，仅仅因为他想要快乐而已。在这里面，不存在别的理由，也没有更高的目标。亚里士多德因而推理道，幸福必定是至善。这就是人类的终极欲求。但是，一个新的问题赫然出现了：什么是幸福？

（5）“称幸福为至善或许显得老套，而且我们仍然需要回答它是什么的问题。可能，这个问题交由那第一个弄清人的功能的人来回答才是最好。”

这话令人深思。亚里士多德没有经过任何的解释，便直接把幸福和“功能”挂钩，而后者是什么他并未说明。好在，他接下来进一步给出了理由。

（6）人类的“功能”必定不是“活着”，因为这一点“连植物”也是一样的。他说道，人的功能也不可能用我们的感官推导出来，因为一切动物都有感官。因而，我们能够推导出的一个“功能”是：一种独特的天生的能力。正是这种独特的能力，让个体作为种群的一员得以区别开来。

（7）接下来，亚里士多德告诉我们这种特殊的人类“功能”是什么。因为活着和运用感官这种普遍的身体活动并不是我们独有的，所以它们不能算数。继而，“剩下的便是理性元素（其中包括逻格斯“logos”）主导的积极生活”。只有人类具备“语言”或者“言语”，“推理”或“理性”，这些或许都是逻格斯（logos）一词的译本。因而，理性行为（且不论其意味着什么）就是我们独具一格的行为，或者，我们的“功能”。

（8）幸福，亦即至善，是人类功能最好、最彻底的实现。因而，这也就是人类理性行为能力最大化、最持续不断的运用。正如亚氏所说，这是“合乎卓越或德性（arete）的灵魂（psuche）的活动”。（Psuche是“心理学”一词的英文psychology的词根，在此处意义与“心灵”相近。换句话说，它对理性行为负责，而且它不是肉体）

至此，“功能”和“卓越”的概念，亦即ergon和arete，走到了一起。假设你知道X的功能，你就能知道X是否卓越。闹钟的职责是计时和显示时间，如果它做得很好，那它就是个卓越的时钟。同理，亚里士多德认为，逻格斯（logos）或理性行为是人类的功能，于是卓越地完成理性工作，便是人类最佳、最高的成就。他认为，这便是幸福。

诚然，保持理性在我们维系其他善的过程中有莫大帮助，但理性的价值远远不止辅助价值；换句话说，它不仅仅是一种达成其他目的的手段，它本身也是目的。它的价值可以是内在的，而反过来，这（内在性）也恰好是与亚里士多德对于至善（即幸福）的要求契合无间的理性行为的特点。

应该明确，“幸福”作为亚里士多德那个希腊词“eudaimonia（幸福）”的译本而言并不十分令人满意。“繁荣（Flourishing）”或“安宁（well-being）”或许更为贴切，因为幸福本意味着灵魂（psuche）的卓越实现，字面上所表达的却类似于身体的安康。我们来体会下这两个近义词好了：人类都有一双腿，只要它们没有残废，双腿便能让人行走奔跑。但是，如果，有个女人，她从不奔跑，也极少走路，她的腿便开始软化，萎缩。相反，如果她经常步行，定期锻炼，她的双腿会保持健壮。随着它们天生能力的逐渐实现，双腿会变得发达（flourish）起来。这个女人会开始享受步行和奔跑，于是她会更多地步行和奔跑。这样的积极反馈回路，以及这种行为模式的不断扩大，就像亚里士多德的幸福一样，是一种理性行为的持续运用。正如爱跑步的人喜欢锻炼，有德才的人或者快乐的人，平时也会很享受做那些理性的事。

爱跑步的人在慢跑中感受到的愉悦或满足，是这个行为的副产品和附属物。但是，感到愉悦本身并不能保证这个人真的幸福。比如说，鲍伯躺在阳光和煦的沙滩上时，感到十分惬意。因而，幸福并不是一种人偶然感受到的简单感受。相反，它是一种客观的情况。鲍伯可能真的认为，或者主观地确信自己独自在沙滩上晒太阳是幸福的，但是因为他并没有完全地运用自己的理性能力，也没有完全实现自己作为人的天性，他对自己的看法是错误的。

即使现在你对亚里士多德的推理甚有共鸣，但你或许对他关于幸福的定义仍旧持保留态度，因为它显得过于学院派了。我们在运用自己的理性能力的时候（例如我们在解决一个代数问题的时候）最自我，最幸福，这是真的吗？你或许会认为，生命不止于此。毕竟，我们的情感、肉体和社会生活都是我们的一部分。亚里士多德回应了这一质疑，这回应就藏在他对逻格斯（ logos ）的解释当中。

他告诉我们说，逻格斯（Logos）有两个方面：一面是“对理性原则的遵守”，一面是自身“具备和设想理性原则”。前者可能显得令人莫名其妙。一个人，怎么能又服从理性原则，同时又在理性上采取主动呢？难道服从不是被动的吗？可能还真不是。看这个例子：我为我的所有课程都编制了教学大纲。大纲中规定了每个学期每个班级的阅读和写作作业。学生们遵守这些指令，也就是“服从”我，是理性的。我是个资深的教师，对我的课程内容了如指掌，而且对于学生们如何才能掌握这些知识有很不错的想法。而他们则不然，他们对这门课知之甚少，因而他们遵守教学大纲的要求是理所当然的。这并不表示他们必须得对我言听计从，服从我或者别的教授的一切命令。有的教师很糟糕，他们说的话，大多数时候应该无视。但是，如果学生们有理由相信那位教授知道自己在做什么——例如,如果他们听信得过的朋友说,那位老师的课很不错——的话，那么他们的一个合理、默认的立场自然是服从老师的指示。

另一个情况：一对家长命令他们八岁的女儿去打扫自己的房间。女儿不愿意。家长讨论过这件事情以后，认为应该强迫女儿完成这个任务。他们希望女儿成为家里的一个负责任的成员，因此，二人计划，如果她胆敢拒绝，就威胁要施以惩罚。她果然拒绝了。二人坚持原来的立场，扬言要惩罚她。好在，这时候孩子屈服了。虽然她可能不理解为什么，但是她或能感觉到，父母知道得更多，这样做是为了她好。或者，可能她只是害怕被惩罚而已。不管哪种情况，都是合理的，因此，她服从父母的话无论如何都是理性的行为。

如果这对父母持续地贯彻这个原则——比方说，如果他们要求女儿每个周日上午打扫房间——那么最终，女儿会很好地把父母之命融入到自己脑海当中去，从而开始学会自己主动去打扫，再也不需要父母指示了。她虽然还没办法领会或者解释清楚自己为什么每周日上午要打扫房间，而不是在外面疯玩，但是她反正这样做的次数已经很多了，以至于养成了一个习惯。

习惯这个词，在亚里士多德的道德生活概念里面极其重要。实际上，“习惯”的希腊词“ethos”是“伦理学(ethics)”这个词的词根。但是，什么是习惯呢？按照惯例，我们先从自省开始。

我几乎每个工作日的早上都会洗个澡。穿好衣服以后，我就到前门去拿报纸。然后我会冲一杯咖啡，做好早餐，然后边吃早餐边看体育版。吃完早餐收拾完餐桌，把杯碟放到水槽里之后，我就离家上班去，天天如此，雷打不动。我很少思考我这是在做什么。我的早晨习惯已经延续了几十年，感觉几乎就跟自动的一样。

也就是说，习惯就是一种相对固定的行为模式。由于大量的重复，这种行为会在几乎无意识的情况下自然地进行，以至于，它会变成我们的一部分。就像那个强迫女儿打扫房间的父母的例子一样，习惯经常是从外部的压力发展起来的。我们很多人会在晚上睡觉前刷牙，这个习惯很可能就是自己儿时被迫养成的。这种情况下，习惯是经过原则或训练反复灌输而养成的。

习惯在某种认知的灰色区域里出现。一方面，它们几乎不需要什么深思熟虑。我每天早上去上班的习惯，跟我现在坐在桌旁，想着要不要摸一下我的头顶，就很不一样。我会权衡利弊，然后做出决定：要。于是我摸了自己的头顶。这样做显然是有意识的。而另一方面，习惯性的动作与我不知不觉的心脏跳动之类动作也不尽相同。习惯性动作不是自动的，虽然有时候给人这种感觉，但其实不是。我可以，而且也确实会偶尔早上不洗澡，或者不读体育版，而改读国际新闻。虽然这种从惯例的偏离偶尔会让人感觉不自在，但是要调整这种行为并非难事。因而，习惯是一种介乎心脏跳动这种出现在认知黑暗中的行为和光天化日般的有意识行为之间的东西。用亚里士多德学派的话来说，这是我们理性能力“服从”的一面的实现。虽然它不如学数学这样的行为那样完全地主动或者理性，但它绝不被动。再者——这也是亚里士多德对于自己的幸福概念被认为过于学院派的回应——习惯化贯穿人的一生。那个打扫房间的孩子，可能完全是害怕惩罚，或者渴望夸赞所驱使的。那些服从课程大纲的学生们，可能是因为他们渴望成功。这些情感都会促成习惯化，它们是被理性的行动者们（父母，教授）所下的命令的力量所塑造出来的。当灌输成功完成，孩子和学生们便会自己给自己施加这样的力量了。不需要命令，孩子也会自觉去打扫房间。实际上，在她的成长路上，不能自觉的话会对她造成一定的痛苦。我课堂上的学生们，至少那些勤奋的孩子们，总会经常翻阅课程大纲，不需要提醒就会自觉完成作业。

上面的两个例子中都出现了年轻人（孩子和学生）和年长者（父母和老师），这不是巧合。服从和灌输的习惯代表着前者相应的理性水平。孩子不能理解，因此会遵守为什么他们需要打扫房间的逻辑解释。大学生们需要发展，因而教授需要试图灌输给他们每周学习的习惯，而不仅仅是每学期末的一次考试。

更常见的，我们常说的“社会化”其实就是一种习惯化。父母、老师、教练、长者们（应该）仔细地监督孩子，并试图在他们的行为偏离规范的时候加以指正。例如，他们会一遍遍地告诉学生们要礼貌，当他们不礼貌时给予批评。他们劝诫孩子们去分享，去创造公平。他们迫使孩子们上学前把自己收拾得干净整齐。有的时候，这样的社会化实践会以某些传统或仪式的形式出现。少年棒球联盟的球员必须要在每场比赛结束后排队与对方球员握手，这是为了灌输给他们一种运动员精神。圣诞节送礼物的仪式增强“慷慨是好的”这样一种观念。有的家庭在餐前会祷告，有的家庭会在开饭前确保没人会拿起刀叉，直到家长说“Buon appetito（祝你好胃口！）”，以此来确保孩子们学会感激，至少是尊重成年人为挣得桌上食物所付出的努力。有的家庭周日不去教堂，而是打扫房屋。这些重复而定期的活动，会养成好的习惯。最终，如果这些习惯牢牢扎根，就成为卓越的形式，变成了美德。

更具体地说，它们变成了亚里士多德所说的“伦理”之德——别忘了，ethos 意为“习惯”——或者某些学者所说的“品格的德行”[希腊语中表示“品格（character）”的词语是“ethos”，它和 ethos 关联甚深]。我们说某个人诚实的时候，是在赞扬她具备某种特质。持续地诚实是一种品质，她之所以是她，正是由于这种品质：她十分厌恶撒谎，因而可以相信她会说实话。她这样做并不是因为她在想着穆勒的最大化幸福原则，也没有运用康德的**定言令式**进行什么推理，而是因为她不能容忍自己说谎。撒谎会令她失去品格，而失去品格是十分痛苦的。类似的，她的父母同样是诚实的人。

《尼各马可伦理学》用了很大一部分篇幅来说明这些伦理德行，它们源自习惯化的过程，又在我们理性能力中服从的一面的实现过程中再现。但要记住，理性还有另外一面：它可以自己思考某些事情。这一面，是在亚里士多德所说的“理智德行”之中实现的。这需要教授。因而，比方说，在生物领域建树卓越的生物学家们，首先需要完成学业。她的理性能力，也就是她的德行和幸福，是要高于那些严谨的、习惯于说实话或者慷慨的人的。

“实用智慧”就是一种理智德行。这一点极为重要，因为它横跨道德和智力两个层面。要理解这一点，我们先回到一对父母身上，他们思索之后决定，如果女儿拒绝打扫房间就以惩罚相威胁。我们假定，在这个例子当中，父母的决定是好的。孩子也答应了，然后现在，不需要父母多言，孩子自己就会打扫房间了。但是，这件事情到了小女儿的身上，情况就不同了。这小女儿本能地抵制任何形式的命令，当然也拒绝服从父母这个要求。父母意识到，在这个情形里面威胁惩罚可能只能起到反作用，因此他们调整了策略。父母没有在她反对时大声呵斥，而是忽略她，直接星期日和大女儿一道打扫房间。他们的希望是，小女儿会感到羞愧，然后自己做出改变。

这里我要说的是，正如卓越的理性能力见于对生物或数学的研究一样，它也可以出现在实践思虑的领域当中。如果父母聪明地知道该怎么去影响小女儿的行为，如果他们准确地把握住了自己两个女儿的差异，并且有了因材施教的方法，他们一定会成功地让两个女儿自觉地打扫房间；也就是说，他们将能够把两个女儿训练成负责任的家庭成员。父母实现了自己的理性能力，但和生物学家不一样的地方在于，他们所处的是人文或实践的领域。

我们回顾一下第二章中的一个观点。亚里士多德是一位精英主义者，他认为某些人更高等，也有着更高等和更幸福的人生。孩子还没有做好实现自己作为理性人的潜力的准备，因而在这个意义上，他们是比成人要低等一些的。再者，因为有的成人还是很幼稚，无法自我调适自己的人生，无法自律（可能是因为他们教养不佳），因而他们仍然需要别人对他们进行有力的引导，才能不至于步入歧途。他们能希求的最佳之物，就是伦理的或者习惯的德行，虽然这也不算太坏。因此，即使在理智德行当中也同样存在三六九等。即使实践智慧是十分精细的，但在人类理性最完整的表达——哲学——面前，它依旧黯然失色。

这只不过是亚里士多德的相关概念——逻格斯（logos），卓越或德行（arete），以及幸福（eudaimonia）——的含义的粗浅概括。或者说，《尼各马可伦理学》的目的就是为了填充这些细节。这是一部里程碑式的著作，其所论述的内容无一不是人类行为（包括实践和智力）的维度。这部著作的最后一章中，描绘了一幅良善生活的完整图像。

作为对本章上述内容的概括，我们要重点强调亚里士多德的伦理学思想与康德或穆勒的思想的不同之处。在后面两位思想家看来，道德的本质是面向他人的，作为平等主义者，他们的基本原则就是：自私是不道德的。（毕竟二人都是基督教徒）穆勒在其普遍幸福原则中阐释了这一点。评价一个行为的道德状况，他的标准是，这能为最大多数人的他人创造出多少的快乐或效用。而康德强调的是定言令式，它通过检视某个准则能否被普世化来测定这个准则的道德性。相比之下，亚里士多德认为，最好的人生是这个行动者自己幸福和繁荣的人生。幸福（Eudaimonia）是至善，因而亚氏认为，人们行事应该着眼于最大化自己的能力，并履行自己的天性。有人会取得成功，也有人功亏一篑。

似乎，双方都是自我中心的精英主义者，而且从伦理学家们的角度来看，确实如此。但是，我们务必要记得第二章中的那个极其重要的观点：在亚里士多德看来，“人类天生是政治动物”。这意味着，为了完全实现人的人性，并得到快乐，人必须（用亚氏的话来说）和自己的“父母、孩子、老婆、朋友，以及普通市民”建立积极的关系。最大化自己的福祉(well-being)需要与他人共存且良好互动。所以，这也是为什么他认为正义是一种德行，或者说，是一种卓越的形式。

和普遍效用原则或者**定言令式**（二者都旨在指引我们确定怎么行事是正确的）相比，亚里士多德式的幸福是一个广义的概念，它并不能直接同具体情形下的具体指引画等号。它不提供能用于伦理决策的算法，正如下一节要提到的，亚里士多德对自己的局限性有透彻的认识，而且，对此他并不以为然。

伦理学的精密

早在《尼各马可伦理学》一书中，亚里士多德便提出了自己所要做的研究的缺陷。他说道，“我们的讨论要能在这个有局限的主题之中得出明确结论，才能算作充分。因为，任何此类主题的讨论都没法期待精密性。”因此，比方说，数学是一门抽象而形式化的学科，其最高的精密和明确程度是有可能达到的，因而也是可以期待的。如果说，三角形内角之和等于或不等于两个直角的和，对几何学家而言，这种说法往往不能接受。相反，他们要用证据证明这一定是真理，是所有三角形共有的事实。这个证明的逻辑步骤一环扣一环，得出的结论是没有例外情况的。这样的证明，便是精密的范式。

对比之下，亚里士多德认为，要求别的学科具备数学一样的严谨是个严重的错误。在伦理学方面，因为它所探讨的主题是人类幸福——与善的概念相关联，且被后者所引领的人类生活的维度——因此它一定会存在明显的、严重的争论。例如在某些国家，言论自由没有得到充分重视，而在美国却恰好相反。在沙特阿拉伯，女性不准持有驾驶证，而在瑞典，这简直是不可理喻的。因为对同一个问题（我们该如何生活？）有太多大相径庭的回答，我们常常倾向于认为，价值——或者说对好的人生和幸福的概念——

仅仅存在于“习俗”当中，虽然人们同意这些价值，但它们在现实中没有什么深厚的根基。

美国人见面打招呼的方式是握手，而日本人会鞠躬，这就很明显是一个小小的文化差异了。但是，这样的约定俗成，能用在“什么是最好的人生”这个问题上吗？很多人——我们暂且叫他们“相对主义者”好了——相信可以。对他们来说，实际的问题是没有正确答案的，只有文化或者社群所鼓励的那个相对正确的答案。

亚里士多德不同意这一点。他认为，幸福（即合乎德行或卓越的行为）是客观地存在于人类功能之中的，是一种天性的东西，而不是一种习俗。这说明，伦理问题大体上是有着客观正确的、不以文化实践为转移的答案的。例如，在一些国家的言论自由受到打压的做法一定是错误的，不管有多少人认同，这种说法仍值得商榷。不过，亚氏同时也承认，无论是实践还是伦理，现实中都经不起数学式的证据的检验。因而，他能希望的最好的情形，便是一种“粗略的描绘”，一种“轮廓”，而不是一种关于良善生活（good life）的技术专著或者系统论述。因为实践的领域太复杂、太不确定、变化太多，它是不可能出现精确结论的。一句话，伦理学的“问题”和几何学的问题太不相同了。后者可以明确而清晰地给出解答，前者却不可能。对于良善人生中种种错综复杂的挑战，不可能存在什么万无一失的决策过程或者干脆利落的指引法则来把人带出困境。穆勒的最大幸福原则或者康德的**定言令式**，完全是另一回事。不过，亚里士多德拒绝将伦理学问题交给相对主义者来处理。

你有一个朋友，她的人生遭遇了滑铁卢。无精打采、百无聊赖的她开始酗酒，旷工，不与家人联系，每天睡到日上三竿。你想要帮她一把。你面临的困境是，你到底应该建议她去寻医，还是应该更果断地让她父母来介入呢？你害怕你的武断会招致她的怨恨。这样一来，虽然你的心是好的，但你的好心却可能让她疏远你，并且让事情变得更糟。但是，你也担心如果等太久了会发生灾难。那么，到底应该怎么介入呢？

不幸的是，你的手机里并没有哪个 app 能给你答案。不像那些“三角形内角之和是多少”之类的问题，你面临的问题没有无可置辩的解决之道。相反，你必须要揣度亚里士多德所说的“特定情形”。你的朋友是个什么样的人？她是个不接受别人帮助的高傲的家伙吗？她是个拒绝承认错误的顽固分子吗？你现在的贸然介入，会不会让她退缩到自己脆弱的保护外壳里？或许，现在最好是让她自己找到自己的路，如果她想要说话，你在那儿就好了。可是另一方面，她搞不好会自杀。如果是的话，或许直接介入到她的生活中去才是最好的。

可以想见，在这种情况下，星期二就介入会太早，但等到星期六又太迟。总有一个时间是不早不晚，刚刚好的。问题是，这个时间不可能通过抽象的计算而事先得出。相反，它在某种特定场合之下才会出现。只有通过正确地把握特定的状况，只有当你是一个具备相当的实践才智的人，只有当你极其在乎你的朋友的遭遇的情况下，你才可能得到正确的答案。

至此，哪怕多么坚定的相对主义者也会同意，要把这位朋友从自杀的预期中拯救出来是有一个合适的介入时间点的，而一个有才智的人方能搞清楚是什么时间。但是，相对主义者会否认这个案例中有任何超越工具理性的地方；也就是说，这无非是弄明白怎么达成一个预定的目标（这个目标本身既不好也不坏）而已。对亚里士多德来说，这个故事却另有深意。它刻画了一种可用的实践智慧。帮助有难的朋友这个目标是任何一个善良的人，或者有德的人都会追求的。再者，实现这样一个目标的方式，在根本上是可以通过才智加以掌握的。具备实践性智慧的人，也就是伦理德行的顶峰，是受到正确的目标驱使，且有聪明才智能达成目标的人。对一个这样的人来说，伦理的和才智的德行，合作得亲密无间。

为阐明这一点，我们不妨设想另一种情形。一位已经有一个孩子的未婚女性，在已经采取了避孕措施的情况下不慎又有了身孕，她考虑把孩子打掉。人们会问，这样做对不对?

这个问题，天主教会已经给出了回答。在他们看来，一句话，堕胎在道德上是错误的。没有例外。相对主义者也会这样回答，虽然依据大有不同。它取决于这个女性所处的文化或社群。如果她正巧是一个严格的天主教社群成员，就不应该堕胎。但是，如果她身处一个严格执行单孩政策的国家，那她应该堕胎。对于相对主义者来说，这个回答和天主教的回答本身都是不对的。相反，正确的答案有很多，而且它们很取决于社群的要求。

亚里士多德的观点介乎这两者之间。他并不是相对主义者；他也否定天主教会宣扬的那种不由分说的立场。相反，他对这个问题的推理有以下特点。

胚胎是一个潜在的人，因而具有无限的价值。实际上，亚里士多德和西方传统思想家们所理解的一样，生命本身（不仅是人的生命）就是良善的。因而，要想让堕胎被认为是良善的话，必须要有强有力的理由。如果做决定的成年人们有这样的理由，那么堕胎也可以接受。比方说，这个怀有身孕的年轻女人合理地认为，成为两个孩子的单亲妈妈，会导致自己未来对于家庭和社会的价值会无可挽回地缩小。不难想象，她有可能是对的。成年人合理的担忧在某些情形下是可以凌驾于胚胎降生下来的强烈诉求之上的。可是，这样的情形又是什么呢？亚里士多德没有指出。

但是，亚氏确实画下了一条实线：“堕胎应该在感觉和生命出现之前完成。”他这里所说的正是传统认为的“胎动初觉”，亦即母亲第一次感觉到胎儿在子宫中动的时候。在此之前做出的堕胎行为，是可以接受的。

在这个问题上，亚里士多德的伦理学可能是相当不令人满意的。是他的实践智慧（practical wisdom）——领悟出正确的手段以实现美德目标的理智德行——的概念太过于晦涩，无法给出任何实质的指引吗？毕竟，他对于“女性应该堕胎吗”这个问题的回答是：只要具有实践智慧的人认为在这种情况下这样做是件好事，那就应该。但是，这样的回答对我们而言有什么用呢？不过，可以想见，在亚里士多德伦理学中表现为缺陷的东西，实际上却是一个强项。这是因为，虽然它承认实践领域的混乱不堪，否认干脆利落的道德法则或律令的可能性，但它也拒绝屈服于相对主义的引诱。它承认对实际问题是有可能存在好的答案的，但是否认它们的真实性可以得到确定无疑的证明。它认可伦理知识的可能性，但拒绝让数学成为一切知识的范式。

从亚里士多德学派的角度来说，康德和穆勒关于道德推理的观点都在追求一种过高的精密水平。穆勒的道德问题（理论上）能够通过权衡冲突的效用来加以解决；康德的道德问题（理论上）可以通过测定准则能否普世化来回答。与他们二人相比，亚里士多德伦理学更接近于生活实际经验的粗糙土壤。我们十分努力地思考如何才能活得最好，我们从不能完全确定，因为很少有什么规则能严格规定我们的行为。但是，我们永远不应放弃探索，或将自己的决定交给我们恰好生存的社群的传统来做。相反，我们应该努力去做良善的决定，去敏锐地思考和关心，去获得实践的智慧。而这又会反过来让我们获得对“特定情形”的独特状况有敏锐的感受，并让我们致力于追求那些激励我们去成为一个富于伦理美德的人的目标。

总的来说，亚里士多德的道路是一种中间派。实践智慧是可以达到真理的。但是，这是一种不精确、不稳固的事情。仅仅通过少数几种普遍原则（例如，在胎动后堕胎总是错误的）的引导，具备实践智慧的人便对特定情形的特殊性十分警觉，从而妥善判断。但是，你可能还会问，怎么才能确定某个判断真的是好的呢?

品格

想象你自己正列席在法庭上，你是陪审团的一员。被告被指控严重的企图伤害罪。他当时正在联邦大道上骑着自行车，刚刚离开了自行车道，一辆大 SUV 突然右转，汽车撞瘪了自行车前胎，骑车人倒地。他没有受伤，但随即暴怒起来。SUV 司机停下来查看发生了什么，他打开车窗询问骑车人有无大碍时，骑车人开始对他大喊大叫起来，恶语相向。司机下了车，温和地回应骑车人。当俩人面对面以后，骑车人迎面揍了司机一拳。骑车人并不甘心退让。相反，他把司机打倒在地，在他肋骨上踢了三脚。最后，SUV 的司机被送到了医院。

法庭上，骑车人表现得懊悔不已。他解释道，自己不应该发脾气，说他知道自己不应该那么凶狠地揍那位司机。但是，他当时被针对这司机的疏忽行为的愤怒蒙蔽了眼睛，所以才会失去理智。他诚恳地道歉，然后向陪审团保证，这样的行为并不出自他的品格，而且再也不会发生了。

你的问题是，这个骑车人说的是真的吗？他真的是个正派的人，那暴力的爆发只是被一个格外危险的事件所引发的人格偏离，还是，他其实是一个社会隐患，应得到惩罚？他做了一件坏事，这是肯定的；但是，这说明他是个坏人吗？这就不好说了，甚至可以说，不可能弄得清楚。无论如何，作为一名陪审员，你们总得要拿出一个判决来。你们必须评估这骑车人的品格，哪怕你们知道自己的资源有限，也得这么做。

如果需要用道德哲学来实现某种类似于数学证明一样的明确和精密水平的话，那么以品格为基础的伦理（品格伦理）是不足够的。这是因为，正如这个例子要告诉我们的：不可能知道那骑车人是不是真心地悔过。可能他非常善于撒谎，他巧舌如簧地想要摆脱牢狱之苦而已。因为人类的心灵可以做到为自己披上一层伪装，因而探寻其深度是不可靠的。不过，至少对亚里士多德来说，这并不意味着我们应该放弃判断品格这个任务。相反，他认为这是我们必须在面对实践领域时调整自己的认知期望的又一例子。某些具备实践智慧的人，会格外善于判断别人的品格，确定别人有无撒谎，并解读别人的面部表情。但是，这样做并没有什么规则手册可言；实践智慧是不精确的。日常（伦理的）生活是不容技术推导的。然而，正确的答案仍然有可能发现，真理是可能的。我们人生中的伦理学挑战，可以被某些人用良好的判断很好地，或者说道德地引领。

当然了，可能你还是会认为，亚里士多德背弃了自己作为一名哲学家的责任。他关于幸福的见解难以名状，他的所谓实践智慧表现得像一个大大的随机事件，因此他和相对主义之间是很难区分的。因此，你可能会合理地青睐穆勒；通过将幸福理解为一种快乐，穆勒似乎令幸福变得具体而可测。

亚里士多德谈气候变化

这里，我们再看最后一个展现亚里士多德式伦理学与康德或穆勒的（基督教）伦理之间的辩论的例子。想想这个问题：在全球变暖的今天，我们每个人都应该少燃烧一点化石燃料吗？

我们首先假定，如果亚里士多德明天出现在波士顿的话，他会同意现在大多数受过良好教育的人对于气候变化的看法。因为全球在燃烧着数量巨大的化石燃料，这导致大量二氧化碳和其他温室气体排放，因而气候在变暖。结果，有更多的水蒸气被大气吸收，从而让大气进一步变暖。最后的结果就是，全球平均温度持续爬升，出现愈加激烈的风暴和火灾，海平面上升，疾病肆虐。数以千万计的人们——多是穷人——很可能会遭受这一切的恶劣后果。因此，似乎任何一个理智的、正直的人都会思考该怎么应对。

道德家会这样论证：因为（1）温室气体的排放助长全球变暖，（2）全球变暖将危害无辜的人们，（3）危害无辜的人是不道德的，因此（4）人们应该减少自己的碳排放量。从这个观点来看，我们在道义上是有义务在不需要时关灯、降低家里和办公室恒温器上定的温度的。此外，我们还应尽可能改骑自行车、步行、乘坐公共交通工具，而不是开私家车。如果我们没有这样做的话，我们应该感到羞愧。

亚里士多德或许也会认为我们应该采取这些行动。但是，他的理由却与道德无关。以亚里士多德的理由来看（至少我认为是这样），冬天在家里我们应该穿得暖和一些而不是调高室温并不是因为我们对于人类的责任或者对那些贫穷的人的义务，而是因为浪费这么宝贵的资源本身是愚蠢的。我们只要穿上毛衣，在温度适中的房子里就能过得相当舒服了。因此，有些人把室温调到75华氏度然后穿T恤，这种做法未免有失得体。正如一件卓越的艺术作品上容不得一点儿多余，一个卓越的人生也同样容不得任何的浪费。有些人不必要地浪费燃油，这种生活就远没有它本应该的那样良善和美好了。

为什么要在波士顿骑自行车，而不是开车？本书第一章中我给出了几个原因：高效出行，省钱，健康，更本能地融入到这个城市的街头生活中去，有意思，等等。它们没有一个是道德的原因。相反，它们是自从骑自行车以来我的生活质量提高的方式。没错，撇开我骑自行车能让我降低自己的碳排放量，并进而（无论多么微不足道）降低气候变化的节奏。但是，这并不是我骑自行车的原动力。我之所以这样做，是因为我人生的这个阶段，我不需要汽车。如果我通勤的路途很远，或者说我还得送孩子去上学，那我当然要开车。不过，我现在的生活状态是在一个能轻松横跨的小城市里，而且可以选择共享汽车，因此拥有一辆车只是一个不必要的备件，只会让我的生活更加臃肿。而只有自行车、走路上班、坐公共交通、偶尔租一辆车的现在，比起那去哪儿都要跳上汽车的时候，我的日子更加轻盈和紧凑。现在我必须思考的是，如何完成交付于我的各种任务，然后对我必须要去的地方担起责任。我必须要让自己过好这个人生，因此我现在更专注于人生中每一个展开的日子。虽然，有时候路途有点儿遥远，但它也充满了乐趣和满足，并且我自己就是中心。比起那依赖于汽车的时候，我现在的生活中各种元素要契合得多。

虽然我的行为或许是造福了别人，但我放弃汽车的原因并不是利他的，反而是自私的。亚里士多德式的伦理学认为，我们应该实现自己生而为人的天性，并因而过上力所能及的最积极、最完整、最美好和最幸福的生活。至少在这个例子里面，我们十分惊异地发现，这样的指导不仅将我们，还能将别人带向更好的生活：每当我骑一次自行车，我便向大气层释放了更少的碳。

尼采的回答

📖 弗里德里希·尼采，《论道德的谱系》

本章中将要讨论的《论道德的谱系》（1887）一书，其书名便已经彰显了尼采思想的某种线索。它宣称道德是存在“谱系”的，就像记录从祖先到后代一脉相承的家谱。这意味着，道德是**诞生的**，因为它（至少像）是一个活着的存在，而他也会死亡。在这个角度上来说，道德既不永恒，也不是人类存在的必要特点。

想一想你自己的家谱。例如，我的父母是相亲认识的。至少用我父亲的话来说，他对这种相亲的场合没什么热情，之所以同意去参加，也只是为了让他的父亲，让那个发明了他的人高兴而已。因为我父亲痴迷于手球，就连他本应该去见我母亲的那个下午，他还不想错过手球比赛，结果比赛结束很晚，他想着，要么就别去算了。但出于某种原因，他穿着短裤，汗流满面地赴了会。

也就是说，我的父母和祖父母们的联姻并延香续火，很大程度上是出于运气。我们今天在这里回溯过去，或许会觉得，自己的出生是命中注定的。但实际上，我们家谱的枝丫很容易转向不同的方向去。当然，只要有性繁殖还在继续，基因法则仍然有效，一代又一代的延续当然是毫无疑问、可以预见的。但是，我的父亲本可以不去相亲，而改为再多打一场手球比赛；那样的话，我今天也就不会坐在这儿了。因此，谱系预示着的，是一种偶然的机会。

《论道德的谱系》一书的“第一章”里，尼采将他所认为的道德的世系（或者历史）描绘成：它是十九世纪欧洲最重要的词句（今天仍然是）。作为一名训练有素的哲学家（学习了多种语言，尤其是希腊文和拉丁语），他的阐述从词语开始。他问道，“语言学，尤其是语源学的研究，是如何解释道德观念的演变历史的？”

尼采认为，现代道德的祖先，可以在“好”（gut）与“坏”（schlecht）之间古老的区别之中发现。虽然这两个词都象征着基本的价值，它们的原语义却与道德无关；相反，贵族阶级用它们来将自己与那些下等阶层区分开来，“好”就是“高贵的、有力的、高等的、高尚的”，而“坏”便是“低等的、卑劣的、普通人和平民”。尼采对这个标准的二分法的看法是，它“没有责难的含义”，也就是说，那些“好”的或者高级的，不怪罪那些“坏”的东西的低等。古代的贵族们对下层阶级的人在很大程度上是漠不关心的，正如富有天赋的运动员会看不起天资平平的运动员，因为他们没有威胁，没有竞争力。前者拥有“强有力的肉体，旺盛、充沛，甚至满溢的健康”，但这并不会转化成为他们对不如自己的人的敌意；相反，贵族阶级认为下层阶级是无足轻重的，根本不值一提。要说他们对后者有什么感受的话，也就是强者对于弱者的那一点儿同情了。就好像尼采对古希腊文中用来描述“坏”的那个词的看法一样：

> （这个词）总是和遗憾、体贴、宽容相混合，被它们所掩饰，所以最后，几乎所有指代普通人的词，都变成了意味着“不幸”的表述。

即便在我打篮球的巅峰时期，如果我和迈克尔·乔丹一对一，不管从他的角度还是我的角度来说，毫无疑问我都将一败涂地。只要他稍微认真一点儿，他肯定能让我一分都得不到。但是，更可能出现的情况是，球场上的我在他面前的微不足道，会让他觉得很无聊。可能他会很同情我，让我有几次跳投，而且我可能真的会起跳投篮。不过，比赛的结果一开始早就明摆着了。他的自信丝毫不会受到影响，而我只不过是一个小插曲罢了。

被尼采贴上了“**骑士－贵族**”标签的古代的价值区分是这样的：它将那些了解自我的人视为强者，其他则为弱者：

> 总的来说，较高的统治阶层对于较低的阶层——也就是“下等”阶层——的那种长期的、支配性的感觉，就是“好”与“坏”这一对立的源头所在。

这里，尼采想到的可能是荷马史诗中的英雄人物阿基里斯和奥德修斯。他们是强者中的强者，是卓越的战士，在任何时候，他们也不可能怀疑自己的杰出性。在他们的心中，自己所受到的一切称赞都是自己应得的，荣耀就是他们生命的指导原则。而那些地位低的人［像《伊利亚特》中的忒耳西忒斯（一名希腊士兵，喜欢骂人）或吕卡翁（阿尔卡狄亚国王）］，只不过是小小的无名之辈，根本不值一瞥。这就是“距离的悲怆”——这种真正的强者对于弱者的那种近乎无视的感觉——的结果：

> 长期无法战胜自己的敌人，经受不起意外事故，甚至承受不起自己的错误——这些是强大完整的禀赋的标志，在这禀赋之中，有着过剩的力量去形成，去塑造，去恢复，去忘记……这样的人能轻松抖落身上的害虫，而别的人却会被这些害虫深入地侵蚀。

我研究生时期的室友，是我遇见的最聪明的人。他独来独往而又自得其乐，很少在公共场合露面。但是，他心里很清楚地知道自己是我们之中最聪明的一个。他曾经给我讲了一件很有意思的事。递交了博士研究生申请以后，他收到了一封拒绝信。但是，他既不沮丧，也不生气。相反，他坚信这是因为**笔误**。结果还真是。

尼采字里行间那种对力量的赞美，可能会让读者感觉颇为不爽。但是，那就是他所想所做的东西，他知道自己的文章充满破坏力。道德的起源并非道德本身，所以我们认为理所当然的东西——也就是一切人类的基本尊严和价值，穆勒和康德理论的中心思想——并不总像杰弗逊所说的那样，是不言而喻的。我们不可能看到阿基里斯问自己，我的行为准则能否普世化？这样的问题，会让阿基里斯泯然众人，作为荷马史诗中的英雄人物，这事儿断不可能发生。阿基里斯也不可能计算自己的行为对普罗大众的影响。正如尼采所言，“功利的观点是不合适的，因为它可能面临一种炽热的最高等级次序的喷发，而这种等级将决定价值判断。”

与**骑士－贵族**的“好”“坏”对立相比，道德的区分是在于“善”（gut）“恶”（bose）之间的，这是个全新的情形。它的出现——至少根据尼采对西方文化那投机的重建来说——是“道德中的奴隶反抗”的结果。某些情况下，在那遥远的过去，下层的弱势阶层中，怨愤在不断累积并针对强势，最终：

> 从强势阶层手中夺取了权力。反过来，这引起了古代价值系统的巨大反转。**骑士－贵族式**的那种充满自我、对自身优越性本能自信的好坏区分，被当成了“恶”的，而善恶区分中的“善”，则变成了原本（好坏区分中）的“坏”。

尼采声称，这种革命是由犹太人领导的。他们鼓动了那些憎恨自己无力感的人的怨愤的累积，并且他们有着令人望而生畏的团结，敢于反抗贵族的价值等式（好的＝高贵的＝有权力的＝美丽的＝幸福的＝上帝所爱的），并将自己的反叛挂在了那因深深的憎恨（对自己无力的憎恨）

而咬得咯咯作响的牙齿上，说“只有可怜的人们才是善的；贫穷的人，无力的人才是善的；遭受苦难的，被剥削的，病痛的，丑陋的人们，才是被神祝福的，神赐福给这些所有的人——而恰恰相反，你们这些权贵是恶的，是残忍的，淫荡的，贪得无厌的，永不信神的；你们永世不得被神佑，永被控告，永受诅咒的！”

奴隶的革命扭转了奴隶们在贵族面前的劣势，将后者的自傲和自我肯定斥为不道德的极点。像阿基里斯和奥德修斯这样的英雄，变成了自私的典范，也就是，恶的典范。

前文说过，尼采的语言可能颇不令人愉快。它可以轻松地招致反犹太主义的责难。但是，事实上尼采说得很清楚，即使是犹太人领导了奴隶的革命——事实上，犹太人“背负着世界历史的重任”才这样做——是基督教为此奠定了基调，并最终为其负责。尼采讽刺地说道，“谁都知道是谁继承了这犹太人重估的价值”。正是因为基督教的传播，才填平了强弱、高低之间的鸿沟，并要求一切荣耀应归于上帝，而不是英雄们。基督教笃信一切人类都是上帝的子民，平等地享有上帝的爱，正是基督教掀开了道德主义的时代。随着这个时代的到来，“人民赢了——或者说‘奴隶’，或者‘暴民’，或者‘群众’，或者随便你怎么叫他们。”

尼采基于语言学的论证，我们现在不做评价，对我们而言更重要的事情并非他言论的历史准确性，而是他想要传递的思想。尼采假定，道德是存在谱系的，因而道德绝非一成不变，从而驱使读者去对它严加审视。（从这个层面来说，他对于道德奴隶革命的解释可以解读为类似卢梭对自然状态和堕落入社会的解释；亦即，解读为一个哲学上的挑衅故事）为此，他提出了下面这个问题：

> 在什么情形下，人类发明了善恶这种价值评判？而善恶本身又具备什么价值呢？它们因而妨碍了还是促进了人类繁荣？它们象征着痛苦，贫穷，还是生命的衰落？或者，反过来说，它们彰显了生命的富裕、力量、意志、勇气、笃定和未来吗？

还有一个悬而未决的问题是：道德本身是善的吗？或者说，它是“危险中的危险”吗，它是否远远未能体现人类进步，反而是一种腐烂和自我憎恨的症状？它是一种心理健康疾病，还是它要我们否定人类真正的本能？尼采这本书的伟大贡献并不在于它世所公认的对道德谱系的重建，而在于他所提出的关于**道德家的健康**的问题。他的诊断十分冷酷：

> 道德的奴隶革命，是当怨愤本身成为一种创造力，并催生出价值观——对那些否定真实反应的天性的憎

恨，对那些行为的憎恨——并在此基础上通过一种假象的复仇来补偿自己的时候开始的。每种贵族道德都从一种得意扬扬的自我肯定中发展壮大，而奴隶道德从一开始便对“外在”的东西、“不同”的东西、“非自身”的东西说不；这个“不”便是它的创造行为了……为了生存，奴隶道德总是首先需要一种敌对的外部世界；从生理上来说，它需要外部的刺激，否则便根本不能行动了——它的行为是完完全全的反应。

为了说服自己他是“善”的，道德家们需要谴责那些“恶”的。他自以为是、高傲自大，总是唱反调，他的热情就像燃油，只有在发现了别人的错误时才会点燃。因而，他的行动确实只是反应而已。他的目标，是那些名流或者肯定自我的人，以及那些打心底里感觉自己比别人高等的人。

为了对比阐明起见，我们简短地回到康德身上来。康德描绘了四种人与道德责任的关系，其中只有一种是具备真正的道德价值的：抵制自私的倾向，以图让行为准则能够普世化。他举的例子，是一个长期病痛的人，想要终结自己的生命，但却因为自杀在道德上是错误的而没有那样做。相比之下，像烘焙店主给予小孩正确找零（童叟无欺）的做法——虽则也是合乎责任的行事，但却有着双重的目的（为了诚实，但也为了维系自己在顾客中的名声）——

是没有道德价值的。通过**定言令式**来表述的康德主义道德要求行为人对自身的诉求给予否定。但是，它也要求准则要能普世化，而这需要行为人将自己置于与他人同等的位置。任何没能做到这一点的人，就应被斥为不道德。它意味着，道德规则并不允许任何例外的存在。实际上，不道德行为在本质上正是让自己成为普遍规则的例外者，然后合理化自己的行为。

相比之下，尼采歌颂独特性，控诉那些道德家们病态的自我欺骗。因为，那些**披着普遍正当的外衣，公开行善的人**，实际上却因愤恨而沸腾，他们需要让自己凌驾于那些被他们严斥为自私的人之上。他们宣称自己为他人的福祉忧心不已，但在他们道德说教的背后，其实在表达着对自我肯定和权力的迫切需要。

想一想那些著名的政治家或者牧师们。他们热情高涨地谴责同性恋，自己本人却是个遮遮掩掩不敢出柜的同性恋者。这些扭曲的灵魂，他们对别人的谴责掩盖着自己的贪欲，这贪欲在他们的血液之中奔突不止。他们对恶的讨伐，实际上是自我仇恨的表达。既然不能公开地表达自己的欲望，他们就鞭笞别的人来维系自己的心理平衡。

这个极端的例子之所以给人启发，是因为它迫使我们去思考正当愤怒的黑暗面。用尼采的观点来说，虽然道德主义似乎要求对行为者力量的自我克制，实际上它的原动力却是主张那种力量的冲动。虽然它认为自我主张是恶的，它本身却只不过是一种变相的自我主张形式而已。这是因为，只有通过将做错事的人严厉斥责为“恶”，因而理应受到惩罚，道德家们才能保住自己作为“善”的地位。虽然公开宣扬自己博爱，但它真正享受的却是给予惩治；虽然它谴责傲慢的原罪，它自己却又自豪地这样做。

相比之下，骑士－贵族的那种“好－坏”区分的“善”在于，它本身是完全清晰透明的，因而无须针对别人，以维系自我的强烈存在感。它认为自己的力量深存于自己的骨肉血液中，并且急切地发挥它们。在尼采看来，它反而较之道德主义者更加诚实和健康：

> 而贵族的价值模式是：它一边行动一边成长，它只在为了更快活地、更得意地肯定自己的时候才会去寻找敌手——它的反面概念，“低等”“普通”“坏”等，都不过是紧随其后出现的一幅苍白图像，和它相比显得反差巨大的是它本身积极的基本概念——它充满了彻头彻尾的生命力和激情——“我们这些高贵的人，良善的人，美丽而快乐的人！”

尼采对欧洲文化命运——**正是被康德和穆勒的道德主义**（以及其他因素）所塑造——最大的担忧是它的平等主

义将把人类竞争的运动场搅得天翻地覆，导致真正的卓越（它总是一种例外情况）变得不再可能。这是因为，**定言令式**和**普遍幸福原则**都给那些例外的少数人的自我主张，也给生命本身，覆盖上一张毯子。

> 欧洲人的减少和均等化，构成了我们最大的危险，因为它的样子让我们厌倦。我们今天再也看不到任何东西想要变得更伟大……这恰恰变成了欧洲的结局——伴随着人类的恐惧，我们失去了对他的爱，对他的礼敬，对他的希望……如果不然，怎么会有今天欧洲的虚无主义？我们厌倦了人。

基督教现代发展中的善恶区分导致了虚无主义（认为一切都没有意义）的出现，这恰恰是因为它否定了伟大的可能性，以及那些自爱的人们同步做出快乐行为的可能性。这是一种病态。

讲到这里，或许你会对尼采的观点持有强烈的保留意见。他的语言是这么激烈，似乎打开了通向最可怖的虐待的大门。实际上，他的这些观点已经被用于捍卫一个又一个宣称自己高人一等的虚假宣言。例如在20世纪30年代，纳粹就利用了他的作品，还有在1924年的一个著名案例中，他的作品启发了两名少年（利奥波德和勒伯），他们谋杀了一名男孩，只为了证明自己是（他们自认为的）尼采式的英雄人物。有人认为，尼采的语言过于危险，应该被彻底封禁。但是，那样做会是个错误。

回想一下“距离的悲怆（pathos of distance）”这个短语。身为少数的贵族们并不憎恨或者希望去伤害那作为多数的“坏”的下等人们，相反，他们认为后者是无关紧要（inconsequential）的。他们无意去把后者单列出来，并像那些道德家们对所谓的“恶”者所做的那样，对其施以怪罪或惩治。相反，据尼采的语言学分析所言，他们对那些下层的人们感到一种温和的同情。实际上，他认为——这里，他大胆地忤逆了一个基督教陈词滥调——只有在贵族的“好－坏”区分的时代，“才可能真正‘爱你的敌人’”。在道德主义的时代，这样的爱是断不可能的，因为“善”的人们已经被仇恨所占据了……这种对“恶”的仇恨之上，披着善行和道义愤慨的外衣。

对于尼采的著述将催生暴力怪物的畏惧，或许可以从下面这一个例子得到缓和。一个穷人，从一名贵族富人那儿借了钱，但是没能准时还上。根据严格的正义规则的话，这穷人理应被惩罚。但这贵族太富有了，不仅富有金钱，还富有乐善好施的精神，因此，在这种“距离的悲怆”的激发之下，他对穷人的越轨行为视而不见，于是他并没有贯彻那抽象的道德规则，他运用了仁慈。这种施予与仁慈的行为违反了一视同仁的原则，它无缘无故地（除了掌权者决定仁慈之外）免除了某些人应受的惩罚（让这些人成了例外）。不过，这种明显的不公平（不公正）的行为，贵族们丝毫不以为意。贵族

> 眨了眨眼，就让那些无力偿还债务的人走了，不予追究。正如地球上别的每一件好事一样，它（贵族）最后以战胜自身为结局。这种对公正的自我战胜：人们知道这种行为本身的美名——仁慈。毫无疑问，仁慈是那些最有权势的人的特权。

尼采说的贵族没有以伸张正义为名泄愤，只是对那些笨拙的下层人们“眨了眨眼”。他没觉得有什么必要去惩治那些低于他的人。身为富有而强大的贵族，他完全可以仁慈待人，即便这意味着破坏“欠债还钱天经地义”，欠债不还就应接受惩罚这个规则。

尼采的道德谱系虽然显得离经叛道，但他也希望它能够重振欧洲的精神。在他看来，当代文化已经受到了基督教道德家们（例如康德和穆勒）所呼出的“坏空气”的全面毒害，他们以平等的名义，正当地压迫那些例外少数人，称他们为“恶”人。他那尖锐的批判，乃是为了清理战场，好让一种更健康的人类能重新自由穿梭起来，这种更健康

的人类，怀着一种“战争和胜利增强的精神，对他们而言，征服、冒险、危机甚至痛苦都是一种需要……唉，总之，它要求的正是这样的伟大的强健”。他以激进的非基督徒的方式，将自己的希望表达在这样一句祈祷词中：

> 但是，请不时赐予我——如果真有超脱于善恶之界的神圣的女神存在的话——请赐予我眼力——一眼就足够——让我能看到那些完美的东西，完全实现了的，幸福的，强力的，得胜的，以及仍然能够让别人闻风丧胆的东西！那些能捍卫人的人，那些为了永葆对人的信任而充当补充和救赎的幸运！

至于，尼采那有时显得过分华丽的辞藻的危险性是否超越了它的哲学价值，就是你要思考的问题了。道德主义的精神，平等主义的精神，它们都那么频繁地被拿来与文明的进步相提并论，这真的对我们有害吗？这有没有阻碍人的创造精神，抹杀掉“伟大的强健”的可能性？又或者，它有没有体现一种对于那些不如我们幸运的人的完全合理的、人文主义的担忧？

我孩子上小学时，偶尔会戴着丝带回家，表明他们成了某种运动比赛的胜者。因为我的孩子们都不善于运动，所以我觉得挺意外。原来，班上的每个孩子都领到了同样的丝带,只为了表彰他们的参与精神。这件事,是应该警惕?还是应该感到欢欣鼓舞,因为它细心地照顾到了每个人,这样每个孩子的心都不会受伤?

不管你一开始对尼采的反应如何,至少,我们应该给他这样的赞扬:他在努力理清这个问题,什么是最好的,什么是最健康的,生命最真实的人性形式是什么?他拒绝接受传统的,或者众所接受的答案。对他来说,卓越的生活是从道德的禁锢之中解脱出来的,因而能够歌颂它自己的特殊力量。他讲了一个小故事(或者小寓言)来凝练自己的观点:

> 羊羔厌恶凶猛的食肉鸟,这并不奇怪;但它没有任何理由责备这些猛禽俯冲下来掳掠小羊羔们。如果,在羊羔们之间有羊说,“这些食肉鸟是恶的;因而,那些最不喜它们,更与它们对立的那些羊羔——怎么可能会不是善的呢?”这种理想的划分我们没有理由去挑剔它,不过,可能那些食肉鸟们会讽刺地说,“我们一点儿也没有不喜欢这些良善的小羊羔们;我们甚至爱它们;毕竟,没什么比鲜嫩的羊羔肉更好吃了。”

他的话不由得让人想起基督教中牧羊人和羊群的形象,这恐怕不是巧合。但是,尼采却将它剖析了个底儿朝天。

如果要求食肉鸟们在道德上尊重羊羔并对它们平等相待，这必然会否定这些猛禽的本质。吃羊就是猛禽的本质，如果要它们去吃草，那将破坏掉它们本质的力量。这就是尼采的卓越生命概念。他梦想着这样一种时代：那些强有力的、富有创造力的、率性而为的人们将不再被镣铐加身，不再害怕宣称自己的优越会冒犯大多数人。他的理想，是一种没有了被压抑的欲求所形成的隐患的心理的活力。当然，这可能听上去仍然相当可怕。或者正如他对仁慈和“距离的悲怆”的评论所说的那样，它可能会激起承诺和激动人心的希望。

论辩的解决：德行还是力量？

无论二人的理论差距有多大，亚里士多德和尼采仍有某种共同之处。他们都存在的一个问题是：我们该效仿谁？他们的答案，都表明自己是个精英主义者。他们的理想，便是最大化的活动、繁荣、生命力，以及巨大的心理健康。

从道德家们的角度来说，二人都给人严重自我中心的印象，而且在某种程度上的确如此。不过，二人之间又有云泥之别，这差别主要源自他们对自我的认知差异巨大。

对尼采来说，人类这种动物从根本上是有意志的，创造性的，并且独断的。因而，完全实现的、最诚实的人生，是一种对自身改变世界的力量，尤其是创造价值的力量的不加掩饰的表达。这正是《论道德的谱系》一书要传达的信息：好坏是随时间而变化的，因而这种变化的行为者最终将具有超越其他人的巨大力量。对亚里士多德来说，人类的善是一个稳定的目标（或 telos），每个人（无论是否有意）都在追求这个目标。不论表现形式如何，这都是一种可持续的幸福（它见于德行的行为），一种对理性的卓越运用。这是完全实现了的人类天性。这说明，这是一种客观的善，可以通过推理发现的善。这正是《尼各马可伦理学》的任务：实现一种真正的逻格斯（logos），一种对幸福的理性的解答；也就是，对我们的存在的意义和目标的一种解答。

相比之下，尼采是某种相对主义者，反对任何形式的目的论。用尼采的话说，那被当做“善（好）”的东西，根据它的对立面是**“坏”还是“恶”而改变其形象**。除了他们二人，我们还有别的选择。价值观人皆有之，而那些有力量的、创造性的人才是执牛耳者。这和亚里士多德相反，认为真理在这个过程中并没有什么特别的作用。因此，尼采认为，“主动精神”——将自己的意愿加在别人的意愿之上——最终能实现的，或许只是“用可能替换掉不可能，用一个错误替换掉另一个”。真正重要的，并不在于一个价值体系，或者对人性的概念，是否客观而真实，而在于它已经存在并运行于世。这样说，亚里士多德或许会感到震惊。但无论如何，他寻求真理，这在尼采看来，说得好听是有问题，说得难听是可笑。

在这个问题上，实证科学能帮得上我们吗？或许，神经科学能告诉我们人脑是否在根本上就是富有创造力，或者理性的。或许，研究过异域文化的人类学家能拿出数据，表明各种异域文化都有着自己独特的世界观、价值观；换句话说，没有任何一种价值体系，是雕刻在石头上，一成不变的。

一如往常，裁定一对哲学论辩的标准需要具备一致的根据，清晰而真实的前提，以及站得住脚的结论。因而，严肃的读者的任务，便还是一样的：必须仔细地研究这两位哲学家。但是，在研究开始之前，我仍然推荐做一个预备练习：你需要弄清楚自己的直觉倾向在哪，然后才能完全地进入这一对论辩之中。

首先，要退一步问自己，你是否从根本上愿意参与到这对论辩中来。阅读《尼各马可伦理学》和《论道德的谱系》之前，先掂量一下自己对两位作者像是要传递的精英主义的反应如何。可能，你的同情心一向如同杰斐逊一样深重，认为人们生而平等是不言而喻的，因而人人应享有同等的人权。或者，你相信我们都是上帝的子民，因而我们平等地享有上帝那无边的爱。若果真如此，那么亚氏和尼采恐怕都会将你逼到防御态势，或者至少，让你紧张不已。可另一方面，如果你在任何事情上都很享受竞争，如果你怀疑竞技运动——及其为取胜所做的奋斗——以及其胜负双方并不能提供什么有用的最好人生的模型，那么可能上文刚刚谈到的这两位思想家会吸引你。如果是后者，你在此二人中间将做何抉择呢？

下一步，做另一种自我评估。衡量一下你对于这两位思想家所用的语言的反应。亚里士多德的文章少有文采，就好像他被剥夺了　　华丽的辞藻一样，大声读他的文字十分无趣。然而，这没有什么好奇怪的，因为他首先是一位理论思想家，他的著作有条不紊、耐心细致，关注细节。相比之下，尼采的文字有时候显得狂躁而激动人心，几乎是史诗一样。

你更倾向于他们中谁的理论？这个问题或许显得有点不搭边，至少，对一个哲学家来说是不相干的。毕竟这个问题问的似乎只是文风，而非内容。不过另一方面，他们两位的写作方式或已很好体现了他们的思想。亚里士多德冷静、系统，有时甚至沉闷乏味的论述，预示了他的信念：真理是终极的奖赏（只有少数人才能得到）。在他看来，因为人生的意义和目的是稳定而理智的，因此持续的智力劳动能够导致对人性的理解。他的这种写作方式，隐晦地号召其读者加入到这个理论阵营中来。而对比之下，对尼采来说，创造力和恣意纵横的力量表达是最好的人生所不能缺少的，他那炸裂般的文风便反衬了这种观点。那么，你倾向谁呢？

或许你已经开始怀疑了：尼采的观点可能会受到以下几种攻击。你还记得，他是个相对主义者，否定任何客观良善，或者人类奋斗的终极目标的存在；相反，他认为价值是由人创造并随历史而演变的。那么，他又如何能够始终如一地维系其自己的卓越人生理论（他对自己理论的捍卫显得相当强硬），同时抨击传统道德呢？如果一切价值系统都在不断变化，新老交替如长江后浪推前浪，那么又有哪个价值体系称得上比别的体系优越呢？

哲学家们管这叫作“自我参考论证（self-reference argument）”，它早就被用于针对相对主义者了。当他们宣称“不存在客观真理”为己所用，实为自取灭亡。这是因为，如果它是正确的，它便也是错误的。如果真的不存在客观真理，“不存在客观真理”这句话本身亦非客观真理，那么相信这句话，便和相信“存在客观真理”没什么两样。下面，我们再来看这句话：“一切价值都是创造出来的”。如果真是如尼采所宣称的这样，那么就没什么价值是生来优越于别的价值的，一切价值体系都不过是某种特定的权力高峰的一时体现，都将在未来被新的价值所取代。可是，尼采自己对于现代欧洲的批判是那么地尖锐，他必然不可能认为现代欧洲能够比肩，比如说，他本人极力推崇的荷马时代的希腊。通过他对不同文化的这种显而易见的褒此贬彼，他是否会自相矛盾？至少，亚里士多德一定会这样批评他。

尼采会作何回应？或许，他会对亚里士多德嗤之以鼻。他或许说，谁在乎我有没有自相矛盾？我是个自由的灵魂，有创造力，而且我又不以推理论证为生，根本用不着生产逻格斯（logos）。说实话，我的语言是接近诗人的语言的。它们的任务，并不是有理有据地捍卫自己的主张。相反，它们的任务是表达，以自己会的一切方式，表达那纵横交错的、推动人类的潮流和强烈冲动。

这些都只是提议，但我希望，它们能够激励你去长久地、认真地思考这一论辩。这是因为，所涉及的这些相互对立的观点，都是根本的立场。下一章，我们还将遇到这些对立观点的不同版本。

注

1. 亚里士多德关于存在至善的论证——至少在我的复述里（作为间接论证）——是很容易招致批评的。找找看，容易被批判的地方在哪里。

2. 认为个人和政府都有道德义务去采取行动延缓气候变化步伐的一本书，名为《气候问题：温暖世界中的伦理》（*Climate Matters: Ethics in a Warming World*），作者约翰·布鲁姆（John Broome）。关于慷慨激昂地呼吁政治行动，可以参阅《地球：新星球上的艰苦人生》（*Eaarth: Making a Life on a Tough New Planet is a book written*）一书，作者比尔·麦继本（Bill Mckibben）。

3. 能够帮助你继续对亚里士多德研究进行思考的一本好书是《亚里士多德〈尼可马可伦理学〉导读》（Nicomachean Ethics: An Introduction），作者迈克尔·帕卡鲁克（Nichael Pakaluk）。保罗·凯沙法娜（Paul Katsafana）的《行为人和伦理的基础：尼采构成论》（Agency and the F）对尼采理论提供了较为艰深却十分出彩的辩护。

4. 布罗尼斯拉夫·马林洛夫斯基（Bronislaw Malinouski）在其开创性的人类学著作《西太平洋的航海者》中（Argonauts of The Western Pacific）对多元化这个问题提出了很有意思的见解："在把握他人实质观点时，出于尊敬和真实的理解，哪怕对野蛮人我们也会不由自主地扩大自己的观点。如果我们从来不能脱离每个人生来所受的风俗、信仰和偏见的狭隘桎梏，我们就不可能领会'了解你自己'这一终极的苏格拉底式的智慧。在这样一个终极重要的问题上，没有什么能比这种思维的习惯教会我们更多了，它让我们学会用别人的观点来对待别人的信念和价值。"

第五章
我们该效仿谁？（2）

问题

我们之中，谁最能代表身处顶峰的人类？谁最彻底地彰显了我们最伟大的可能性？他们的言谈举止如何？他们都谈些什么？坐在他们身旁感觉如何？伦理学家们问了一个相关的问题——我们该做什么？——但他们并不参与这样的探究。相比之下，尼采和亚里士多德就会十分热衷。同样热衷于这个问题的，还有来自中国的两位伟大的思想家：孔子和老子。虽然他们的著作和我们业已讨论过的那些著作的风格迥然不同，但他们所试图解决的问题是类似的：他们也都在探索，怎样的人生是卓越的人生。

孔子的回答

📖 孔子，《论语》

孝悌

根据《论语》（英译：Analects，另译作 Sayings，意为“语录”，成书于公元前 5 世纪左右），孔子认为，卓越的种子必须及早种下。他说，“弟子，入则孝，出则弟”（学而第一）。这些话说明了一种被称为孝悌的美德。孩子应该尊敬和顺从父母。乍看上去，这似乎不过是一个特别细碎的老生常谈而已，但对孔子而言，它的含义十分深远。比如说，他认为孩子不仅要顺从父母，还要尽可能与父母同住。“父母在，不远游，游必有方”（里仁第四，19）。更极端的，他认为孝悌应该超越死亡的界线，“三年无改于父之道，可谓孝矣”（里仁第四）。

最后的这句教导，揭示了孔子世界观的一个决定性的特征：它是极度“保守的（conservative）”[这个词的拉丁文词根（conservare）表示“保持，维持，保卫”]和“传统的(traditional)”(词根为 traditio,表示“传承”或“移交”)。父亲将某种处事方式传给儿子，儿子就必须得维系它并再度传给自己的后代。简单来说，在传统社会里，子女们必须唯父母之命是从。它的目的在于将事物的样子维持下去，它的视野是周期性的，而不是线性或者进步的。

孔子相信，孝悌是我们社会生活和政治生活里一切美德的根本：

其为人也孝弟，而好犯上者，鲜矣；不好犯上，而好作乱者，未之有也。君子务本，本立而道生。孝弟也者，其为仁之本与！（学而第一）

（释义：孝顺父母，顺从兄长，而喜好触犯上层统治者，这样的人是很少见的。不喜好触犯上层统治者，而喜好造反的人是没有的。君子专心致力于根本的事务，根本建立了，治国做人的原则也就有了。孝顺父母、顺从兄长，这就是仁的根本啊！）

孝悌就像一棵枝繁叶茂的大树，长出了树干和无数的枝丫。同理，一个孝顺父母的孩子，长大以后就会懂得“入则孝，出则弟，谨而信，凡爱众，而亲仁”（学而第一，6）。他将尊重权威，尽社会责任，更重要的，决不会从事“革命”。他将变成一位真正的“绅士”，或者说“君子”。这就是“道（Way）”，社会从原始的亲子间（血缘）关系一步步发展的自然过程。

“道”这种关于有机发展的概念，有助于我们理解为什么孔子要儿子守孝——并维持父亲传下来的家族传统——长达三年之久。通过他的计算，三年这个长度，正好是婴儿抚育的最初阶段。“子生三年，然后免于父母之怀”（阳货第十七，21）。守孝这个仪式，象征着良善的人类生命的自然循环，也灌输着一种对这种循环的欣赏；人之将死，就应得到当初含辛茹苦养大的子女的反哺。

五十多岁那会儿，我被两个责任夹在了中间。我父亲年事已高，我必须照顾好他；我的孩子还小，也很需要照看。于是，我只得两头奔忙。但很奇怪的是，我很少有被别人侵占我宝贵时间的那种厌烦感，事实上，我甚至觉得，这段时间是我人生中最有收获的时期。我能想到的最好的解释，便是儒家学说。我人生中的那段时间，正当壮年的我很能够照顾他人。那时候的我，在智力、情感和事业上都已成熟，已经做好了接棒的准备。与我相衔接的两代人，都需要我的帮助，而我感到理所应当去为他们提供。父亲养育了我，然后我照顾了他。不出意外的话，将来我的孩子，有一天也会一样照顾我终老。我有责任，也希望去维持这种周而复始的生物变化。

可能你心中已然有了一个问题：万一父亲是个恶人，怎么办？他的子女仍然有义务顺从他吗？孔子这样回答：如果你认为父母思想有误，你应尊敬地陈清你的观点，但如果你没能劝阻他们，你还得顺从：

事父母几谏，谏志不从，又敬不违，劳而不怨。（里仁第四）

这个说法可能令人不安。如果父亲是个瘾君子，或是个暴力狂呢？子女还是应该顺从他吗？难道就没有什么时候，孩子不应该屈从于权威，为自己考虑吗？在政治的角度上来说，如果你生活在一个独裁国家，你怎么办？或许你应该持有异见，甚至考虑叛国。但是，孔子似乎无条件拒绝了这种可能性。

这个问题隐含着保守主义的困境。传统主义者推崇稳定性和持续性，任何一个在破碎的或者混乱的社会里饱尝生活苦难的人，都知道稳定和持续是多么宝贵。只是很多时候，这样的社会福利背后的代价实在太高了。那么，孔子如何捍卫他的这种显得一成不变的孝悌，以及紧随孝悌之后而来的一切？讨论这个困难的问题之前，我们不妨再进一步了解他的思想。

仪式

孔子认为，要维系高效的社会体系，至关紧要的工具便是仪式。为此，他随口举了一例："齐，必有明衣，布。齐必变食，居必迁坐（释义：斋戒的时候，一定要有浴衣，浴衣要是布做的 [玉食锦衣是不行的，因为这不符合斋戒的本义）；斋戒时，一定要改变饮食，不沾酒荤；居处也要变动（为的是能够不与妻妾在一起，而洁身敬神）。]"（乡党第十）。这里面的细节并不重要，重要的是这句话所揭示的仪式的性质。首先，仪式自有其固定的规则，且必须不断地贯彻这些规则。遵守这些特定的做法，是仪式和偶发性的日常生活的区别之处。按上面的话所说，行斋戒之人必须身着特定的衣物，其中的要点不在于这衣物是否布衣，而在于它不能是日常所穿的衣服。通过这一系列的方式，仪式在空间和时间上划清了自己与日常生活的界线，从而标志了与寻常事物的不同。

你可以想一想每年 11 月自己家里的感恩节大餐。这不同于普通的聚餐，平时你不会吃蔓越莓；平时你也不会把折叠的餐桌全拉出来，召集十几个人共进大餐，只有家里的几位核心成员吃饭而已；平时也不会在午后吃那么多。这是个特殊的日子，它唤起你对食物和家人的感恩之情，对室外寒冷彻骨而你安全地在室内享受温暖的感恩。通过打破司空见惯的日常，仪式创造出一种特殊的环境，鼓励人们停下匆匆的脚步，去注意一些平时不注意的东西。在合适的仪式上面，孔子押上了一切。诚如他的话所说："克己复礼，为仁。"（颜渊第十二）

但是，孔子这种对于孝悌的坚持所引致的一个担忧是，这样一年又一年机械地重复某种惯例，我们会变得更美好吗？孔子说，并不。这是因为，他认为，如果仅仅是重复某个仪式而又不培养相应的心理或情感状态，是毫无价值

的："居上不宽，为礼不敬，临丧不哀，吾何以观之哉？"（八佾第三）

当然了，不论在他的时代还是当今，许多人（或大多数人）只是跟着动机走罢了。感恩节的感谢活动上，你真的给予过多少呢？或者说，你是否仅仅专注于招呼那些恼人的亲戚了呢？显然，孔子已然认识到了这个现象。不过，他仍然会坚持认为，这种一年一度的礼仪是一定要维持下去的。这里，他所想的就与亚里士多德颇为不同了，他想的是习惯化的价值。即使你的上一次感恩节晚餐是个灾难，但这是你习惯了的事物，今年你仍然还会过这个节，而且，如果这个 11 月你没有过感恩节的话，还会十分想念。如果你的父母多年来一直在举行感恩节晚餐，当你成为一家之主以后，你大有可能也会这样做。就像亚里士多德式习惯（它一般是儿童时代被外来的压力所塑造出来）一样，孔子（儒家）的仪式也同样会养（灌输）成适当行动的范式。它们并非漫无目的的偶然结晶，它们就是传统。

正如亚里士多德一样，孔子的世界观也是既发展又分层的。有的人（可能多数人）会不假思索地遵守传统做法，并不是因为他们受人之托或是受人之命去这样做，只是因为他们养成了这个习惯而已。别的人（比如孔子本人）则会思考仪式的意义和价值。当然了，孩子一般属于前者，他们能做的，最多听从长者的话而已。不过，很多大人其实行事仍然像个孩子；他们需要外界给他们严格的规定，才能够表现良好。孔子给这些不同的人划分了明确的等级界线：

中人以上，可以语上也；中人以下，不可以语上也。（雍也第六）

（释义：中等水平以上的人，可以告诉他高深学问；中等水平以下的人，不可以告诉他高深学问）

孔子认为，那些只机械地完成动作的人，就算是经常这样做，也丝毫称不上是礼仪的行为。孔子说："人而不仁，如礼何？人而不仁，如乐何？（释义：一个人没有仁爱之心，遵守礼仪有什么用？一个人没有仁爱之心，奏乐有什么用？）"（八佾第三，3）同样的，他也尖锐地批评了那些坚持完成孝悌的行为却只流于形式，并不真的具有孝悌之心的人：

今之孝者，是谓能养。至于犬马，皆能有养，不敬，何以别乎？（为政第二）

（释义：现在一般人谈及孝道，只是认为能供给父母的生活所需就行了，却往往忽略了对父母的敬意。就好比狗、马等牲畜，被主人饲养，主人对他们却不存有敬意。子女供养父母，若不存敬意，那么和饲养狗、马又有什么差别呢？）

简而言之，孔子和亚里士多德一样，都是精英主义者。“民可使由（道）之，不可使知之。（释义：对于民众，只能使他们按照我们的意志行事，但不能使他们懂得为什么要这样行事）”（泰伯第八）在他看来，不同的人应承担不同的社会职能，“君君，臣臣，父父，子子。（释义：做君主的要像君的样子，做臣子的要像臣的样子，做父亲的要像父亲的样子，做儿子的要像儿子的样子）”（颜渊第十二）其中既有掌权者，又有顺民；既有种谷之人，又有卖谷之人。人们应该了解且各司其职，这就是一个保守人士心目中的安稳、等级、和谐的社会。

对此，你可能会嗤之以鼻。但是，在否定他之前，我们不妨作如下思考。孔子或许确实是一位精英主义者，但他并不认为血缘关系、财富，或者权力，能让一个人成为“君子（superior）”。美德是个性格问题：

……未若贫而乐；富而好礼者也（释义：不如虽贫穷却乐于道，虽富裕而又好礼之人）(学而第一)……吾有知乎哉？无知也。有鄙夫问于我，空空如也；我叩其两端而竭焉。（子罕第九）（释义：我有知吗？

我实是无知呀！有鄙夫来问于我，他心空空，一无所知，只诚恳地来问，我亦只就他所问，从他所疑的两端反过来叩问他，一步步问到穷竭处，就是了）

原则上，各个阶层的人都可以成为君子，这是因为人类“性相近也；习相远也”（阳货第十七）。我们都有共同的天性和相应的内在可能性，但我们又相距甚远，因为我们碰巧出生成长的环境不同。正如孔子所说，“有教无类”（卫灵公第十五）。孔子和穆勒一样，都深信教育的力量。我们都生来具有追寻道（Way）的秉性，只是因为得到的教养不够，才会偏离（道）那么远。由此可见，我们中的那些成功者，理应致力于改善社会和教育体系，造福所有人。

领导力

我曾经遇见过一个人，他刚从一家声望卓著的学术机构退休不久。他给我讲述了他得到那份工作的来龙去脉。面试开始以前，他偶然遇到了一位研究中国文化的学者同事。他本人从没有做过任何行政职务，于是就问这位同事，面试上自己该讲些什么。同事建议说，你可以讲一条简单的儒家道理：好的领导以身作则。孔圣人是这么说的：“为政以德，譬如北辰，居其所而众星共之（释义：以道德原

则治理国家，就像北极星一样处在一定的位置，所有的星辰都会围绕着它）。”（为政第二）

北极星遥远而明亮，始终悬在北方的天空上，因而航海者们能靠着它找到方向。那些杰出的统治者也是一样，他们或许距离人民很远，但其在实施礼乐刑政的过程中光芒闪耀，始终在指引人民。这个比喻生动地说明，最好的统治者并不依靠强硬手段治国，更不会为了让人民行为良好而以惩罚相威胁。“其身正，不令而行；其身不正，虽令不从”（子路第十三）。

> 道之以政，齐之以刑，民免而无耻；道之以德，齐之以礼，有耻且格。（为政第二）
>
> （释义：如果用政治手段来治理，用刑罚来整顿，老百姓就只求免于犯罪，不会有廉耻之心；如果用道德来治理，用礼教来整顿，人民就不但有廉耻之心，还会人心归顺）

这句话说明，以身作则的统治对民众而言有着巨大的吸引力，能激发人民天性的良善。而光以法令和刑罚来治国却会起到阻碍作用。高压手段的统治是通过恐惧来进行的，这会压抑人民的成长。就好像水自己会流到海里，只要那些有德行的人彰显了“道”，那么只要没有受到阻拦，人民也会自己追寻“道”。如孔子所言：

> 恭则不侮，宽则得众，信则人任焉，敏则有功，惠则足以使人。（阳货第十七）
>
> （释义：恭敬就不受侮辱，宽厚就能得到别人的拥护，诚实就会得到别人的信任，勤敏就会有功绩，慈惠就能指使别人）

这句话或许显得过分乐观了，至少亚里士多德一定会这样认为。在亚氏眼里，要治理国家，大多数民众需要的远远不止楷模的带头作用。这是因为，人民是被激情所主导的，而非理性；而“激情不会屈从于推理或语言（逻格斯，logos），只会屈从于力量”（《尼各马可伦理学》，1179b29）。因此，秩序井然的社会需要（由那些具备实践智慧的人制定的）严格律法，通过惩罚的威胁来锻造人民的良好行为习惯。对此，孔子并不认同：能塑造多数人的是礼，而非法。

虽然你并不是统治者，但也同样能思考这个问题。或许，你已经思考过怎样才能教好孩子，带好球队，或者上好一堂课的问题。例如，教授如何才能让学生们不在课堂上刷脸书（Facebook）？通过禁止笔记本电脑和手机——并且惩罚那些违反这条禁令的学生——还是让讲课（以及课堂礼仪)足够引人注目,学生们根本不想再看屏幕,只想听讲?孔子倾向于哪个办法是显而易见的。威胁惩罚或许能获得短期的效果,但最终只会适得其反。教授的目的是帮助学生成为成熟的、有思想的、自力更生的成年人,让他们自发地规范行为,而不是拿着教鞭吓唬一个孩子。

目的论

一则好的故事,至少在传统观念里,是具备开端、中间和结尾的结构完善的整体。孔子就讲了一个关于自己的故事:

> 子曰:吾十有五而志于学,三十而立,四十而不惑,五十而知天命,六十而耳顺,七十而从心所欲,不逾矩。(为政第二)
>
> (释义:孔子说:"我十五岁就立志学习,三十岁就能够按照礼仪的要求立足于世,四十岁遇到事情不再感到困惑,五十岁就知道哪些是不能为人力支配的事情而乐天知命,六十岁时能听得进各种不同的意见,七十岁可以随心所欲 、收放自如却又不超出规矩。")

通过这样一个理想化的人生道路的故事,孔子告诉我们：15 岁时他便开始自己思考。他没有展开说，因而，我们必须推测。

和大多数孩子一样，小时候的孔子只需要按照父母长者之命行事就可以了。但当他到了 15 岁，他开始思考。可能他开始对父母进行的仪式感到好奇，于是开始研究这些仪式的起源。也可能，他对家中传统开始怀疑，甚至开始抵制某些传统。无论如何，不管他做了什么，至少在他后来的回顾当中，他所做的都是学习。他开始了从孩童到有自知之明的成年人的长期追寻。

大概到了 30 岁的样子，他“而立”了。用现代语境来说，他有了稳定的工作，有了自己的家庭，买了一幢房子，还成为了社会中的一个羽翼丰满的成员。那个不时迷茫的少年已经消失了。这并不是说他已经没有了任何的困惑和怀疑，因为，哪怕在下一个十年里他仍然感到“惑”。正如今天 30 多岁、膝下有子女、身上有房贷的年轻父母一样，他也时不时地感到未来是没有尽头的束缚，感到很想卸下自己身上的包袱。但是他没有这样做，到了 40 岁，那些困惑大多数消失了。但是，路还要继续走下去。

到了 50 岁的年纪，此前 35 年的学习起作用了。他知道了“天命”——人生的正确道路。他不仅克己复礼，还对此抱有信念，十分清楚它们的价值。但是，即便实现了心灵的和谐，那种内外合一的感觉还没有出现。他仍会不时感到怀疑，因而必须跳出自我来观察自己，或许还需要向父亲或别的长者寻求指引。只有到了60岁以后，大约他的父亲已经去世，那最后残余的阻力才最终消失，他开始“耳顺”。他的行事，他的尽责，变成了一种自我强化。一年又一年随着仪式的举行而准时到来，变成了他内心的一种节奏。最终，到了70岁的年纪，“天命”已然完全内化成自我的一部分，他只需要观照自己，便能知道如何行事是最好的。他完全能够依赖自己的判断，他既信任自己，也得到了别人的信任。

这个简单的故事，绘出了“道”大致的经络骨骼，亦即，人生的每一个承上启下的阶段。这是完全目的论（teleological）的，也就是说，它是有目的、有终点，或者有顶点的，它之前的所有阶段，都朝向这样一个终极目标：成为君子（superior man，意为“卓越的人”），只要跟随自己的内心，便足以引领别人的人。正如亚里士多德式的幸福，孔子式的卓越人生状态是年轻人达不到的。实际上，从他的观点来看，身为年轻人最大的好处就是，它是走向老年的前奏。至少，这就是老者备受尊敬的传统社会里坚定的信念，这种信念，我们当代文化已然遥不可及；在当代文化中，我们信奉的东西恰恰相反，我们千方百计地阻止老龄的到来，那些耄耋之年的老人们，我们把他们扔进养老院，这样我们可以眼不见为净。

如果父亲是恶人，怎么办？

我们回顾前文提出的一个问题：既然孔子要求孩子对父母要孝顺，孝悌是他一切保守观念的根本，那么，如果父亲是个瘾君子或者虐待狂，孩子还应该孝顺父亲吗？从政治层面来看，被恶毒的或者残暴的统治者统治的人们，应该怎么办？简单来说，传统主义是否要求我们，无论实际情况多么糟糕，都安于现状？

一方面，儒家学说里有许多理由去说“不”。孔子坚定地认为，统治者应该用“德行”来服众。他们应该和其他人一样尊敬老者，包括那些被他们统治的老年人。他们应该像其他所有人一样，遵守自己的那条金科玉律：“己所不欲，勿施于人。”（颜渊第十二）孔子的体系立足于追求仁，因而他不可能对残暴的父母或者恶贯满盈的暴君网开一面。但另一方面，他的保守主义意识形态将稳定和礼节放在高高在上的位置，因而儒学不大可能义正词严地反抗权力。

这确实是个难题。它类似于我们在探讨亚里士多德时遇到的那个问题，在亚氏的《政治学》中，亚氏也主张一个有等级区分的社会，在这社会里，人人知道自己的位置，人人坚守自己的位置。我们许多人会本能地对这样的观念嗤之以鼻，将其斥为对人类自由的践踏。还有的人则向往一种更为传统的社会体系的前途，这可能是因为他们没有前途，因而感到无所寄托、漫无目的，从而感到孤独。

最后再代表孔子探讨一个问题。传统社会的观念表明，存在一种能够代代相传的生活方式。但是，只有当社会持续地成功运转，这才能成为可能。因而，例如，在那些破败的地方，例如今天的叙利亚或者索马里，政府和社会体系基本上已经倾塌，因而也没什么传统可以下传的了。或许会有人反驳说，从孔子的角度来看，人们意识到自己活在悲惨命运中以后，便不会再服从那些当权者了。而从家庭的角度来说，大抵一个瘾君子父亲也没什么值得称道的生活方式能传给下一代的。一般来说，这样的人身心羸弱，完全不知自爱。或许在这样一种父亲完全脱离自己责任，并且丝毫没有尽到自己为人父母的本分的情况下，孔子会让孩子无需再保持孝悌。

老子的回答

老子，《道德经》

非目的论

有句话揭示了老子版本的“道”（即“道路”，“路径”或“路”，孔子老子二人均有此思想）的彻底的非儒家性质，因而也是彻底非目的论的性质：“含（德）之厚，比于赤子。”（五十五章）《道德经》（约成书于公元前四世纪）强调的不是70高龄、备受尊敬、身为人类奋斗目标或者终极目的（telos）化身的君子，却转而从人生伊始指出人类发展的“甜区”。对老子而言，最能体现人类最佳状态的，是孩子。老子写道：“圣人皆孩之。”（四十九章）但是，“圣人”怎么可能是个孩子呢？毕竟，孩子尚未到达理性的年纪，他们行事很少有合理的理由，而且，至少在他们7岁左右之前，他们对自己的行为是无法负责的。但是，这正是吸引老子的地方，正由于这个原因，他将孩子升格为自己思想的基石。他说“我愚人之心也哉”（二十章），这并非妄自菲薄。

若不是有大人管束，孩子的行为是自发的。他们无视传统和仪式，对礼教和期望不以为意，没有焦虑或悔罪的负担，他们朝气蓬勃地来到这个世界上，不加修饰地经历这一切。受了伤，他们便哭；有意思，他们就笑。他们不停地玩耍。这就是他们的世界。因为他们具备的逻格斯（logos），或者说语言和思想都还很少，他们也不懂什么严密的分析思考。他们不会评判，只是参与。如果说他们真的有什么目标的话，那也绝不可能是长远的或者深谋远虑的目标。这就是老子邀请我们去呼吸的天真无邪的空气。

但是，老子传递的信息仍然十分晦涩。老子说“绝圣弃智，民利百倍”（十九章），这究竟是什么意思呢？还有下面的话：

> 为学日益，为道日损。
>
> 损之又损，以至于无为。
>
> 无为而无不为。
>
> 取天下常以无事。
>
> 及其有事，不足以取天下。（四十八章）

老子的道家学说中的世界本身并不是理性的、经得起“逻格斯”（logos）检验的结构。实际上，它完全没有明确阐述。“道，可道，非恒道”（一章）。换句话说（啊哈），当一样东西有了名字，就变得模糊晦涩起来。因此，理性，甚至言语本身，都是一种无力、无效的工具。它们不仅无法让我们真正弄懂这个世界，它还扭曲世界。因而，老子告诉我们，“知者不言，言者不知”（五十六章）。

这也是孩子教给我们最好的教训。他们不会花时间讨论自己想要做什么：他们直接就去做了。他们不会忧虑未来，所以他们也很少深思熟虑或者表达阐述自己的计划。他们不研究现实，不预测结果，也不测试逻辑有效性。他们热爱嬉戏，绝不严肃，只是在跳跃腾挪，在发现创造，在四处乱跑。他们放肆地大笑。

上士闻道，勤而行之；
中士闻道，若存若亡；
下士闻道，大笑之。
不笑不足以为道。
……
道隐无名。（四十一章）

还没有达到焦虑或理性的孩子，以身示范了一种人生态度：不负责任，乐天派，只专注于眼前的事情。不知通过什么方式，圣人获得了（回归了）这种简单，他就像是“见素抱朴……敦兮，其若朴”（十九章）。难道，他渴望自己变成幼稚的孩子？

水

“上善若水”（八章）。老子建议：

天下莫柔弱于水，
而攻坚强者莫之能胜，
以其无以易之。

弱之胜强，柔之胜刚，天下莫不知，莫能行。

（七十八章）

水是道家学说中最具象征意义的意象，因为它没有形状。不仅如此，它总能变成装载它的容器的形状。它总是流向阻力最小的路径，因为它的运动仅受重力（或风）的驱使。它跟随着地形的变化而流走，因而在某种程度上，是被动的。然而，它也是最强有力的事物，它在地球上切割出纵横的沟壑，改变了地貌。它既弱又强，柔若无物又不可抗止，无形无状又形状万千。它是流体，因而至少在我们遇到它的大多数时候，它总是在流动不止。

老子认为，这就是世界的样子。这个世界里没有什么是恒久不变的，不存在什么永恒的结构；一切都在流动。这意味着“反者道之动”（四十章），事物会变成它的反面。波士顿现在十分寒冷，但很快就会变得不冷（热）。然后，它又将再次变冷（不热）。在这一年之中，波士顿既热又不热，既冷又不冷。或者，正如老子所说，“有无相生”（二章）。从另一个角度来说，要将“道”固定不动或者从概念上掌握它，就背叛了它的本质。道家的工作，便是顺应事物的流动行事，而非试图通过推理或技术来掌控事物。

悖论

如果世界真的是无形的，流动的，而且不可能掌握的，那么它便不适合进行理性分析和稳定描述。“名，可名，非恒名。无名，天地之始”（一章）。尝试表达什么是“道”——或者更可怕的，尝试解释它——恰恰让它变得更晦涩难懂。逻格斯（logos）（即成熟而有责任的成人的自傲）在这一点上甚为乏力，而那些玩耍的孩子们，他们生机勃勃，活蹦乱跳，他们却是更值得我们效仿的楷模或典范。

但是，《道德经》中也潜伏着一个巨大的问题。如果现实真的无法可名，逻格斯（logos）只能扭曲而不能揭示它，那为什么老子要写它，要写哪怕只言片语呢？毕竟他的书本身就是一种逻格斯（logos）。如果他真的相信“知者不言”（五十六章），他又为什么要开口呢？因此，要么他并不知道自己在说什么，这样的话我们也就没必要拜读他的著作，要么他确实知道些什么，但这种情况下他应该三缄其口。

这样的发问方式，正是我们在讨论尼采时（第四章）所说的“自我参照（self-reference）”这种论证的一种形式。想一想那些诸如“不存在真理”或者“一切真理都是相对的”这样的宣言，当它被适用于自身时，却自我毁灭了。这是因为，它们二者都宣称了绝对的——非相对的——真理，但它们本身却否定这种（绝对真理的）可能性。

我猜想，老子十分清楚这一逻辑关联。不仅如此，他甚至十分欢迎：

吾言甚易知，甚易行。
天下莫能知，莫能行。（七十章）

老子欣然接受悖论，即使——或者可能正因为——它常常违背我们的情感和逻辑思维。对他来说，“正言若反”（七十八章）。冷即是热。美即是丑。死即是生。

试想这样一句引人注目的话：“我是个骗子”。如果所言为真，那么这句话为假；如果所言为假，那么这句话为真。这句话永恒不断地逆转自己，内外反转，无止无休。这就像一个活泼的孩子在玩耍，或者像一条永不停止的河流，它不断地振荡延续。老子的著作与此类似。它让读者感觉坐立不安，因为它试图让读者断绝自己对逻格斯（logos）的依赖。他的作品是一部相互反向作用的语言，虽然它吸引我们去读它，但它又迫使我们去看别的东西。反正，它的作者已经承认了：“我愚人之心也哉”（二十章）。

无为

有一个悖论（上文已提到过），老子特别注意。“圣人处无为之事”（二章）。为具体说明，老子再次用了水的意象：

上善若水。

水善利万物而不争。

……

夫唯不争，

故无尤。

（八章）

我独泊兮，其未兆；

沌沌兮，如婴儿之未孩……

我愚人之心也哉……

我独闷闷。

淡兮，其若海。

望兮，若无止。

（二十章）

不争，即不刻意为之，行事不带计划；相反，要顺其自然——这个历久弥新的成语，似乎是在拥抱被动。但是，那并不是全部；正从这明显的被动中，衍生出真正的行动：

为无为，

事无事，
味无味。
是以圣人终不为大，
故能成其大。
（六十三章）

这里所含的思想，值得我们深入探讨，甚至进行科学的调查，因为它打开了一扇门，让人得以一窥人类能动作用那令人着迷的特性：我们在最不刻意尝试的时候，往往做得最好。体育是个很好的例子。

土墩上的投手不断对自己说，“我一定要投出好球，一定要投出好球”，那他就完了。一旦他有了这种意识并且刻意控制投球的方向，他往往会想得过多，破坏动作的连贯性，很可能因此投出坏球。球员目的性太强而非单纯地打比赛（玩好游戏），就难免将事情搞砸。

运动员和音乐家们都知道这个道理。他们明白，只有当自己全力投入时才能达到最好的状态，所谓“全神贯注”，只有全神贯注，动作才能如水银泻地般流畅，且无须过多思考。当他们最不刻意的时候（此时最像玩耍的孩子），方能完全发挥出自己的水平。有过这种体验的人，都知道这种感觉；甚至有的神经科学家也专门研究这种现象，肯定了这种道家思想的见地。科学家通过功能性磁共振成像技术研究发现，当动作对象（例如运动员或即兴音乐家）高水平发挥时，其侧前额叶皮层（负责故意行为的大脑区域）是关闭的。我不知道这个研究有无实验数据支撑，但因为我实实在在地经历过这样的时刻（尤其是在篮球场上），我猜是有实验支撑的。

十分遗憾，我们学院的研究生们印证了这一点。一般而言，他们选择攻读博士学位，是因为他们本科时期喜欢哲学。但到了波士顿以后，他们就被大学里毫不留情的专业化压力给打击了，不断有人告诉他们，要获得一个教授职位是多么困难，一定要尽早进入职场为妙。从此，他们不再仅仅享受工作（阅读、写作、谈论哲学）本身，他们养成了策略思考的习惯，比如，我怎么才能在期刊杂志或者学术会议上发表论文？什么课程会让我的成绩单显得更鲜亮？我们学院哪位老师名声最响？怎么才能扩大人脉？他们不停地在博客上收到关于本专业领域新出版物的通知，在网上搜索自己学院在全国范围内的排名。他们满脑子想着比较，当竞争者显得比自己更成功，他们便感到不满足了，焦虑不已。

这些沮丧的年轻人，其实头脑聪明，而且（或者至少曾经）思维活跃。但身为博士研究生，他们不再将自己的研究本身当成目的——这是对探索的颂扬——却只把它当成让自己在行业天梯里爬得更高的一种手段。

我要给学生们的建议，正是老子的思想："不争"（六十八章）。我想说，不要着急让自己的论文发表或是拿到大会上宣读；相反，要专注于你一开始来到这里的原因：对哲学的热爱。广泛地阅读，开放地面对多种多样的知识选择，你会慢慢发现哪种工作是你最喜欢、最享受的，几乎可以肯定，这也会是你擅长的。发现以后，就拿出你的一切所学所知，全力投入去从事它。若要想取得专业上的成功，你需要非常在行。但是，只有当你十分努力而高效地工作，你才能够在行。另一方面，这也需要你对自己的工作有很清醒的认识并且全情地热爱，每天醒过来就迫不及待地伏案工作。只有当你受到了热爱的驱使，你才能妙笔生花，才能投入大量时间精力去做成一件有价值的事情，只有当你对研究的东西了然于胸，才能在听众面前侃侃而谈，激情四溢地演说。也正是这些东西，才能让你被你所在领域难得一遇的某个职位青睐有加。简而言之，只有不刻意去尝试达成目标——例如一所著名大学的教职，出版一本广为赞誉的著作——你才可能实现这个目标。

你或许不相信这一点，但是，我的建议是很实用的。谋划短期的未来会让你的注意力分散，从而稀释你的工作。这并不是说，你应该对专业一无所知；没错，你当然应该发表论文，但是，不要想着立刻就发表，哪怕你的很多教授在催你也不行。相反，你应该努力地为自己的研究而写作，心里要记着，这些练习是为你真正的目标——获取知识、打磨技艺、加深信念——服务的。试试翻译一些令人望而却步的亚里士多德或者康德，将他们的语言转化为你自己的语言。如果你真这样做了，做得很努力，而且你还有点儿天分——以及不错的运气——的话——发表是迟早的事。不刻意去追求专业的成功，你才有机会取得专业的成功，正所谓：为无为。

即便在我发出上面的一通说教的过程当中，我也意识到，由于网络文化里挥之不去的热词，残酷的竞争，以及大学的企业特性，我的话不会有什么效果。但是，我仍然坚持道家的那些训诫；因此，这里我再重复一遍：

> 为学日益，为道日损。
> 损之又损，以至于无为。
> 无为而无不为。
> 取天下常以无事。
> 及其有事，
> 不足以取天下。（四十八章）

老子将自己“为无为”的原则延伸得很远：“六亲不和，有孝慈……绝仁弃义，民复孝慈”（十八章－十九章）。这里的思想似乎和卢梭的自然状态思想异曲同工。没有了理性分析、道德义务、社会压力，人们会——自然地、自发地——不伤害他人。人们会顺其自然，而自然不会伤害。人们会本能地感受到那种“同情”，那种对遭受苦难的别的人感到感同身受的能力。对比之下（根据卢梭的思想），身处社会中的我们，总是在理性地为自己的行为开解，从而让自己变得错乱，以至于我们常常认为，我们伤害别人是正确的。

或许老子真正所想的是，如果我们“抛弃正直”——如果我们放弃儒家学说要求的道德正当和仪式——我们才能回归更自然的状态：“慈悲（compassion）”。那些故意的行为，细致的思虑，只会让我们更远离自己。

论辩的解决：做君子，还是做孩子？

本章中的这对论辩，可以理解为两大典范的竞争。一方，是孔子赞颂的“君子”，他已经完全地发展成人，有理性，有责任感，虔诚礼教，年纪高，他是人类终极状态（telos of humanity）的化身，是年轻人应该追随服从的。另一方是道家学说中的孩子。他好玩，漫无目的，不拘一格，喜寻乐趣，行动随性，而且不“争”。这对论辩，该怎样解决？

这是个问题。一般来说，理性的辩论就像一场比赛，有比赛规则（例如，必须清晰陈述，不得自相矛盾），还有明确的目标：据理力争，旁征博引，铺列证据，一分高下。但是，要让道家和儒家展开这样的竞争对道家是完全不利的。毕竟，道家就像个孩子，它戒绝了推理论证，而且与世无争。因此，就算这孩子加入了论证也会自动地败北，因为它会受到儒家学说的摆布，并因而隐晦地认同后者的观点。为了坚守自己的阵地，或许道家会半开玩笑地对自己的对手说"知者不言"，然后咯咯笑着走开了。

可是，作为我们这本书的读者，已经走上这条论辩之路的人该怎么办？我们还能站在一种不偏不倚的立场上来尝试定夺这一对论辩吗？或许不能，因为只有那些逻格斯爱好者（lover-of-logos）才鼓吹不偏不倚和头脑清醒的推理判定。换句话说，如果你认真地对待本书，认真地参与本书提出的论辩练习，你其实已经宣布了自己的立场。这立场当然不在老子这一边。这样说是不是太苛刻，太武断？你或许对老子的学说十分同情，但是，你能够捍卫自己的立场吗？

本章中的论辩，在前文中也颇有先例。孔子和亚里士多德之间的相似点，前文已经提到过几次；我们也察觉到了卢梭的"野蛮人"和老子的"傻子"之间的类同之处。到了第七章，我们还会再次遇到弗雷德里奇·尼采的思想，还将再次邂逅道家思想，届时你将能够重新审视这里提出的问题。但是，在此之前，我们会先讨论一个完全不同的问题，引领我们去往全新的方向。

注：

1.《论语》中的很多段落，实际上是从“子曰”开头的，但本书中做了删减。

2. “老子”这个名字，其涵义恰恰是“老年的大师”。由于对《道德经》作者所知非常有限，翻译中的难题不小。

3. 对于《道德经》四十九章的翻译，利雅各的版本和我的版本大相径庭：“圣人在这世界上从不偏持，对所有人都一样不偏不倚。人们竖起耳朵张开眼睛听从于他，而他像对待孩子一样对所有人（原文：圣人在天下，歙歙焉，为天下浑其心，圣人皆孩之）”。由于不懂中文，我无意判断优劣，但我在文中引用了自己的版本，这是因为它最符合我自己对老子的（当然是粗浅的）理解。

4. 有一本尝试通过当代神经科学研究来解释和验证道家“无为”思想的著作，名为《无为》（*Trying not to Try*），作者森舸澜。

第六章
你知道些什么？

问题

你知道现在是什么时候吗？知道啊，我知道昨晚的球赛谁获胜了。不，我不知道要做什么。你知道吗？

你看了看手机，于是你认为你知道了时间。但是，你知道手机上的数字时钟是怎么运作的吗？如果你不知道，你怎么能相信它？你真的知道现在是什么时间吗，或者，你一开始就依赖那个设计时钟程序的人来回答这个问题？你读了报纸运动版的头条新闻，但是，可能报纸上有印刷错误，信息不实。显然，你相信照顾你这么多年的善良妇女是你的母亲，所以母亲节总要打电话给她。但是，你怎么知道她不是别人冒充的？她有没有做过 DNA 测试，证明自己确实生下了你？就算她做了测试，那测试结果就一定值得相信吗？到底什么是 DNA 测试？

“我知道自己喜欢什么”。你真的知道吗？或者，你的梦想已经被社会期望打上了烙印，无法逆转，从此再不属于你个人？你真的想在高中拼了命学习，只是为了有朝一日上个好大学？还是，只是为了当个别人眼里的好孩子？

亚里士多德宣称自己对人性略知一二。他说，我们是有思维逻辑（logos）的，因而我们本质上是政治动物，为了能成为完整的自己，我们必须与他人进行合作性的交往、交谈。但是，他又是怎么知道这一点的呢？或许，我们就是在安安静静独处的时候才是最完整的自己也未可知。

正如第一章所说，哲学寻求的是自知。但是，这可能吗？或者说，自欺是否难以避免？一个人能像我们了解三角形内角之和等于两直角之和一样地了解自己吗？还有，我们是怎么知道这个事实的？

总之，我们面临一个严峻的问题：我们所了解的到底是什么？

笛卡尔的回答

勒奈·笛卡尔，《谈谈方法》

笛卡尔的教育

勒奈·笛卡尔的《谈谈方法》（1637年）是一本自传

体著作。虽然这本书大多数时候以第一人称讲述，但他这本书却绝非我们今天所熟知的回忆录。相反，它详细地解答了关于知识的问题。笛卡尔开篇写到了自己的教育：

> 我自幼受书本教育长大。由于听信人家的话，认为读书可以学到清晰而确定性的知识，懂得一切有益人生的道理，所以我如饥似渴地学习。可是等到我学完全部课程，按例毕业、取得学者资格的时候，我的看法就完全改变了。因为我发现自己陷于疑惑和谬误的重重包围，觉得努力求学并没有得到别的好处，只不过越来越发现自己的无知。

把这段话放到现在来说，设想笛卡尔在描述自己在文科大学上学的经历。他去了一所传统的“高中”，这所高中的课程主要是经典文学、哲学、神学、修辞学和数学著作。他想象自己进入大学继续这样深造，希望以此来得到“**清晰**而**可靠**的知识，一切**有益**人生的道理”。

留意这里加黑的三个形容词。显然，笛卡尔希望自己获得的知识是“有益的”。尤其在今天，大多数学生进入大学，都为了得到职业所需的训练和证书。这样的动机不难理解。但是，笛卡尔又不同于别的学生，他那年轻时代的抱负可谓十分远大。他需求的是“一切生活中有益的道理”。一切吗?

笛卡尔期待着教授会教给他“明白”的东西。话又说回来，谁不想要这样的东西?但究竟什么是明白?“7+5=12”这个算式，它的含义（和道理）可谓十分明了，但乔伊斯的《芬尼根守灵夜》的语句就不那么清晰易懂。就好比我们都能看到晴天里没有云雾，我们能看出来7+5等于12，这句话的真实性是明白无误的。相比之下，乔伊斯笔下“这就是整个火焰熊熊、洪水肆掠、肠胃气胀的世界上絮絮叨叨的看门人的第一次和平（原文：And that was the first peace of illiterative porthery in all the flamend floody flatuous world.）”，读起来就让人莫名其妙。因而，“清晰”一词似乎蕴含着多种品质，例如简洁、显性、可达。对笛卡尔来说，具备这些品质的知识才算作真正的知识。

笛卡尔的第三个形容词，是“可靠”。他希望老师教给他的知识可靠、站得住脚，而且肯定正确。不幸的是，老师们让他失望了。至少在笛卡尔本人看来，老师们教给他的东西充满了“疑惑和谬误”，这个形容很能说明问题。如果学识要求的是最大化的清晰和肯定，那么哪怕一丝丝的怀疑或朦胧都是不可容忍的。[犹记得，“学识(epistemic)”这个词源自于希腊语“episteme”，意为“知识”]

笛卡尔一一列举了学校里那些令人失望的科目。首先是“语言[希腊语、拉丁语]……以及经典著作的阅读”，在他的那个时代，这些是欧洲教育的基石。他随后解释了它们令自己心灰意冷的原因。他说，研读古书就像到异国去旅行，你能接触到不熟悉的思想和风俗，似乎是很积极的。然而这未免太冒险了，因为那些旅行过多的人可能会“对乡土生疏”，同样，那些研究历史的学生也会对现在的事情茫然无知，所以对后者而言毫无用处。紧随其后的是文学——他称之为“寓言（fables）”——文学会过度刺激想象力，从而让读者认为“很多事情都是可能的，但实际远非如此”，这里的风险在于，可能会造成思想与现实脱节。最后是哲学。虽然几百年来哲学（尤其是亚里士多德的著作）一直是大学课程的中心，但“哲学里面没什么东西是没有争议的，因而，自然也没什么东西是不容置疑的”。对笛卡尔而言，这标志着哲学的破产。

总的来说，笛卡尔开始相信自己所受的大部分教育、自己所推定的那“**学习的等级**（ranks of the learned）”完全是浪费时间。因为这让他分了心，没法全神贯注在真正的抱负上，即找到清晰而可靠、“一切生活中有益的”知识。

但是，有一门课程他却十分喜爱：

我特别喜爱数学，因为它的推理确切明了；可是我还看不出它的真正用途，想到它一向只是用于机械技术，心里很惊讶，觉得它的基础这样牢固，这样结实，人们竟没能在上面造起高楼大厦。

只有数学能满足笛卡尔的求知欲，因为数学带给了他所渴望的清晰和确定性。尤其是几何学，因为在其严谨的证明步骤中，一步一步环环紧扣不容有错，这让笛卡尔喜出望外。它的“推理”，在紧随定义和公理之后的结论中体现无疑。但是，最令笛卡尔失望的，是他发现大学教育里数学受到的重视太少了，它只是众多学科中的一个，但事实上，它应该是其他学科的“基础”。

通过“基础”这个词，笛卡尔道出了贯穿他《方法论》一书的比喻：设计一栋结构稳固的建筑。首先，一栋坚固的建筑，一栋能屹立不倒、经受各种气候考验的——一栋“可靠的”建筑——需要牢固而结实的基础。没有这个基础，哪怕最优雅的建筑杰作,也会顷刻坍塌。在《方法论》一书中，笛卡尔提出，数学能提供这种必要的稳固、清晰和特异性，没有这些，可靠的认知大厦就不可能建成。他和伽利略及当时许多人，即将发明出数理物理学：这是一种新的自然科学,不同于亚里士多德的目的论,它采用的是严密的论证。他的直觉告诉他，利用现实世界里的知识，而非那些古人莫名其妙的话语,它们今后将会有强有力的回报。换句话说，他预见到这门新的物理学科将带来强有力的技术，对人生“有益”的技术。在这一点上，他无疑是对的。

笛卡尔毫不掩饰自己的思想，他宣誓效忠于这样一个准则：“一切仅仅貌似真实的看法，我认为几乎都是虚假的。”换句话说，一切信仰、主张，或者言论，只要沾上哪怕一丁点儿的疑问，就必须视为虚假，必须抛弃。笛卡尔可不是个温和派。

回到（继续看）笛卡尔的故事：笛卡尔对教授们兜售的理念深恶痛绝，于是立刻离开了大学。辍学后，他开始从事其他不安分的年轻人经常干的事情：流浪。他四处去旅行，但没多久就开始厌倦了漂泊的生活。他得出了以下的结论：

> 我在研究别国风俗的时候，根本没发现什么能让我确信的东西。我觉得风俗习惯，几乎和我过去读到的那些哲学家们的意见一样，是五花八门的。

笛卡尔的旅行，让他想起了学习哲学的时光来；它们都让笛卡尔看到“五花八门”的东西。德国人喜欢啤酒，而意大利人爱喝红酒。法国人信奉天主教，而英国人信奉新教。笛卡尔发现，世界上充满了对立的宗教、风俗和人生观念。令他感到沮丧的是，旅行的路上也没有发现什么稳固可靠的东西，就和在大学课堂里面一样。

随后好运便来了。在德国旅行时，有一天，他不巧赶上了一场冬日暴风雨。于是，那一整天他都被困在了那间“有壁炉的屋子”里，没人跟他说话，也没有任何东西能使他分心，因此，他认为“我完全自由地与自己对话”。对别人来说可能是不走运的事情，对笛卡尔来说却是一种福利。随着思绪的飞扬，他远离了交谈的喧哗，远离了困惑的思想和枯燥的教授们，能够专心思考自己的东西。为了表达自己的第一个想法，他重新回到了那个建筑的比喻上面：

> 拼凑而成、出于众手的作品，往往没有一手制成的那么完美。我们可以看到，由一位建筑师一手建成的房屋，总是要比七手八脚利用原来作为别用的旧墙设法修补而成的房屋来得整齐漂亮。那些原来只是村落、经过长期发展逐渐变成都会的古城，通常总是很不匀称，不如一位工程师按照自己的设想在一片平地上设计出来的整齐城镇。

笛卡尔认为，由一位建筑师全盘掌控一个建筑工程的方方面面——例如弗兰克·劳埃德·莱特——会比那些被主人多次修缮的老房子要好得多。只有从一开始便设计严谨地建造，建筑物结构才能充分统一和完整，才能屹立不倒。

继而他又认为，同样的道理在城市规划上也是适用的。比如说波士顿和曼哈顿，过去几百年里，波士顿从一个小小的港口城镇逐步发展成为一个大城市，通过大量的填埋，湿地和沼泽变成了坚硬的地表，其结果是，即便今天它仍然遍布着蜿蜒曲折的小街小巷，毫无预定的规划可言，外来的人很容易晕头转向。说到底，波士顿就是个牛道之城。

曼哈顿一开始也是个港口，那时候人口主要集中在其南端。但是，曼哈顿的发展是有规划的。早在人们搬到曼哈顿岛北部去之前，岛上就已经规划了几何网络，网络中的道路互相垂直。越往北的街，或者越往西的大道，其名字也高一个数字。因此，如今人们在曼哈顿很容易找到方向。从第五大道往南走，走到底 18 号街，然后右拐。这样清晰明了的方向，在波士顿是没有的。笛卡尔明显会更喜爱曼哈顿一些，他不喜欢迷路。

笛卡尔用这个比喻来解释他心目中为获得真正的知识所必需的东西：一种方法，一种旨在实现确定和可靠的（而不是仅仅模棱两可的）真理主张的系统过程。他制定了一套方法，按照这套方法来做能够实现学问的成功。这套方法的第一步（也是我们将讨论的唯一一步）是：

> 凡是我没有明确地认识到的东西，我决不把它当成真的来接受；也就是说，要小心避免轻率的判断和偏见；除了清楚分明地呈现在我心里，使我根本无法怀疑的东西以外，不要多放一点别的东西到我的判断里。

这段话一开始是一句老生常谈：要小心避免轻率的判断和偏见。这没毛病。但后面的一句，也就是笛卡尔方法论的第一条原则是非同一般的，立即提高了他的见地：只有那些没有疑问的、其道理清晰明了且无可置疑的判断才能被当作真正的知识。但是，这又是一种什么样的判断？

我思故我在

为了回答这个问题，为了获得基本真理，笛卡尔（独自在那间暖房里）又提出了另一个规则。他认为“任何东西，只要我能想象到一丁点儿的可疑之处，就要将其作为虚假之物抛弃掉”。实际上，他建立了一种能应用于任何命题的检验方式，我们举例说明：我眺望窗外。我说，“外面在下雨”，这句话是真的吗？我会这样想当然是有充分理由的。我看了看天空，天空很昏暗，雨滴正在哗啦啦地落到地面上。然后我从椅子上站起来，走到窗边向下看，地面上出现了许多水坑，雨滴在水面击打出各种标点。

但是,我真的能百分之百地确定外面在下雨吗？毕竟，我过去曾经有过错误的判断。或许，天上落下来的并不是雨滴，而是冰雹，或者放射性沉降物；又或许，我的窗户太脏了，让人心生错觉；也可能我突然眼睛受了感染，视觉被扭曲了？还有没有可能是更扑朔迷离的情况，例如鲍伯在我办公室里下了迷药剂，以致我出现了幻觉？

关键在于，我的那句话“外面在下雨”，是基于我通过感官感知到的证据的，而感官是不可靠的。正如笛卡尔所说，“感官有时会欺骗我们。”这一点他肯定是对的。既然感官有时会欺骗我们，那我们怎么能够绝对肯定它们现在没有骗我们？不论我们多么坚信自己所见是真实的，但凡基于感官或者经验的判断，原则上都是可怀疑的。因而，如果我们要抛弃掉一切哪怕只有一丁点儿可疑之处的东西的话，那么一切基于感官证据的主张都不能视为真实。我或许能够 99.9% 确定外面正在下雨，但我不能 100% 确定——因为我的感官曾经欺骗过我。

笛卡尔问了自己另一个问题：我如何能绝对肯定，我对于“窗外正在下雨”的想法不是一个梦？毕竟梦境是非常生动的，有时候甚至比醒时的意识更加真实（因为醒着的时候总是被外界刺激打断）。那么，又怎么可能证明我现在所见这生动的雨，不是在睡梦中出现的？笛卡尔说，可以想象“那些曾跑到我心灵的东西，都只不过和梦境一样是幻影罢了”。

笛卡尔完全清楚，自己列举那一系列质疑用于挑战基于感官的判断的准确性，这些质疑是过分夸张的。实际上，我离开办公室时带着伞并做好了被淋湿的准备，我很确信外面在下雨，这样做显然是合情合理的。笛卡尔在这里故意夸大，因为他（孤身一人在那暖房里构思）的计划是：去发现一种不同寻常的、完全明确无疑的真理。他无情地考验自己的判断，因为他寻求的是一种能够屹立于一切质疑而不倒的判断。

为此，他针对我们日常的知识观，提出了另一个令人不安的怀疑。想想下面这个算术问题：59432 加上 79392，再乘以 193，然后将结果除以 3。你知道怎么去完成这个计算，如果你用纸笔来算，虽然可能要花掉一会儿时间，但最终你会得出结果；毕竟你学过计算。不过，你必须承认的是，在这个略长的计算过程中，人可能难免有些小疏忽，你的手指可能会按错键。笛卡尔对此做了总结，并且又一次地，知道自己是对的：“总有人会在推理过程中犯错，哪怕是最简单的几何问题也不例外。”他在这里告诉我们的是，因为无心之失总是存在的，因而经过一系列推理步骤得出的判断都不是完全无可置疑的。一切此类判断都可能出错，因而，都必须经受方法上的甚至夸张的怀疑。故此，如果要使什么东西成为无可置疑的真理，它必须无比清晰明确——无比明白、透明、可见——以至于能够立即被人理解；也就是说，不需要任何前提的步骤来引出它。这样的真理可能是什么呢？我们很快会看到。

笛卡尔质疑的枪械库中最具认识论杀伤力的武器，在他的另一本书《第一哲学沉思录》（*Discourse on Method and the Meditations*）中。这本书里，笛卡尔让读者进行一场思想实验。他说道，想象有这样一个存在，它和我们圣经中的神一样无所不能。但是，它不是至善，也不是真理之源，它是“邪恶之天才”，把一切恶毒的力量用于欺骗人们。我们眼里所见，耳中所听——实际上我们身外的一切事物——都只不过是这恶毒的骗子植入我们脑海中的幻觉。

我办公室的窗户，可以望得到查尔斯河对岸的麻省理工校园。有没有可能，对岸的某个超级极客发明了一台强大的计算机，往我的意识中注入了一种虚拟的现实？虽然我相信自己有血有肉，也能感觉到自己的身体，但实际上我却没有身体，因为我的一切感官只不过是他运行的程序的结果而已。我认为我看到了外面地上的水洼，但其实它们只不过是一种数字信号，它们那样的真实，以至于我觉得那是真的。当然这听起来很荒谬——虽然这是那部著名的、话题多多的电影《黑客帝国》中的预设——而且，笛卡尔最终一定会承认，当然不存在这样的邪恶天才。可是，如果真的有邪恶天才的存在，如果在这样强大的（虽然是假想的）反派面前还有真理能够存留，如果这真理能够扛得住终极的认识论考验，那么它可以称作是绝对无可置疑的。不出所料，笛卡尔认为他已经发现了一条这样的真理：

> 可我注意到，虽然我因此宁愿认为一切都是假的，但是当我在这样想的时候，这个在想的我一定是个什么东西。我发现，“我思故我在”这条真理是十分牢固可靠、十分确定无疑的，怀疑者的哪怕最狂妄的假定都不能使它动摇。所以我认为可以毫不犹豫地接受它作为我在寻求的哲学的第一条原理。

学者称之为“我思（the cogito）”，在拉丁语中意为“我想”，“我思故我在”这个判断是无可置疑的，因为它的真理性可以立即自我证明。或许，有邪恶天才侵入了我的大脑，给我编了程式，让我认为存在外部世界，但实际上我的身体却躺在恒温箱里无法动弹。这无所谓。只要我在思考——实际上，只要我在怀疑某种事物的真实性或者怀疑外界的存在——我就可以肯定我的存在。

即使你的想象力足够生动，生动到你真的能质疑自己躯体的存在，你也还是没法质疑“我在思考”这件事。因为“我”在思考，所以“我”必须存在。也就是说，在笛卡尔看来，你已经证实了“我”的存在是超越哪怕最刁钻的质疑的。因而，“我思故我在”是“第一原则”，是笛卡尔认识论大厦坚如磐石的基础。

进一步说，我无法质疑自己在思考，因为质疑本身就是一种思考。我无法质疑自己在质疑。

几年前，我曾经在一个老年退休社区里，就笛卡尔和他的“我思故我在”作了一场讲座。问答环节里，有个老年男人，年纪不特别老但坐着轮椅，颤巍巍举起了手。他的病，我怀疑是帕金森病。他的身体从头到脚都萎缩了，只能断断续续地说话。不过，他的话让我印象深刻。他想向我表达他的感激，因为笛卡尔让他明白，“我”的存在，仅仅是因为“我”在思考。对这个身体正急剧萎退的老人而言，“我思故我在”让他有了存在感。

神的存在

虽然至今为止你或许赞同笛卡尔的思想训练，但你要小心了。因为这个刚刚已经证明了其存在的“我”，或许并不是那个你平时认为的“我”。“我思故我在”只证明我是一个在思考的存在，或者说，一个心灵（mind），一个“一切本质或天赋仅仅在于思考的存在”。迄今为止，你对于外界一无所知，包括你自己的躯体；甚至不知道躯体是否真的存在。就像在那间暖室里的笛卡尔与世隔绝，他的论证结果也是完全孤立的。我只知道我作为一个思考的东西的存在。

虽然已经得出了自己哲学的“第一原则”和（他所认

为的）无可置疑的那点儿知识，但是笛卡尔的事业还远未结束。毕竟，他的抱负是要发现“一切有益于人生的东西”，因而，无论“我思故我在”是有多么清晰和肯定，但由于它是完全与我们通过自己的感官所体验到的外界是隔离的，因此它毫无用处。这里，我们重新搬出他那个大厦的比喻：无论打基础多么重要，打下坚实的基础也只不过是这项事业的开端。一座大厦在坚固的基石之上建立起来，最终要实现其功能。因此，笛卡尔的下一项任务便是回到外界当中；也就是，说明外界也是可以认识的。他必须证明，我们的心灵能够理解经验的现实，我们的感官能提供可靠的信息。他必须重新将心灵和躯体连接起来。他第一次提出怀疑论的质疑，摧毁了我们对自己认识世界的能力的自信，现在他必须修复这种自信。为此，他必须克服自己在推理刚开始时引入的怀疑主义，而这要求他证明邪恶天才没有可能存在，而邪恶天才正是他的方法的怀疑之中最强有力的地方。如果他能够消除邪恶天才所带来的认识论威胁，那么也就能够恢复我们通常情况下对自己了解世界的能力的自信。要做到这一点，他必须证明神的存在。

要小心了。没错，笛卡尔会拿出神存在的论据。不过，他这样做是出于认识的目的，而不是神学的或者宗教的目的。听起来有点儿奇怪，且看下文。

笛卡尔证明神的存在用到的基本原理很少，其论证过程可以用一种对话的方式体现。想象你是个无神论者，而我是有神论者。我们都读过《圣经》，因此我们对书上描写的神的形象有类似的认识（不论多么模糊）。但是，对于祂的存在与否，我们意见不同。

于是我问你，你所否定的存在是什么？

你说："神"。

"那好。你认为神不存在。但请告诉我，这个你所否认祂存在的神，到底是什么？祂是什么样子的？"

"你也知道，我说的就是那出现在圣经《创世纪》无聊的创世故事中的那位。人们说祂创造了世界，祂是绝对的，全能的，全知的，是善的，也是那个降灾于埃及人的神。"

"没错。我们给神下个定义怎么样？祂是终极的，是最好的。祂是一切生灵中最完美的。祂拥有一切，而且比一切还要更多更好。这符不符合你在《圣经》中读到的样子？"

"很符合。"

"那么，你的立场就是：不存在最完美的。祂不存在。"

"没错。《圣经》满纸胡言。"

"好。那么上帝就只是一种人们娱乐的想法而已，但是，这种想法和现实没有关联。上帝只是人们脑海中的幻象。"

"完全正确。"

"我们来捋一捋，看看是否清晰明确。为了证明你的无神论，你用到了神——或者说最完美的存在——这个观念，你认为并不存在。是这样吗？”

“没错，我确实有神这个概念，但我也有会飞的大象的概念，但它们都不存在。”

“明白了。不过，你确实也承认了不是吗，至少有一样东西，你我都同意。我们都在思考，或者在使用，或者在享用神——最完美的存在，比其余一切更伟大的存在——这个观念，对吗？”

“是的。不过，你相信祂存在，但我不信。”

“我知道。这个以后再谈。我们先来彻底剖析这个观念吧。我们好好给它分析一番，庖丁解牛一般把它肢解，再一一分析。”

“什么意思？”

“好吧，举个例子。我们拿三角形的观念为例。我们像在几何课上所学的那样，通过分析这个观念，我发现它有三个内角，三内角之和等于两直角之和，这我可以证明，而且不需要量每个内角的度数。概念性分析本身就能够证明了。正如笛卡尔说的，‘三角形的概念，本身就蕴含着三内角之和等于两直角’。这里的关键词是‘蕴含’，在三角形这个概念之中蕴含着另一个概念：三个内角。还蕴含着一个概念：三内角之和等于 180 度。所以，如果我仔细分析三角形这个概念，就会发现这些。”

“你说的没错。不过，我不觉得这和我们聊的话题有什么关联。”

“那好。我们把神的概念也拿来做一番分析好了。这个概念蕴含着什么？实际上——我接下来要说的你可能不喜欢听——我们会发现，就和 180 度蕴含在三角形的概念中一样，存在这个概念也蕴含在神这个概念之中。所以，正如我说‘三角形三内角和必须是 180 度’，我知道这肯定是对的，我也知道，我说‘神存在’，也一样是对的。”

“不可能。”

“别急。等我说完你就会发现，你虽然脑海中有上帝的概念，但你否认祂存在于你的脑海之外，你这是自相矛盾的。就好像，三角形三内角之和等于 360 度这个观念是错误的，没有最完美的存在这个观念也是错误的。因此，你只有说神存在才是合理的。”

“莫名其妙。”

“这样想吧：如果最完美的存在并不存在，那它一定是缺少什么东西，所以它不再是最完美的了。”

“什么？”

“神的观念——这是我们谈论的东西——所说的神，是一个比任何别的东西都更伟大的存在，是最完美的存在。如果它不存在，说明它一定有什么不足，而这违背了这个概念本身。因此，最完美的存在，一定是存在的。”

“一派胡言。首先，你假定的是，存在一种比不存在的东西更完美的东西。这太疯狂了。我想，想要吃我的大灰熊作为假想的东西总要比真实的存在要好，这又是怎么回事呢？”

“是这样的，吃人的熊是不好的，所以当然也是不完美的东西。相反，你可以想一种你认为是好的东西。比如说，一张 20 美金的钞票。那很好，是吧？”

“是的。”

“你更喜欢哪一种？真正的 20 美金钞票，可以拿到酒吧去买杯酒的，还是一张假想的 20 美金钞票？你自己选。”

“这还用问吗。”

“是的。不过，这里你可以听一听自己的声音。如果一样好的东西，它存在总比不存在更好，这说明，存在是积极的。如果神不存在，那么神一定缺乏这种积极，因此它就不是最完美的。而这和神的概念，亦即绝对好的东西，是相冲突的。因而，神必定存在。”

“胡说八道。你怎么不说最邪恶的东西呢，比如说，恶魔。难道那也应该存在吗？”

“当然不应该。恶魔的概念里面，没有什么东西要求它必定存在。毕竟在概念上，恶魔是坏的，因此假想的恶魔总要比真实的恶魔来得更好一些。”

“但恶魔是极端强大的，就像神一样，只是完全是邪恶的。所以它也必定存在。”

“不。恶魔是你想象的臆造。你从《圣经》中知道了神的观念，然后将它扣在了邪恶的概念上，得出了恶魔存在的结论。但是，这是个非常混乱的想法，你如果认为你理解恶魔的概念，你一定是自欺欺人。因为，它本身就含有一个巨大的矛盾：神被定义为最完美的存在，祂不可能是邪恶的。因此，恶魔的概念相当于神加上邪恶，这是不合情理的，因此它不存在。”

“那最完美的会飞的大象呢？照你这么说，它也应该存在喽，但实际上祂并不存在。”

“飞象的概念是你根据鸟和大象的概念混合而成的，没法说它是不是存在，它只是一个想法，没什么能保证它的存在。”

“那完美的圆呢？”

“同样的道理。我可以告诉你，在一个完美的圆上面的每个点，我们在几何中学过，每个点距离圆心的距离是完全一样的。但是，这并不意味着我能在现实中找出一个完美的圆出来。只有最完美的存在——这个想法才意味着它自身的存在。”

“越来越奇怪了。”

“最完美的存在这个概念确实很奇怪。这个概念仅仅透过自身让自己存在。换句话说，仅仅通过分析神的观念本身，我们就能发现，这个概念和那三角形的概念蕴含着三内角和等于180度的概念一样，这个概念蕴含着祂的存在。如果你不去想神的存在，你也就无法思考神。”

“可我怎么能这样做呢？哎呀，我是个资深的无神论者呢，我就靠宣扬神不存在来维生的呀。”

“这只是说明你有困惑而已。你从没有仔细地分析过这个概念，所以你没有真的搞清楚自己在想什么。那些记不得在学校学过什么的人可能会说，甚至可能真的相信，三角形三内角的和等于360度。但这不对，如果他们认真地分析一下三角形——或者说，学习一下几何——就会发现他们哪里错了，为什么错。人们在混乱的状态下，会相信不正确的东西。你也是一样。神是存在的，老兄，死心吧。”

这种论证，传统上称作“神存在的本体论证明”，其论证的有效性经历了数百年的争议[3]。眼下我们先别考虑它是不是成功——虽然这应该是你闲暇时应该去完成的任务——而要考虑究竟为什么笛卡尔要考虑这个问题。别忘了，他需要在“我”——心灵，其存在已经通过“我思故我在”证明了——和世界别的一切事物之间建立一座桥梁。不然的话，他的思辨就会流于一堆无用的基础，上面建不成任何东西。因而，他必须要证明心灵之外存在别的东西。他认为，自己已经完成了这个任务。

笛卡尔认为神的概念不能是我们想象力的产物，这是因为，如果神的观念只是我们头脑中的幻象，那么它便依赖于我们。但是，我知道我不是完美的，毕竟我的思想充满了怀疑，而且经常犯错。因此，如果神的观念起源于并且依赖于我，那么它便称不上绝对完美。不过，这是一个悖论。从定义上来说，神的观念说的是一种完美得不能更完美的存在，因此神必须独立于我们的（思考神的）心灵之外存在。笛卡尔这样说道：

> 我既然在怀疑，那我就不十分完满（因为我已清楚分明地看到，认识与怀疑相比是一种更大的完满），因此我就想研究一下，我既然想到一样东西比我更完满，那这个思想的源头在哪里呢？我觉得，很明显应当是来自实际上比我更完满的思想所在。

通过仔细地审视神的观念，我发现祂独立存在于我的心灵之外。这本身是一个了不起的成就，它开启了一个认识论的先河，因它的确证明了很多事物存在于我们心灵之外。这一点，在笛卡尔的探索中是至关重要的。神就是那连接的桥梁，将我的主观意识延伸到客观现实。“我”并不孤单。

证明神的存在还有另一个认识论的好处，而且是大大的好处：邪恶天才被克服了。回想一下那个狂野的幻象，那个“极端强大而聪明”的存在——它和神一样无所不能——它的一切意图就为了欺骗我们，它是笛卡尔方法论质疑的顶峰。就其本身而言，即使只是一个思想实验，邪恶天才也代表着对任何认知主张的最强力的反对。可是，既然神的存在已经证实，那邪恶天才的概念自然成了自相矛盾的东西。神是绝对完美的，因而它不可能有邪恶或欺骗（这两种品质都是不完美的），因此也就没有任何存在能够既与神等量齐观，又邪恶或者欺骗。神存在的证明本身便与方法论质疑相矛盾，因而重拾了我们的认识论自信。最重要的是，既然知道了神的存在和邪恶天才的不存在，重拾了我们对笛卡尔所说的“清晰而明了的思想”这一观点真实性的信心。我们能够相信这些思想是真的，因为神的完美让我们这样做合乎情理。神不会欺骗我们。

举个简单的例子。你我坐在房间里，你说“这里很冷”，我说“这里好热”。争辩孰是孰非是没有意义的，“冷”“热”并不是清晰而明了的思想。于是，我们一致同意去看看温度计。温度计显示 64 华氏度（约 17.8 摄氏度）。我们又拿了另外两只温度计来确认，结果也都一样。现在，你我都能一致认定室内的温度了，我们能够扔开原来像“冷”“热”这样模棱两可的字眼而代之以数字，并在此后谈到温度时都更加小心了。你不会再说“这里很冷”了，你会说“我觉得冷”。只要你不把自己的感受当作室温的客观判断，那么这么说没问题的。如果你想要评价世界的真实情形，你一定会用一些诸如“现在房间里有 64 度”这样的字眼，因为这能表达一种清晰明了的思想。因为神的存在已经被证明了，我们现在十分确切地知道，邪恶天才是不存在的，我们能相信这些思想是对的：现在房间里确实是 64 度。

笛卡尔将上述思想总结如下：

> 首先，就连我已经当成原则的“我们非常清晰明了地表达的东西都是真的”，也仅仅是因为神的存在，以及祂是完美的存在，才得以确认。

至此，笛卡尔的认识论大厦，已经奠定好了基础。在清晰明了的思想的可靠性的指引下，他现在能够去掌握世界的知识——亦即自然科学的事业——以及去发现“一切有益于人生的东西”；换句话说，就是开发出适用于自然科学发现的各类技术来。

这里还需要补充两点。第一，或许你已经发现了笛卡尔论证中的问题。他的这种从外界获取知识的方法，要求他去相信那些清晰而明了的思想。但是，他又必须先去证明神的存在，否则便无法建立良好的认识论准则。他说过，“如果我对此（神的存在）一无所知，那么很可能，我永远不能完全确定任何别的东西。”但是，这神的存在的证明本身，不也依附于那些他认为清晰明了的思想（例如完美和存在这些思想）吗？难道他不相信这些思想吗？换句话说，当笛卡尔开始审视神这个思想时，难道他没有在假设自己要证明的东西吗，没有假定那些清晰而明了的思想是值得相信的吗？在我看来，这叫做“诡辩”，这可是个大禁忌。笛卡尔这样做，是不是冒天下之大不韪？

第二，笛卡尔关于“我思故我在”的论证，以及证明神存在的尝试，说明他是个彻头彻尾的理性主义者。从学术意义来看，“理性主义”说的是一种关于知识获得的理论。广义上，它认为理性本身便能够锁定通向事物真理的道路。它过去总是和经验主义互为对比，后者认为经验——尤其感官经验——是我们事物知识的来源。笛卡尔很明显是站在前一阵营的，他仅仅通过考察自己对于“我”和神的思想，便发现了关于现实的真理；因为他并不需要通过眼睛或者耳朵来发现“我”和神的存在，他能够在完全黑暗寂静的密室里完成这一系列思辨。

支配自然的主人翁

无论他的论证最终有多么大的问题，笛卡尔仍旧认为，证明了“我”和神的存在（后者确保了我们清晰明了的思想的真实性）以后，我们便准备好去研究世界了；也就是，去从事科学研究。在《谈谈方法》这本书的第六部分中，作者以最大的热情详述了这一点。前面那个建筑的比喻，这里同样适用。没错，坚固的基础是一栋大厦长期稳定结实的最关键所在，但是，没人会住在基础里；相反，我们总是住在楼上，除非出了什么问题，否则我们不会去注意地下室。同样的，一旦“我思故我在”和神就位，我们便能忘掉它们，转而开始从事日常的事业。笛卡尔的日常生活，就是在科学上（通过清楚明了的思想）掌握外界的事物，然后将知识以技术的形式加以应用。别忘了，从他的自传的开篇伊始，他便宣布了自己青年时代的抱负：获得“一切对生活有益的，清晰而确定的知识”。他解释道：

> 这些见解，让我知道有可能取得一些对人生非常有用的知识，撇开经院中讲授的那种思辨的哲学，有可能凭着这些见解发现一种实践哲学，把火、水、空气、星辰、宇宙以及周围一切物体的力量和作用认识得一清二楚……然后就可以因势利导，充分利用这些力量，成为支配自然界的主人翁。

物理学家研究原子的内部结构，然后工程师们设计出机器来释放它们的能量。石油的性质已为大家熟知，地质学家们知道如何确定它们在地底下的位置，内燃机引擎让它们燃烧。遗传学家发现了人类基因组的结构，然后制药公司造出了能改变人体机能的药物。自然科学的研究结晶，通过数学语言的形式应用到现实世界里，从而得到可以预见的、有用的结果。它们让我们能够支配和拥有自然，让自然臣服于我们的意志。

虽然笛卡尔对自然世界的见解还远比不上我们系统而全面，但却是富有预见性的。他对即将到来的科学革命（他本人也是这革命的巨匠之一）具有深刻的直觉。更准确地说，他把握住了医学科学的巨大潜力。他预见到，随着人们对人体的认识渐深，生物技术将变得无比重要。它将不仅让我们保持健康（他将其描述为“毫无疑问是一切益处中最首要的，是其他一切益处的基础”），还将让我们摆脱“无穷的病痛，摆脱无数种身体和精神的疾病”。他的这番话说明他已经认识到：大脑控制着精神。因此，如果他穿越到今天的波士顿的话，一定会为今天的神经科学深深吸引，对当今化学在治疗抑郁、增强认知能力中的巨大作用感到欣慰。[4]

其最为乐观的观点在于：预见到了预防变得“年老体迈”的可能性。他预见了这样一种未来：医学已了解疾病的起因，从而研发出生物技术以征服死亡。400 多年前，他写下的这些东西无异于白日做梦。今天，随着学者大军深入研究细胞老化死亡的原理，这已经逐步变为现实。希望在于如果能弄清它的原理，或许能够逆转衰老。

我们今天就生活在笛卡尔描述的世界里。一年又一年过去了，人类能够支配自然、掌控自己这一远景，正随着技术的进步变得逐渐清晰起来。

休谟的回答

大卫·休谟，《人类理智研究》

大卫·休谟同样痴迷于知识，和笛卡尔如出一辙。不过，身为经验主义的集大成者，他的方法和笛卡尔全然不同。这一点，在他的《人类理智研究》（1748 年成书）的第二章——“关于观念的起源”——便迅速言明了。经验主义和理性主义一样，尝试解释人类如何获得知识。在休谟看来，答案很简单：从经验中得来；更明确地说，是从感官印象中得来，感官印象是我们一切思想的源泉。

在这一章（第二章）里，休谟首先让读者做一个小实验（我稍作了点调整）。点燃一根火柴，然后将手指头（短暂地）伸到火焰里去。又烫又疼。现在把火柴吹灭，等几分钟。疼痛感消退了。你还会记得那痛感，不过这记忆不会再伤害你。

或者这样。你计划明天晚上要买瓶上好的红酒，享用一顿美妙的晚餐。想象你坐在餐桌前，嗅着高脚杯里的酒香。你或许能很逼真地感觉到红酒的香气，这感觉十分美妙，但它并不是真的。

休谟想要说明的，是一个大家很乐意认同的观点："再怎么生动的思想，也不及哪怕最沉闷的感觉。"没有任何记忆、想法或经验——没有任何思想——能比得上感官的鲜活。"思想"——休谟用这个术语来概括上面提到的一切认知形式——是不及感官印象"有力和鲜活"的。休谟以此为切入点，开始集中叙述自己的经验主义。

第二步，他又让我们思考自己的精神世界。在我们脑海中"塑造怪物"并不困难，例如，我们能想象一只飞象出来。实际上，我们完全可以天马行空地想象出任何东西来。但是，休谟认为，我们的想象力其实局限很大：

> 虽然我们的思想貌似享有无限制的自由，可如果我们予以较为切实的考察的话就会发现：它实际上被限制在一个狭窄的范围内，心灵的全部创造力，只不过是将感官和经验提供给我们的材料加以联系、调换、扩大或缩小的能力而已。当我们想象出一座金山，我们只不过将以前熟知的"黄金"和"山"这两个没有矛盾的意象结合起来。

诚然，即便世界上并不存在（据我所知）金山，无法获得亲身体验，但我仍然可以想象出金山的样子来。要追溯这个观念的源头并不困难，我在新罕布什尔州见过山，也见过我的左手上的一枚婚戒。为了塑造出金山的形象，我把山和黄金这两者结合起来。对休谟而言，这便是一切观念的局限：它们源自感官的印象。他用这样一句话表述了自己的经验主义的基本原则："我们一切的观念或微弱的感知，都是我们的印象或更鲜活的感知的摹本。"

对思想之源的这种概括性的认识，是休谟审视思想的基本方法。如果，有一天你来到我办公室，兴奋地告诉我说，你打算去造访新泽西的一座金山，我会叫你冷静下来，让你跟我一起剖析这个想法。我会说，你压根没希望到达你的目的地，因为金山只不过是两种尘世里常见概念——山和金子——的结合体而已，它并不存在于世上。休谟认为，这种按部就班地将复杂观念简化成简单元素（这些元素都来自感官经验）的方法，可以用在任何思想观念上。更重要的是，这个过程在涉及哲学家们常常讨论的抽象观念时尤其有用。在笛卡尔眼中，传统哲学充满了混乱、疑问和争议，因而需要大刀阔斧地修正；休谟也像笛卡尔一样，深深怀疑教授们鼓吹的那些所谓的"真知灼见"。为了击垮他们的自负，休谟也要求他们通过以下检验：

> 当我们对一个被使用而没有任何意义或观念的哲学名词发生疑问的时候（这很常见），我们只需追问：所假定的那个观念是从何种印象得来的？如果不可能找到任何与之相应的印象，那就证实了我们的怀疑。把各种观念置于这种明确的观点之下来考察，我们就有理由消除关于观念的本性和真实性的一切可能产生的争论。

前面说过，休谟和笛卡尔一样，志在平息传统哲学那似乎永无止境的争议（不然的话，二人都会觉得你现在读的这本书索然无味，因为书中的英雄就是苏格拉底和那些颂扬争议而不是平息争议的人）。他认为，绵延数个世纪的哲学上的竞争和分歧是无意间产生的。因为沉醉在诸如“物质”“本质”“心灵”“存在”“自然”“灵魂”之类的玄之又玄的词语当中，哲学家们忘记了去思考它们的含义。也就是说，他们忽视了这样一个事实：所有这些词语代表的观念都源自感官经验。因而，他们最后争执不休的，只不过是一些自己想象出来的臆造之物罢了。他们所青睐的思想观念，不见得比金山真实多少。

总的来说，目前的分歧在于：在理性主义者笛卡尔看来，对诸如“我”和神的观念的合理分析，证明了它们的存在性：即使我坐在一间伸手不见五指、张耳不闻声响的密室里，我也能通过自己的想象走出密室，看到外界。而经验主义者休谟认为，思想没有这么强大，它们根植于感官印象中，人类只能联结和反映感官印象，没有了感观印象，就没有思想。

为详细说明这种分歧，我们可以看看休谟的上帝观。他赞同神是一种“拥有无限聪慧、明智和良善”的存在。但他和笛卡尔的不同之处在于，他无情地拆析了这个观念。在他看来，这一观念“源于对人类大脑活动无尽的思辨及论证，其程度随己所愿”。换句话说，它也和金山的观念一样；通过小心仔细的内省，就会发现它的组成要素。

我意识到，自己有能力从椅子里站起来，我能解代数方程，我偶尔会试图善待他人。通过将我所察觉到的这些品质不断上升，上升到至高的程度，我得出了神（一种至高、至强、全知、至善的存在）的观念。难怪休谟的同时代人怀疑他是个无神论者。

联系的原则

休谟的经验主义框架已经初步建立起来了；但在他能够解释知识获得的原理之前，还有许多的工作要做。理由只有一个：印象本身并不能够解释。实际上，如果我们的认知生活仅仅由它们（以及和它们相对的思想）所构成的话，那将会一片混乱。

此刻，我知道我的头顶有灯光在照耀，冷气在触碰我的皮肤，窗口像绿色的补丁，我的喉咙还有点儿痒。我看到眼前有个明亮的方框，能听到键盘的声响，能感觉到自己的手指头在动……不胜枚举。一方面，这些不同感官感知到的印象，互相之间并无联系；但另一方面，我又能体会到它们的联系。明亮的方框，我跃动的手指，我敲击键盘的声响，共同组成了一件事：在电脑键盘上打字。如果没有这样的融合，如果各种印象仍然互相孤立，它们就将毫无意义，并且很快就会令人无所适从。它们将会成为一片混乱。但是，我们认为印象并不是互相分离的，而且它们确实有意义。因此休谟推理道，只有各种印象相互联系时，他所说的那“联系的原则”才能起作用。

我听到一声低吼，看到一只硕大的长方形物体在我的视野里滚动着，这两种感官形成的印象，合而为一。我以为，第一是第二所引致的。（前面的两种印象是因为）那边有一辆卡车开过。键盘的声响，和亮着的屏幕上面显示的黑色光标，也同样是联系起来的。而由于我的手指敲击键盘，这才让键盘声和光标出现。因而，因果关系，便是一种联系的原则。它就像结缔组织一样，将那些转瞬即逝的印象融为一体，否则的话它们只是一堆零散的一系列印象而已。

我看到眼前有两个物体。一个是黑色的，另一个小一点，是绿色的。二者之间相距有一英尺远。它们都是圆筒形，各自有一个半圆形物体从它们的一侧伸出。虽然它们并不相同，但我并不认为它们是完全不同的物体；我看到的，是两只马克杯。相似性——休谟的第二个联系原则——足以让两种不同的印象融合为单一的局面。

我把头偏向左边，看到一个深色的物体，还有一个褐色的表面。但是，这并不全对；我所看到的其实是一只咖啡杯，放在桌子上。因为二者紧密相接，因为它们互相连接——休谟的第三个联系原则——两种印象组合成了一个。

这些原则构成了我们对世界的经验。没有了它们，我们便会持续地被不同刺激物轮番轰炸——褐色的形状，低吼声，滴答声，闪光——然后我们便迅速精神错乱了。有了这些联系原则，我们的印象才变得可以理解，我们的生活才有了意义。

怀疑性的疑问

目前为止，或许我们觉得休谟的理论十分吸引人，甚至是常识性的。但是，仔细看看他下一章的标题："关于理智活动的怀疑性的疑问"。那个原本显得直白，乃至令人安心的经验主义框架，就要变得复杂起来了。为什么？休谟的解释需要一步步呈现（一开始或许会显得无甚关联）。

首先，休谟将我们的一切推理、一切思考和获得知识的尝试，分为两类：“观念的联系”，和“实际的事情”。前者有一例为证。你的观念中有一个人，名叫鲍伯，但你从没有见过他。有人告诉你说，他是个单身汉。那么，想象这个句子：“鲍伯没有结婚”。你知道，这是真的。为什么呢？因为这就是单身汉这个词的含义啊。虽然你从没见过鲍伯一眼，而且以后也不会见到他，但你知道，这个描述他的句子不仅是而且必须是真的。这是因为你知道，“单身汉鲍伯已婚”这句话一定是假的，因为这就相当于说“鲍伯既结了婚又没结婚”。这就是矛盾，一种对同一对象存在两种对立观点，但逻辑上它们不可能同时成立的现象。正如休谟所说，矛盾是“永远不能被心灵明确无疑地设想的”。如果我们设想“一个人既没结婚又结了婚”这样一个句子，我们的思想便无法继续，因为矛盾的东西是不可能为真的。因此，仅仅考察句子“单身汉鲍伯是未婚的”中所含的思想，你能明确无疑地断定，这是真的。你不需要进行任何实证研究，因为其中的道理是“仅仅通过思想的活动便能够发现”的。即使你独自处在笛卡尔所设的漆黑、隔音的密室里，你也能断定鲍伯未婚。问题是——这也是经验主义者和理性主义者之间决定性的分水岭——这样的推理无论多么逻辑缜密，也只揭示两个观念之间的关系，揭示不了全世界。

这个故事，和“房间里现在有 64 度”的例子截然不同。无论你思考这个表述多长时间，多么彻底地分析其思想构成，多么地具有逻辑性，你仍然不可能知道它是不是真的。唯一能知道答案的方法，就是去看温度计的读数。如果温度计显示 64 度，那么这句话是对的。换句话说，要确定房间里是不是 64 度，需要通过经验的观察；这是因为，这是一个关乎事实的事情，不仅仅是两个观念的关系问题。

“思想的活动”本身并不能判定涉及实际的事情的表述的真假，原因在于：这个表述的对立面并不是一个矛盾体，如果是的话，那这个表述在逻辑上是可能成立的。“房间里 62 度”这个表述，在含义上和“这是 64”是可以等量齐观的。这里暂且不表。

休谟论证的第二步，增强了前面提出的一点。关于实际事情的推理——或者我们也可以说，关于世界——是“基于因果关系的”。只有当这一条联系原则起作用的情况下，我们才能让自己的种种印象内在统一。没有这个原则，我们便会被一个个彼此毫无关联的刺激——褐色的外观、嘶吼、物体移动，而不是一辆卡车轰鸣着开过——给弄得精神分裂，那样的话，我们的生活也将很快难以为继。

休谟的中心论点是，思想本身揭示不了因果关系。当一个两岁大的婴儿看到生日蛋糕上的蜡烛，她或许会高兴地尖叫起来，拿手去摸烛火。当然，会很疼。休谟认为，婴儿当然不可能事先知道摸烛火会很疼。他解释道：

> 一个人不管有多么强的自然理性和才能，如果在他面前的对象对他来说完全是新的，那么，即便他极其精细地考察它的可感知到的特性，他也不能发现其任何原因和结果。即使我们假定亚当的理性官能一开始就是十分完美的，他也不能根据水的流动性和透明性而推论出水会把他窒息。

即使这孩子是个天才，在第一次见到火焰的时候，也不可能仅凭观察就能推论出触摸它会很疼。因此，哪怕她从前曾经这样干过一次，这一次她搞不好还是会去摸那火焰。如果她的记忆力正常，她就会很快将两个印象——火焰和疼痛——联系起来，然后大概不会再去进行第三次尝试了。休谟的结论如下："因果是可以被揭示的，但不是通过推理，而要通过经验。"

虽然没有以任何方式观察单身汉鲍伯，但我也知道"鲍伯未婚"这个说法是真的。这是因为，如果反过来说"单身汉鲍伯是已婚的"，那么就成了一个矛盾体，肯定是错误的。用稍微技术性的语言来说，我能通过一种"先验的（apriori）"推理方式，揭示其中的道理。这个拉丁文短语意为"此前"或者"先于"。先验的推理是独立于经验的。

单身汉鲍伯未婚，这是我在见过他之前便知道了的，因为他不可能是已婚。

相比之下，“火焰不会造成疼痛”这个说法，便没什么矛盾的了，我们很容易设想出火焰不造成疼痛的情形来，比如说，一个人戴着防火手套，或者有一只钛制成的义肢。对于正常的、未受保护的手指，火焰是否会造成疼痛，只有通过多次的体验才能确定，然后这两个独立的印象才能联结起来。因而，因果联系便只能通过后验的（a posteriori）——亦即，通过后期的推理来揭示，它是处在经验之后的。

休谟论证的第三步直接由第二步产生，并把我们带到了本章标题中的那个短语前：“怀疑性的疑问”。因为每一样实际的事物的对立面在逻辑上都是可能的，可见因果联系的知识并不能通过先验的推理得到。再者，只有先验的推理能推导出完全确定的知识，后验的推理，顶多能得到可能的预测而已。（很有可能——但无法绝对肯定——第三次触摸火焰会再次造成疼痛）因此休谟总结说，我们永远无法完全确信因果联系。因为因果联系像胶水一样将我们对世界的经验连接起来，所以我们永不可能真正绝对地肯定自己身处的世界。

太阳明天还会升起，这一点我们坚信不疑。但是，因为“太阳明天不会升起”这个表述是完全可以理解的——

也就是说，它并非矛盾——我们无法绝对肯定地证明，明天太阳一定会升起。当然了，你要是真的打赌说明天太阳不会升起，是极其愚蠢的。另一方面，其实有各式各样的可被理解的（哪怕是牵强的）情形导致太阳不再升起。可能，一颗巨大的行星撞击了地球，扬起的灰尘遮天蔽日，天空变得一片混沌。可能，太阳的燃料烧光了，不再发亮。我知道这样说有点儿傻，但休谟的要点是：我们认为太阳明天还会升起的唯一基础，是我们把清晨和太阳联系起来的联想，这两件事，我们反复地经历了许多年，以至于联系在了一起。因此，我们并不能 100% 肯定——因为先验上这并非显而易见的——这种模式将来还会继续。这就是休谟的怀疑性的疑问的基础。

或者这样想：我们坚信太阳明天会升起，这是基于一个假设，这个假设的真理我们无法证明："未来会符合过去"。当然了，这个原则在大多数时候似乎是成立的；但另一方面，生活又充满了意外。下次你把手指头放到火焰里，说不定不疼了，因为有个人趁你睡着给你戴上了防火手套。当然了，这不太可能发生，但逻辑上是可能的。

简而言之，休谟是个怀疑论者。在他看来，人类无法掌握对世界的确定的知识。要清楚：是他的经验主义导致了他的怀疑主义。这个世界之所以对我们有意义，仅仅是因为我们意识到了其中的因果联系，而这取决于我们将孤立的事件——触摸火焰，感到疼痛——这些我们反复体验到（然后记住）的经验联系起来的能力，也取决于我们“未来将像过去一样”的（无法证实）的假设。因而，没有因果联系能通过先验的演绎来确定。休谟概括道：

> （世界）终极的根源和本质，把人类好奇心和探索拒之门外……最完美的自然哲学也只不过能暂时掩饰我们的无知……因此，一切哲学的结果都只能使我们看到人类的盲目和弱点，无论我们如何竭力避免和逃脱，但在每一个关头，我们还是会看到这种盲目性和弱点。

对于质疑性疑问怀疑论式的解决

乍一看，第五章的标题是（至少应该是）十分叫人困惑的：“关于这些疑问的怀疑性解决”。怀疑论能解决什么东西呢?

我们来跟随休谟的思路，且认为我们无法确定地知道明天太阳是否会升起。那么同理，我们也无法证明波士顿明年 7 月会不会下雪，或者今天晚上我离开办公室时联邦大道的人行道是不是完好无损。那又怎么样呢？欠缺这样的知识并不影响我们未来的计划。丧失对这个世界的先验的知识不要紧，我仍然能够过得很好，原因在此：我是被“习惯或习性”所指引的：

> 任何一种个别的动作或活动重复了多次以后，便会产生一种倾向，使我们并不凭借任何推理或者理解过程就重新进行同样的动作或活动。我们常说，这就是习惯的结果。

从我记事起，我便记得太阳每天早上都升起。我根本不需要任何考虑，一睁眼便完全地期待着窗外的晨光。这并不是因为我有什么先验的科学理论，能预测到这件事的发生——毕竟，我对天文学一无所知——而是因为，我已经很习惯早上醒来见到晨光了。有了过去的经验，我不自觉地假设未来会和过去一样，于是毫不费力地进入未来。简而言之：

> 习惯是人类生活中的伟大指南。只有这个原则才能使我们的经验对我们有用，使我们能期待将来出现一连串事件，与过去出现的事件相似。如果没有习惯的影响，我们除了直接呈现于记忆和感觉的东西以外，对于其他的事就会一无所知。

休谟在这里的重点是，即使没有牢固或者确定的知识，人类也会过得不错。你无法证明你的咖啡机明天早上是否还会正常工作，但没关系，早上起来穿好衣服，你还是会走进厨房打开它。很可能你的咖啡机还是会跟以前的多年一样，一如那咖啡袋子和量杯。然后，你做咖啡就几乎不需要什么思虑或注意力，只是一系列下意识的动作，这动作你已重复多年。因此，你早上这一系列动作过程感觉几乎是自动的。但是，它并非如此。你并不是机器，程序设定了你做咖啡；毕竟，只要你愿意，你完全可以跳过咖啡，直接出门上班。这样做，可能你会感到有点儿怪怪的。在安排或构造我们的生活上，习惯的影响力是如此强大，以至于我们觉得就像是“第二天性”一样。要打破这种习惯是很艰难，但并非不可能。

回顾我们之前（第四章）对亚里士多德的讨论，其中提出了一个比喻：习惯占据了认知的灰色区域。它们就处在那深思熟虑的意识明灯指引下的自觉行为，和心灵无法控制的机械行为之间。举个例子，你的心脏现在跳动着，对此你什么也做不了（当然了，除非你一枪崩了自己的脑袋，让心脏停下来）。另一个情形是，你可以举起双手问自己，我要不要挠一下耳朵？你既有去这样做的理由，也有不这样做的原因，就看你偏好哪一个。无论你选择哪一个，你的下一步都是受到意识指引的，是光明的、深思熟虑的。

但是，早上进入厨房做咖啡就不同，你为了做咖啡而做咖啡，你一直是这么做的；同时，做咖啡也不是心灵无法控制的机械行为，你完全可以不做咖啡。

休谟认为，习惯要远比我们想象的（或者亚氏所认为的）更为深入地影响我们的生活。我深知摸火焰会很痛，是频繁经历被火焰灼痛的体验的结果，而这两件事之间的因果联系虽然没法证明，但我依旧认为二者是关联的。触碰火焰之后就是灼痛，就好像早上醒来之后就会走进厨房一样。没什么大惊小怪的，这就是习惯这一人生伟大指引在引领我们这样做。休谟的重点是，习惯解释了为何我们会让人生合理简化（即使我们并不肯定）。我不能肯定咖啡机明天早上是否还会在昨天那个地方，但这并不让我忧心。我起来以后，还是一如往常地走进厨房。习惯的强大效力，为休谟自己在分析获得关于事实的东西的知识的可能性时提出的“怀疑性的疑问”提供了“怀疑论式的解决”。一方面，我们无法获得关于世界的先验知识；不过，这没什么关系，我们仍然过得还不错。

笛卡尔和休谟关于怀疑论的不同看法，让我们得以方便地概括二者之间的分歧。前者提出怀疑性疑问只是作为一种工具来让他克服怀疑主义本身。他利用方法的质疑（methodical doubt）来获得一种无可置疑的确信，一种先验的知识，作为他的认识论大厦的基石。相比之下，休谟并不认为怀疑主义是能被攻克的；相反，他的知识观点顺应了怀疑主义，他的怀疑性疑问变成了一种解答。为了明确阐述其思想过程，我们来看一个当代的问题，想象一下休谟对它的回应。

休谟和全球变暖

第四章中提到，今天大多数科学家认同，温室气体的排放加剧全球变暖。他们也认为，全球变暖又会造成海平面升高，造成更严重、更具破坏性的风暴，他们预计这一趋势还将继续下去，并最终对人类文明造成负面影响。但是，也存在着一些异见人士，或者“气候变化怀疑论者（climate skeptics）”，这些人——有的（一般是政客）是夸夸其谈的傻瓜，有的（像弗里曼·戴森）是严肃的思想家——对全球变暖的论证提出了质疑。

虽然，近年来平均温度的升高、冰川的萎缩和海面的升高俨然已是不可忽略的事实，但我们无法绝对肯定大气中的碳就是罪魁祸首。这林林总总的事件确实（而且可以衡量地）发生了，但要弄清楚它们之间的因果联系却完全是另一回事。可能，冰川的融化是由于气候的周期变化，这种气候周期，哪怕人类从没有燃烧矿物和石油燃料，也是会发生的。同理，说全球变暖的作用和传统观点所认为的一样可怕，或许也会有人质疑。因为植物吸收碳，大气中碳越多，植物或许长得更大更快。或许更温暖的地球，意味着北方地区更长的生长周期，从而加大食物的产量。即使这些期望的景象不会到来，但也可以想象，人类的聪明才智会研究出应对海面升高的解决之道，人类文明仍然是继续前行。

对这个问题，休谟主义的观点是，在全球变暖这件事情上——实际上，在任何关于事实的东西的推理上——我们无法确知有哪些起作用的因果联系。如他所说：

> 我们永远无法在现实中发现任何有力的或必要的联系，任何将“果”与“因”联系起来并将其一作为另一的必然后果的品质。我们能发现的只是，其一确实跟在另一之后发生。

换句话说，关联并不意味着因果。是的，冰川融化在加剧，可能加剧的速率还和排放到大气中的碳的含量增加速率一样。但是，这本身并不意味着后者造成了前者。

更大的问题在于：即使我们认同休谟的观点，认为碳增加和冰川融化之间的必然联系无法证明，但这是否意味着我们应对气候变化无动于衷？因为我们无法证明燃烧更多化石燃料是否造成灾难性的后果，因此我们就应该不再努力降低对化石燃料的依赖性吗？休谟的宣言“（世界）终极的根源和本质，把人类好奇心和探索拒之门外”，意味着我们应该不再研究全球变暖问题了吗？

假设美国总统提出了一项法案，要求关闭所有燃煤发电厂，禁止汽油车，禁令有效期三年。或者不这么夸张，假设，为了降低碳排放，美国总统针对所有化石燃料开征了一项重税，以减少化石燃料的使用。气候变化怀疑论者或许会说，这些主意都糟透了，它们很可能造成短期内严重的经济后果。工作机会可能减少，生产力下降，可能发生社会动荡。既然这些政策的长期效果无法肯定估计，但短期成本却摆在眼前，所以最好不要放弃燃油。

尽管身为怀疑论者，但休谟本人是否会加入到关于气候研究或者环境有关政治政策的大讨论中来，还未可知。首先，你可以既是休谟主义者又是科学家。你不需要是先验的科学家，比如什么都不做，只利用数学算式在黑板上写写画画以期领悟宇宙奥秘的理论物理学家。但你可以是一名实证科学家，将一切研究建基于可观测数据之上。经验主义者无法得到确信，这一点休谟已经阐述得淋漓尽致。不过，通过审慎地考察联系的模式，他们仍能对未来展开预测，例如很可能明天太阳会照常升起，因而我们围绕这个预期计划一天的事情，是合情合理的。只要这科学家用这种认识论的谦逊（epistemic modesty）来阐释自己的研究成果，她便能继续自己在实验室的工作。

为数众多的（甚至绝大多数的）气候科学家们现在一致同意：大气和海洋在变暖，这种趋势会继续，并且这是由于燃烧化石燃料产生的碳排放引起的。而且，他们中许多人认为，全球变暖的后果将祸及许多无辜的人们。他们中没人能够证明自己是绝对正确的，因而，怀疑论者仍然有着进入战场的概念空间。不过，正如我们预测明天太阳会照常升起一样，虽然并没有先验的证明表明未来一定会这样，但休谟主义科学家或许会争论说，我们应该准备好并且尝试去减少这些很可能对气候变化产生显著影响的行为。休谟主义者会说，虽然会有短期的经济混乱（这本身也难以预料），但潜在的未来灾难已经足以警示我们去采取行动了。再次强调，只要科学论证用的字眼是可能而非必定，并且伴随着认识论的谦逊（epistemic modesty），他们便能够合理合法地传播开来，甚至在休谟的怀疑主义隐含的局限性之内传播开。换句话说，他的怀疑论并不引致麻木不仁或者宿命论。

政府政策也是这个道理。警示当然是必要的。一方面，因为碳排放的加剧和冰川的融化之间的关联证据甚多，也因为预计的后果十分严重，政府的举措理应宜早不宜迟。可是，政府可能不会这样做；毕竟长期规划并非大多数政府的强项。因此，我们只得等待，等着看结果究竟有多坏，然后可能一切都太迟。

论辩的解决：理性主义还是经验主义？

问题是知识（knowledge）。我们多数人感觉自己是有些知识的，至少曾经拥有过。只有少数人会思考我们如何获得知识，或者有知识意味着什么。笛卡尔和休谟都持有极端的立场，二人的相互论辩碰撞出的思想火花，的确为哲学发展带来累累硕果。对笛卡尔来说，通过纯粹的，或者说先验的推理——例如“我思故我在”和神的存在证明——得到的知识给了我们关于现实的极为有价值的信息。而对于休谟，我们眼睛看到、耳朵听到的东西既是我们知识的来源，也是我们认识论的局限所在。笛卡尔是极其雄心勃勃的。在人类心灵力量鼓舞之下，他梦想着揭示出雄伟壮观的新技术；而休谟是谦逊的，他内心始终认为，我们的许多伟大思想像极了金山。他的聪明才智不亚于笛卡尔，但他却坚持认为我们的知识必定来自经验，知识本身是不可确信的。

你站在哪一方呢？这样一对巨大非凡的论争，我们该从哪里入手解决？或许，接下来的这些乍看上去毫无根由的问题，会有所帮助：你怎么看待数学？你觉得它美丽得引人入胜，还是抽象得毫无生气？或者更简单的，你喜欢数学吗？

我提出这个问题是因为在西方哲学史上，经验主义者和理性主义者之间的分歧常常体现为各自对数学知识的不同解读。例如，休谟认为算术只不过是关于不同观念之间关系的推理。你知道“7+5=12”，和你知道“单身汉鲍伯未婚”在概念上是没有区别的。这些都是逻辑上的必然真理（analytical truth），并不能告诉我们关于事实的东西的任何实质；对于我们所处的世界，它们没有提供任何新的信息。因此，虽然算数或许清晰明了如水晶，或许具备极其高的精确性，但它不能让我们看到现实的本质。后来有一位理性主义者（虽然他本人拒绝这样的标签），名叫伊曼努尔·康德。康德认为，“7+5=12”并不仅仅是逻辑上的必然真理，还是一种“综合的”真理。这之间究竟有何区别并不是最重要的。一言以蔽之，康德认为“7+5”之中蕴含的思想和“12”中蕴含的思想是有区别的。从等号的左边到右边，我们得到了一些新的东西。康德认为，数学真理可不只是陈述两种观念——例如“单身汉”和“未婚”——之间的关系那样简单。康德持有一种与我们对因果联系的知识类似的积极观点，它也有着一个先验的基础，因而对他来说，世界的特质是可以通过纯粹的思考来加以揭示，并被我们确切领会的。他是牛顿数理物理学的忠实拥趸。

柏拉图通常被视为理性主义者。他和康德一样，为数学所倾倒不已。在柏拉图自己创立的学堂（名叫“学园”）里，他要求学生必须学过几何。他坚信（至少很希望）纯粹推理足以得到关于任何事物的稳固的真理。相比之下，柏拉图的学生亚里士多德对生物学的兴趣要远比对数学大得多，亚氏更是一位坚定的经验主义者。他和休谟一样，认为认识论的努力必须从简单的感官知觉开始，这是哪怕最复杂深刻的理论的源泉。他经常批判其他的思想家说，他们异想天开，全然不顾自己脚下的大地。他对柏拉图主义者的批判之中最精炼的一句是：对他们而言哲学已变得太像数学了。亚氏认为这是个认识论的坏消息，因为它一定会引致夸张的言论，脱离实际。

那么，或许你在走进这一对论争之前，首先应该问自己，数学是否很有吸引力，是否喻含着伟大的东西？或者，数学是否只是一种拖累？你对于数学在人生其他方面的适用性是否有怀疑？当然了，这样的内省本身，除了让你得到关于你自己的一丁点儿信息之外，并不能带来什么别的东西。不过，它仍可以作为你长久思考的第一步。为什么你赞赏数学？是因为它的形态美，它的清晰明了，还是它坚如磐石的正误之别？是因为数学公式可以用于预测物体的运动吗？你是否认为，全世界的科学研究都要求数学作为其最基本的工具，甚至作为其语言？这是否让你怀疑，世界实际上是有着一种结构，我们哪怕被困在了漆黑而孤寂的密室里，也能单凭纯粹的推理了解这结构？或者，我们必须进入感官那繁杂的细节中亲力亲为，然后慢慢找到一条出路吗？追求纯粹的真理——这个梦想，是否是一种有害的幻觉？

这些问题的确都太大了。好在我们下一章还会回到这个问题上来。

注：

1.《谈谈方法》中，笛卡尔将“我思故我在（cogito）”定义为“我在思考，因此我是”。但这是个推论，而不是不言自明的真理。在《沉思录》中，笛卡尔重新将其定义为“我是，故我在”。

2. 这一论证启发了今天的“心身问题”；亦即，思考的事物和身体有什么关联？有人认为，这是当代哲学中讨论最热烈的问题。对这个问题有一个很好的概括，见于《斯坦福哲学百科》的词条“Dualiam（二元论）”。

3. 安瑟伦的专著《证据》（*Prologion*，1078 年）提出了关于神的存在的最早期本体论论证之一，见 http://www.stanselminstitute.org/files/AnselmProslogion.pdf，第四章。

4. 这里似乎令人费解，因为在思考“我思故我在”的问题时，笛卡尔已经陷入到了心身问题之中。但要记住，在完成神存在的证明之后，他认为自己已经掌握了解决它的认识论工具。

5. 解释《人类理智研究》中本章所涉问题和休谟的《人性论》之间的关系，是休谟学派面临的一大挑战。前者重在强调其怀疑主义，而后者（出版于 1739 年，早于前者）宣称自己是科学，尽管是彻头彻尾的经验科学。

第七章
得时无怠

问题

在吃意大利面食时，你是否还在想着甜点？你会提前做计划，周密规划自己的每一天吗？你是否焦躁不安，总在谋划着下一步？或者，过去是否像磁石一般吸引着你，你那布满悔恨的记忆是否让你夜不能寐？你是否满腹怀恋着过去，竟忘记了现在身处何处？或者，你是个得时无怠、一心关注眼前事而不论曾经或将来的人吗？

如何让自己适应滚滚流动的时间长河，将决定我们是个怎样的人，甚至帮助塑造我们的哲学观点。实际上，我们在本书中讨论过的种种选项，本身便可以映射在时空的网格之中。例如，我们可以想想，下面几位哲学家会怎样将头等重要的位置让予现在：

1. 卢梭对社会人的批判，依赖于我们从自然状态的“坠落”的故事。在这个故事里，“野蛮人”是自给自足的，他的欲望不会超越其即时的身体需求。他饿了便吃，渴望交配了而又恰好有一位伴侣便开始交配，累了就躺下睡一觉。没有想象力的他们对自己在他人眼中是何模样丝毫不觉，对自己行为的后果毫不在意。他就像个小孩一样，基本上活在当下。但可悲的是，在社会里我们活跃过度的想象力让我们永不得安宁。我们总是忧心忡忡，尤其担心死亡和人际关系。我们活在自我预计的未来，我们总是处在自己之外的地方。

2. 同样的，老子也受到了孩子的启发。孩子们沉浸于现在，漫无目的，与世无争，他们顺其自然，本能地实践着“为无为”。老子说：“圣人皆孩之。”

3. 尼采认为，古老的价值模式（即好坏之分）崇尚自发、喜悦、健康的行动。相较之下，善恶为界的道德二分法却受到怨愤的驱使，受到被压抑的权力欲望的鼓动，永被束缚在蝇营狗苟之中。不过，我们在本章中会更清楚地看到，有一活在当下的孩子，他不似那道貌岸然、对社会负责、敬畏神灵的成人，他树立了最佳的人类榜样。

还有一些哲学家，着重强调未来：

1. 穆勒的道德理论是结果主义的。他认为，衡量行为好坏的标准在于，行为是否对大多数人产生更多的幸福。要做一件正确的事，我们需要走在自己的前面。归根结底，他是一个进步论者。

2. 亚里士多德是个目的论者。他认为，世间一切事物都有着目的或宗旨，人类的目的便是幸福，亦即人类理性能力的完全实现。这样的成就，只有那些年长的、具备实践智慧的人才能达到。但是，即便达到了这个目标，这样的人也不会停下追求未来的步伐。正如我们在《政治学》中所看到的那样，在亚里士多德看来，人类天生是政治动物。为了达到最自我的状态，我们必须肩负起对社会福祉的责任，而这要求计划和“工程(project)”，这个词源自拉丁文“投掷(throw)”和“向前(forward)”。因而，政治人要为日后做准备。虽然孩子追求快乐是完全没问题的，但成熟的成年人身为人类发展的顶峰，必然面向未来。

3. 就像亚里士多德，孔子也是一位目的论者，他认为人类发展在老年时达到顶峰。年轻人应着眼未来，那时候他们才能成熟。不过，孔子同时也是一位严肃的保守主义者，他注重传统和仪式。在这方面，他劝诫我们要从过去当中寻求人格和行为的模范。

就连那些满脑子认识论的哲学家，也可以根据他们对时间的态度分类：

> 1. 对笛卡尔而言，“我思故我在”，或者“我是，故我在”的真理是不言自明的。它不需什么经验或者一步一步的证明。相反，它一出现在理性的光亮里，便立即自证其真了。他对于神的存在的先验证明，声称证实了永远呈现、独立于时间的神的存在。
>
> 2. 相较之下，休谟则认为，我们对事物的知识源自于经验。摸一下烛火便会灼痛你，但在摸了两三次之后，你就会形成触摸火焰和灼痛之间的因果联系，从而你的知识增加了。获得知识需要时间。

以上的草草刻画，所为只不过提个建议而已。正如前文所言，一个人如何看待（或把握）时间将决定性地塑造她的性格——或者反之——哲学家的世界观也可能在对时间的把握上彰显无疑，我们只需看它注重的是未来、现在和过去这三个时间范围中的哪一个。

这里的另一层含义是，我们和时间性的关系告诉我们，我们是谁。有的人蔑视时间的流逝，总想要彻底逃离它。

假设你有一个朋友，她是个十分虔诚的宗教徒。她笃信，神是绝对真实的，是至善的，因为世间一切事物（她的身体、手机、狗、意大利面、朋友和记忆）都会消逝，它们在神的永恒存在面前苍白无力。对她而言，只有将注意力远离时间之流，转而只关注神，才能在时间洪流中泰然处之。

你的另一位朋友，对此嗤之以鼻。他认为信仰宗教的人就是被恐惧支配的逃避主义者。当然了，他认为，世界上没什么东西会永恒，当身体死亡，构成身体的粒子会消散，然后一切归零。不过，对于时间性，他相信人们应当肯定而非躲避。我们活在时间里，时间是我们拥有的一切，而我们的工作，便是对其善加利用。相比之下，你的宗教信徒朋友完全不同意这一点。她笃信的是，归根结底，只有平凡的生命是不够的，她很肯定：总有些东西一定会永存。

你是谁？你能敏锐地察觉到，永不止息的时间偷走你所爱的一切吗？你是否从骨子里觉得时空的存在虚无缥缈，从而渴盼着什么永恒的东西？或者，你是否愿意并且能够顺其自然？

本书的最后一个主题——大概也是最基础的——即：得时无怠意味着什么。开始之前，我们要先弄明白的是，这里涉及的时间并非物理学家们研究的那个时间，而是未来——现在——过去这一常人每天在经历着的时间流动。这样来说的话，或许我们的问题定义为“时间意识”要更好一些。一方面，这是我们感觉极其熟悉的东西；不过，也有一些人从没停下来想过这个问题。正如我们接下来要邂逅的哲学家圣奥古斯丁所说：“何为时间？若无人问我，我便知晓；若有人求解，我便不知”。

圣奥古斯丁的回答

奥古斯丁，《忏悔录》

时间和永恒

奥古斯丁对于时间的分析，见于其《忏悔录》（成书于公元 400 年前后）卷十一，其开篇为对天主的说话，或者你也可以说是祈祷词。“主啊，既然永恒为你所有，你岂能不预知我对你说的话？你岂会随时间流逝方才看到时间中发生的事情？”（卷十一）

奥古斯丁的天主是没有限制的，因而祂与别的一切有限事物绝对不同。也就是说，祂是永恒的。“永恒”这个词，值得细细玩味。像宙斯这样的希腊神，是不朽的，因而不会死亡；不过，他像我们一样出生成长，然后长大成熟，直至力量完全发展起来。因为希腊神不会变老，因而宙斯永远处在众神之巅。但是，宙斯并不是永恒的，而且他经常和凡人打交道。相比而言，奥古斯丁的主却不会出生，用语法术语来说，我们说到宙斯时，动词会用现在、过去和将来时态；可在讲到主时只用现在时，祂即是“现在”。

正因为如此，我们在《圣经》中读到的祂的故事十分令人困惑，有时还甚至难以理解。一个永恒的存在，一个永远处在现在的存在，又怎么会进入历史中，或者与不断变化着的世界相互作用呢？正如上文中奥古斯丁所问的，永恒的存在怎么会“在时间流逝中看到时间中发生的事？”难道“看到”这件事本身不就需要“在时间流逝中”吗——可其实主独立处在时间之外？

从根本上或者本体论上而言，时间性和无时性迥然不同，诚如奥古斯丁所言，它们“不能比拟”（卷十一）。[“本体论（ontological）”一词源自 on，是希腊文词汇，意为“存在、本质”] 存在于时间之中（being-in-time）喻含着未来流经现在进入过去的持续不断的流动，而“在永恒里没有流动，一切均为现在”（卷十一）。但是，《圣经》记载的的确是神进入那一切都在流逝的现世世界（或历史）的故事。奥古斯丁思忖，这怎么说得通呢？

这个问题，所有以《圣经》为基的宗教均势必面临。奥古斯丁的思考，首先从《创世纪》的第一句切入。“使我听受、使我懂得你怎样‘在元始创造了天地’”（卷十一）。他问道，天主是怎样创世的？一方面，《圣经》经文作了回答：“你一言而万物资始”（卷十一）。但这不可能完全真实。说话需要具备一系列相互区别又相互联系的音节来发音，而这需要时间。作为永恒的存在，天主不可能用这种方式说话，因为那会需要时间。因而，他的“言”的说出——这是一个谜——是“真正的永恒”（卷十一）：

> 你用了和你永恒同在的“道”，永永地说着你要说的一切，而命令造成的东西便造成了，你惟有用言语创造，别无其他方式。（卷十一）

奇异的是，这永恒言语（不需要时间的，在一个不可分割的“行为”中完成的言语）的神学难题，也与人类的基本问题类似：

> 能领会其中奥旨？谁能阐述？谁能不断照耀我、敲击我的心而不使受损伤？我既恐惧，又热爱：恐惧，因为我和他有不同之处；热爱，因为我和他有相同之处。（卷十一）

奥古斯丁感到了自己作为一个意识到自己无可避免地活在时间流逝中的人，和神那永恒存在之间的无限距离。这令人恐惧，因为它意味着，一切属于我们的东西——我们的身体、心灵、物品、金钱——在天主面前什么都不是。但他又说，我们和天主也有着一些相似之处。因为我们能思考他。不论我们是否是他的信徒，我们哪怕在否定他的过程中，都能想到永恒的观念。永恒是没有变化，没有时间，不用过去或将来时态，它完全不似我们自己和世上的一切事物。这种对永恒的认知，构成了（不论多么微小）我们与它的相似之处。也正是这种认知，让我们如此完整地意识到自身的迅速流逝。因为我们能以某种方式思考（或想象）永恒，于是我们感觉自己如此短暂，彻头彻尾而又触目惊心。

但是，《创世纪》第一句话引发的神学问题仍悬而未决。天主如何创造天地？永恒的存在如何进入到时间洪流之中？为了找到答案，奥古斯丁开始着手分析时间。

他的第一个发现，似乎显得微不足道：时间性是三元的，因为它由过去、现在和未来三者构成。他的第二个发现似乎同样直白，但其中种下了一颗种子，随着分析的深入，这种子将爆发一般发展成完整的观点："过去已经不在，将来尚未来到"（卷十一）。现在之所以现在，只因为它马上要变为过去。因而，现在"之所以在的原因，是因为它即将不在；因此，除非时间走向不存在，否则我们便不能正确地说时间不存在"。（卷十一）

如果真是这样，那么我们对时间的把握，以及我们对自己生命的把握，便危如累卵。现在之所以是现在，是因为它即将不是现在。今天之所以是今天，是因为它明天就将消失不见。奥古斯丁迫使他的读者去面对这样一种可能性：人类经验——它本质上是时间性的——中夹杂着的是虚无，这种虚无正是时间流逝本身的特性。

好在，这样的分析（迄今为止都是完全消极的）站不住脚。时间不可能是虚无的，因为“我们说时间长短”（卷十一），因为我们衡量它，因此它必然具备某种现实性。可是，究竟我们衡量的是什么东西呢？如果遇见了一位儿时的朋友，我说，“很长时间没见到你了”，我说“很长”的是什么东西？它不可能是过去，因为过去“已经不在”；那么，“可能这个现在的时间是长的”（卷十一）？奥古斯丁很快便否决了这个答案。他问道，一百年是不是很长？似乎是的。但是，如果这个“东西”是可以衡量的，如果时间仅仅在现在才存在，那么将一百年描述为“很长时间”，便寓意着“一百年时间可以是现在”（卷十一），这也太荒谬了。这是因为，任何一个长度可衡量的时间片段都可再行划分，因而其中便也含有过去、现在和未来时间。“因此，一百年不可能都是现在的”（卷十一）。这样一来，唯一可能的衡量对象就成了“一个小得不能再分割的时间，哪怕分割成最小的一瞬也不行，仅仅这一点能被称为现在”（卷十一）。这个真正的现在，或者说“此刻”，必定是一个不可再分的时刻。但是，问题又来了，而且这个问题是决定性的：如果现在是不可再分割的，那么它就“没有瞬息的伸展延续”（卷十一），它就像一个几何点一样，没有量级，因而也就不可能衡量。可是，我们的确在衡量时间。

身为一个作家，奥古斯丁并不气馁。面对这个难题，他玩了一个小把戏：他将现在拟人化，将其变成了一个动词的主语：“现在的时间高喊着说，它不可能有长度”（卷十一）。

现在，这个时间存在的一切希望所寄望着的单一时间范围，在向我们高声呼喊。它宣告着自己的不存在。它没有延续，因此哪怕那句“今日尚且在此，明日过眼云烟”的俗语，也低估了状况。因为，今天并不真正存在，真正的现在只不过是未来和过去之间的一个不可再分的通道，只是它既不是未来，也不是过去而已。

这来自现在的呼喊，使人想起奥古斯丁在读《创世纪》时提出的那个问题。天主通过“言语”创造了世界，可是，天主不能使用音节，因为音节需要时间。那么，现在也就无法真正地对我们呼喊（因为呼喊也需要时间）。因此，它必定要让自己的不存在被人感觉到，哪怕它始终不存在。即使它在逃遁，它也像磁石一样吸引着我们。由于过去已经不在，未来还没到来，也就只有那永远不存在的现在才有可能存在。因此，我们“如着火一般地渴望”存在于现在。

现在的呼喊

在上文的分析当中，奥古斯丁揭示了人类经验的一个基本特点。我们骨子里感觉到自己是时间性的存在，意识到自己的短暂，这或许令人很沮丧。意识到我们的人生不过白驹过隙，我们转而寻求逃避。我们渴盼着现在，即使（或者也可能仅仅是因为）这恰恰是我们缺乏的。下面试举几例来说明。

我们中有很多人坐不住。我们的身体就是不愿意这样做，我们的思想也一样；它们总像是癫狂的兔子一样蹦来蹦去，然后我们接二连三地蹦出了一打又一打的想法。我们不停地查收电子邮件，不停地收藏网页，哪怕那时候我们在上班。我们烦躁不安地想要去别的地方，我们不停地换台。有句老话说得好："草是别家绿。"我们从不满足于自己所有的，总是这山望着那山高。在野心和可能性的驱使下，我们一头扎进了未来之中，渴望占据一席之地。我们停不下来。

在其精神自传《忏悔录》中，奥古斯丁本人也是一个极其糟糕的不安分者。他耗费了数十年时间的挣扎才意识到（理解、判定、相信），只有永恒存在的天主才能安抚他那不安的内心。于是，他对此过程的描写，便以这样一句宣言开始："我们的心如不安息在你怀中，便不会安宁"（卷一）。但是，奥古斯丁的读者并不需要加入他那虔敬的行列来认真对待他的分析；这是因为，很可能不论你的宗教信仰为何，你也是不安的，你的大部分行事乃是试图（无论多么不加思考）通过聆听那现在的呼喊以修复自己的状况。

想想这个问题：为什么这么多人饮酒？醉酒的诱惑究竟是什么？当然了，喝醉了会感到身体里弥漫着一种愉悦的温暖，但在这背后，是醉酒带给我们的释放。它让我们不再局限于自我意识的桎梏，暂时忘掉时间的流逝。

为什么你会在参加聚会前，先喝几杯？因为你有意让自己暂时中断平日里的自己。平时你十分羞涩而不安，轻易不对陌生人说话，尤其是那些吸引你的人。你担心自己会说错话，招人厌烦。如果你是个特别难为情的人，你就会更加紧张，觉得更加尴尬。不论你多少次告诉自己“别担心，做好你自己就行了”，但你就是做不到。可如果你喝醉了，你就会放开一切，毫不迟疑地走向别人，你大胆说话，不惧后果。

酒精几乎受到全世界的欢迎，但醉酒的巨大诱惑在于它将我们从日常的意识中解放出来。有太多时候，因为我们害怕把事情搞得像昨天一样糟糕，以至于我们为今天要做的事情忧心忡忡。但是在酒精或毒品的作用下，我们高声嘶吼，我们觉得自己内外合一，心无旁骛。既然不再担忧后果，不再关心我们看起来或听起来怎样，我们便忽略了失败的可能。我们毫不顾忌地高谈阔论、放声歌唱、翩翩起舞、摇摆呼喊。我们陶醉于现在。难怪醉酒总是伴随着巨大的快乐和糟糕的暴力。

体现奥古斯丁思想的力量的另一个例子在于，我们很幸运地有一些休闲时光。没有了外部需求的负担，没有了看表的必要，我们尽可以率性而为。很多时候，我们会选择游戏；而且在这种游戏的过程中，我们不再意图达到什么目标，只是尽情玩乐。

游戏这件事（不论精神或身体），令人惊讶的地方在于游戏者的完全投入。例如在体育比赛里，运动员除了赛场规则之外，对别的一切充耳不闻。没有了过往的羁绊，没有了未来的忧虑，运动员全部的世界只剩那个严格规定了的赛场。此时，这项运动的身体需求令她全神贯注于眼前的任务，她完全沉浸在了技术动作当中。

运动使运动员感受到的是一种永恒的滋味。这个隐喻并不是为了暗指什么神秘的东西；它描述的只不过是运动员在比赛中的切身感受。运动员的心脏在跳动，所以每一秒的流逝，都意味着她距离坟墓又近了一步；可是，因为她如此彻底地沉浸在比赛中，她根本不会意识到时间的流逝。这并不是说比赛瞬间即结束，比赛要持续一段时间这是毫无疑问的；这也不是说在比赛过程中运动员完全没有了时间观念，因为在体育竞技中尤其需要细腻掌握每一个技术动作，因此必定注重时间。相反，就像在醉酒状态下或者剧烈的体感愉悦下一样，完全沉浸的运动员不会注意到别的任何东西，她在每一个动作之间会感觉到（虽然外界无法衡量）自己已经摆脱了平日里支离破碎的时间的流逝。这就是为什么，体育和运动员都那么热爱这项运动：它提供了一个庇护所，让我们得以逃离我们多数人在所谓的现实世界里经历的令人疲惫不堪的生活，而且，如果奥古斯丁的时间分析站得住脚的话，这个现实世界一点儿也不真实。

战争也是同样的道理。战场上的一切物体，都是士兵生命的潜在威胁，因而士兵必须拿出最大的注意力。这样一来，尽管战争残酷无比，但战争必然也富有吸引力。战斗中一切都无比重要，一切都不容忽视，容不得一丝分神，也不得有毫厘的后悔或焦虑。这一点，在电影《拆弹部队》2 的末尾体现得淋漓尽致：拆弹部队的英雄在伊拉克执行任务，生命随时不保。行动结束后，英雄回到了家，回到了妻儿身边。电影行将结束时，有一个超时的场景，他对着一长排的早餐谷物产品凝神沉思，似乎无所适从。很明显，这位英雄无法忍受和平而沉闷的日常生活。随后镜头很快转场到了伊拉克，这位英雄自愿回到了战场，继续那无比危险的拆弹行动。现在的呼喊如此声嘶力竭，以至于有的人——不妨叫他们“冒险狂”——为了追随这呼喊而有意让自己陷入到危及生命的状态里。

不久前，我妻子因重病入院治疗（她现在已经好转）。跟着呼啸不止的救护车进入急救室之后的那些天里，我的生活范围急剧缩小了。我每天花好几个小时陪着她，照看她。虽然这颇具挑战性，但我并不觉得焦虑；相反，虽然我很难过，但也感到平静。我一反常态地动作缓慢而有目的性，并且感觉十分安宁。我有更重要的事情在做，这需要我全神贯注。妻子每时每刻的病情赶走了过去琐碎的忧虑和遗憾的记忆，来到了舞台中央，占据了主导地位。我有要事要做，别的一切都要让路。奇怪的是，这种感受并不那么糟。

这些年来，很多人为了追随现在的呼喊，去参加各类“正念”班。“正念”这个词，现在十分流行了。人们进行这种训练，去追求对现在的敏锐感受，例如说，对每一口呼吸的感受。大多数时候，人们寻求从日常生活的压力中解脱，为此人们每周都去参加瑜伽课程。有的人焦虑过度，以至于需要看医生，然后医生可能会让他接受以正念训练为基础的认知治疗。训练师训练他们去打坐、去注意眼前的事物，不让心念跳跃到未知的将来。他们通过训练，去学会平静下来。

这一系列的活动，以及别的许多活动，都可以沿用奥古斯丁的语句加以解读。意识（虽然极不情愿）到自己作为暂时存在的虚无性的人类，深为存在所吸引，为一些宣示存在的事情所吸引，这些事情缩小我们的注意力，让我们注意一些别的东西，最终让我们感到活力。我们渴望那些让自己存在于（或者似乎存在于）当下的时刻。那么对奥古斯丁这位神学家而言，唯一能真正让这种对存在的渴盼成为现实的，便是对天主的虔诚。

时间的主观真实

“现在的时间在高喊……它不可能是长的。”既然现在的时间没有长度，既然过去和未来的时间也都没有长度，那么人类——可以说是唯一具备高度发达的内在时间意识的动物——所意识到的便是自身走向不存在的道路。但是，奥古斯丁却认为，不可能由这种论点的负极说了算。因为，“我们拿它们相互比较，说哪一个比较长，哪一个比较短”（卷十一）。时间是可以度量的，而且“我们无法度量不存在的东西”（卷十一）。因此，将来和过去，必定以某种方式存在。不过，由于存在仅限于现在，“无论是什么，都只是现在”（卷十一）。因为，过去和将来若要存在——因为它们可以度量，所以它们必定存在——它们必须以某种方式成为现在。我们会看到，这一转变需要思想的行为。更确切地说，它通过记忆和预言来实现。奥古斯丁解释道：

> 譬如我的童年……已不复存在，属于不存在的过去时间；但童年的影像，在我回忆并讲述之时，浮现于我现在的回忆中，因为它还存在于我的记忆里。（卷十一）

记忆是过去的存在。我回忆昨天午饭我吃了乳酪三明治，于是它的影像出现在我脑海里。昨天发生了许多事情，但除非我回忆它们，否则它们便消失在黑暗中。只有选择其中几个画面，拿出来放到记忆的灯光下，它们才又复苏。这样的回想，往往以某种方式将过去带到此时此刻的现在。它们是一种重现。

回忆我那几十年未见面的儿时玩伴时，我脑海里出现的不是外界的或者客观的实在，而是这玩伴在我头脑里形成的一种“印象”（卷十一）；一种“印刻在我记忆中”，我可以检索的东西。当我回想我那已去世几十年的祖父，他又出现了，没有离开，没有成为过去；他又以某种方式化作了现在，那个我所熟知的神采奕奕的老人复又出现了。似乎，我能够度量他生命的长度，因为记忆让过去复现，因而让他的生命延伸无止。

关于将来，也有同样的情形：

> 我们所谓预见将来，不是指尚未存在的将来事物，

> 可能是看到已经存在的原因或征兆。因此对看见的人而言，是现在而不是将来。（卷十一）

当我想象自己正在日程表安排的明天将举行的会议上，我脑海中浮现的并不是尚未存在的将来，而是脑海里现在正在发生的事。我和一群教授们围坐在办公桌旁，无聊至极。这将来就和过去一样，只有以某种方式成为现在，我才能获得它。

综上所述：因为一段时间可以度量，因而一段时间必定有所延展。有延展，它就可以再分；可再分，便具备过去和将来。因此，时间的可度量实在取决于思想的活动，只有通过记忆和预言，过去和将来才能成为现在，才能延展，才能变得可度量。奥古斯丁粗略概括了这一思想："我不知道伸展是什么东西 [时间] 的伸展；可能是思想本身的伸展"（卷十一）。他解释道，

> 这一点已经非常明显：将来和过去并不存在。说时间分过去、现在和将来，是不确当的。或许说：时间分过去的现在、现在的现在和将来的现在，更确当一些。这三类存在我们心中……过去事物的现在便是记忆，现在事物的现在便是直接感觉，将来事物的现在便是期望。（卷十一）

就在这个紧要关头，奥古斯丁做出了另一个精彩绝伦的、值得大书特书的举动。他对自己的思想说："噢，我的思想，我在你之中度量时间。"要揭示时间的实在，需要一个内在的转向，只有这样，才能发现那将我们不可逆转的短暂生命结合在一起的东西。我们只有在自己之中，才发现自己。

祈祷的理由

时间度量和时间意识的活动极其复杂。（20 世纪哲学家埃德蒙德·胡塞尔用了相当多的篇幅来试图弄清楚这个问题）[4] 幸运的是，我不必在这里做这个尝试；我们的目的在于说明一个顶重要的事实：虽然构成时间的主观实在的原理已经得到了解释，但我们对自身的如烟存在的现实，仍然很难承受。至少有三个方面的原因：

第一，如果奥古斯丁说的没错，过去是思想的延展——也就是说，除非记忆起作用，让过去变得可度量，否则过去并非实在——那么它便依赖于思想。而思想依赖于大脑。也就是说，如果大脑受损，记忆遭到抹除，那么过去就消失了。这种情况下，人就完全失去自我。你可以想象一位罹患老年痴呆症的人，他几乎没有了任何记忆，因而，用伤感而现实的话来说，他已不再是他自己。成为自己，需要过去和现在之间存在有意义的关联。确实，个人认同极可能是需要记忆的；这寓示着，我们对生命的掌控、对自我的掌控，其实惊人地脆弱。随便给你的脑袋一拳，搞不好就一命呜呼。

第二个问题是，时间的流逝取决于现在。回想奥古斯丁的话："说时间分过去、现在和将来，是不确当的。或许说：时间分过去的现在、现在的现在和将来的现在，更确当一些。"虽然，通过赋予思想以将思想本身向过去和将来两个方向延展的力量，或许能让过去和将来不再不存在，在整个分析当中，现在这个概念仍然难以捉摸。现在仍然没有延展，因而它究竟能度量过去或将来的哪个部分，仍然是个谜。我们说"上次见我朋友那天，距今已经40年了"，但是，"天"并非一个单一的时间点，因为它能再分为小时、分钟、秒钟，甚至更细。如果现在不存在，那过去又怎么会是"过去的现在"？

第三个问题在于，过去的"印象"通过记忆回到现在，但这种过去无法让人感觉到真正的过去。如果我回想那去世多年的祖父，虽然我知道他并不在世，但神采奕奕的他仍然闪现在我脑海中。由于这个形象和我回忆一个活着的人时出现的形象差别并不大，因而我关于祖父的记忆图像需要进行判读。它不仅是思想的眼睛所见之物，还被视为是某些过去的形象。结果，要真正体验到现在和过去之间的时间性距离就变得十分困难，甚至不可能。

回想一下你去年夏天的休假。你立刻想起来了，它就在你的脑海中。诚如奥古斯丁所说，它就是现在。恰恰因为这个原因，我们感觉现在和那过去之间，似乎没有经过什么时间。毕竟，如果过去被转换成了现在，那么这过去和现在之间的间隔也就被冲刷掉了。因此，回想过去的时候，我们感觉距离那过去似乎近在咫尺。我们常说“时光飞逝”，正是这个道理。回忆过去的时候，过去便以闪电般的速度飞到了现在。

当你想起去年夏天，从去年夏天到现在之间的间隔几乎无法感觉到。当你想到高中的时光也是如此。那么现在，想象自己已经 88 岁，行将就木，回望自己的人生，你觉得那是一种什么样的感受？无怪乎人们总是为时间流逝黯然神伤。无论时间的客观状态如何（不论物理学家们怎么说），时间的主观感受永远像白驹过隙。

奥古斯丁明白，自己对时间意识的分析一定会引致这样可怕的困境。因此，他从《圣经·诗篇》第 31 章中引用了一句话：“可是现在，我的岁月虚耗在慨叹之中”（卷十一）。这里他或许在抖机灵，因为在现实中，根本不存在“现在”，也就没有记忆将过去带到现在的可能。不过，他的观点不无道理：在时间的洪流中，除了衰退的影子别无他物，因此我们完全有理由慨叹。

该怎么办呢？我们或许会以各种方式逃离这糟糕的现实，我们酗酒，打球，或参加正念班，或沉溺于性的欢愉中。我们或许会冒着生命危险去玩滑翔伞，或者试图登顶珠穆朗玛峰。或许，我们会冲向牌桌，迷醉在那一夜暴富的狂暴的肾上腺素热潮里。或许冲向战场。任何能完全吸引我们的注意力，令我们的心脏只为专注于（表面上的）现在而跳动的东西，任何让我们对自身短暂的意识远离我们的事情。尽管这些活动可以理解为在回应那现在的呼喊，但奥古斯丁认为，对于那时间经验固有的不可持续性，它们的反应捉襟见肘。

我曾经唉声叹气了好几年时间。奥古斯丁认为，唯一真正合适的或者甚至合理的做法，是祈祷。对他来说，只有通过与永恒之间虔诚的关系，才能最好地捕捉到身为暂时性存在的自我。他说，“你，噢主啊，我永恒的父，你是我唯一安慰，”以此承认了自己对不存在的现在的渴望。因为，天主是永恒的，天主就是“现在”，天主是他竭力寻求却无处可寻的现时存在。在他看来，我们必须让自己面向祂，只有这样才能充分地成为自己。换句话说，对奥古斯丁而言，我们有最好的理由去祈祷，这样做十分恰当（精确）地承认我们的暂时性，它告诉我们，我们究竟是谁。身处时间流逝之中的我们，期盼着现在。

原罪的本质

以圣经为根基的宗教思想家们，不可避免地会遇到一个挑战：既然神是绝对的善，祂创造了世界万物，为什么我们却被邪恶围绕？无数人探讨过这个问题，但都败下阵来。正如《忏悔录》中所记载的那样，奥古斯丁本人也长期困扰。他告诉我们说，他一直“为邪恶的来源问题寝食难安”，直至自己成为完全忠诚（信仰）的信徒。后来，在卷七中，他解释了自己得到的答案。

奥古斯丁一开始便假设，天主创造的一切都是善的。毕竟是天主创造了它们，所以它们必定是善的。不过，有的东西比其他要更好一些，或者“更高级”。像石头、树木这种无生命的事物，无论多么美丽，都要低于有生命的东西。因为动物能认知外界，所以比植物高级。人类具备独有的推理能力，因而人类比其他一切动物都要高级。由于理性可以理解永不改变的真理——例如“七加三等于十”——因而理性是人类最高等的能力。简而言之，天主创造的（有限的）世界，形成的是一部认识论等级为阶的梯子。在这梯子的最顶端，是天主。

有了这一铺垫，奥古斯丁认为，天主的创造当中并不存在本身邪恶的东西，而且邪恶的事物，不论是不公或是原罪，都不存在。他解释道：

当我发问何为不公时，我意识到它并非物质，而是一种意志的偏转，它从你，噢天主啊，从你这最高实在中偏离，转向那低下的东西。

这段话中的关键字，是“意志”（你想必记得，这也是康德道德理论中的关键）。人类能自由地做出选择，然后通过意志力，让自己转向那些自己认为有价值的东西。我们的生命是良善的还是罪恶的，取决于我们转向的那些东西是什么，以及我们以怎样的姿态面对它们。譬如说，因为天主创造了食物和酒水，它们滋养我们的身体，它们是善的。但是，这些东西也不乏风险，它们的实际良善水平可能有云泥之别。它们是良善的，但，并不那么良善。因而，如果有人矢志追求食物，就成为贪吃者。如果他将喝酒看得重于一切，就成为酗酒者。如果有人唯一看重的是性，就成为通奸者。食物、酒水和性并不坏。实际上，天主的创造中，没什么是天生坏的。用奥古斯丁的话来说，邪恶并不是“物质”，它本身也是积极的。不过，恶行在人类当中也是司空见惯，甚至可能是人类存在的缺损模式。

有个隐喻很好地说明了这一点。世界上的事物，尤其我们的身躯，对人类意志具备万有引力。它们吸引并拖着我们朝它们行进。它们之所以有此力量，因为它们是善的（或许，这会让你想起穆勒的高低级愉悦的划分）。不幸的是，我们很容易忘记了，它们并不是那么良善，而且在天主面前，它们显得微不足道。因而，我们要做的便是承认并赞赏那有限的世界本来的样子——很好或不坏——并保持它们在认识论等级（或者说中世纪哲学家所说的“自然等级”）中的合理地位[5]。我们应享受晚餐，但开动之前，我们应先感谢天主赐予我们食物。这样做提醒我们，那绝对良善和永恒的天主，在本质上要高于盘子里一切食物，而食物虽好，却只是一时的。我们应享受性爱，但只限于神圣的婚姻之中。我们应畅饮美酒，但只在祷告之后。这些行为，让我们珍视这一切，让我们时刻谨记，只有天主才真的“是（存在）”。祷告让我们将现实看得更清楚，提醒我们，我们是谁。

当人们没能抵制住那源自本体论图腾柱上位于底层的物欲的万有引力，恶行便出现了。罪人们不再看得清事物的本来样貌，却整个儿转向它们，将它们绝对化。正如奥古斯丁在其另一本著作《论意志的自由选择》（*On Free Choice of the will*）中所说：

> 当人们背离了神圣，背离那真正的永恒，转向那瞬息万变、飘忽不定的东西，原罪便出现了。这些东西有其合理的位置，也有其美丽之处，但当那堕落而混乱的灵魂只顾追求它们时，这些灵魂便受到了它们

的奴役，而神圣秩序和律法原本要求这些灵魂去支配它们，而非被它们支配。

奥古斯丁对恶行的理解，可以透过他的时间意识分析进行检视。今晚那丰盛高雅的晚餐和香气四溢的美酒，以及我们期待着的酒后那美妙的巫山云雨，皆是倏忽即逝的东西。就像菜单上书写的别的东西一样，它们现在之所以存在，只是因为它们行将不存在。认识到这一压倒性的事实，将促使我们去寻求什么是现在，而我们有无数种方式去寻求：喝得烂醉、球场挥汗，不一而足。但奥古斯丁却建议我们去（在宗教、信仰上）转变，“转变（conversion）”这个词，源自拉丁文词根“vertere”，意为“转身”。确实，《忏悔录》所讲的，正是奥古斯丁在经年累月的挣扎过后，最终转向天主的故事。将哲学思辨、祷告和自传融为一炉的这本书，乃是为说明：面向永恒、面向天主，才是身为一个具有自我意识的时间性生物应采取的唯一理性的姿态。

这一点还说明，堕落是人类存在的一大威胁。“堕落（perversion）”一词的拉丁文词根意为“背离”。背离天主，与那些转瞬即逝的事情为伍，我们便有了原罪——不是因为这些事情邪恶，而是因为它们的短暂。

奥古斯丁的思想，有的人或许会觉得十分受用；有的人却觉得是一派胡言。你或许忍不住问：“可是，如果天主不存在呢？”或许你会很意外地发现，他对于时间意识的分析，他关于祷告是对时间意识的逻辑反应的总结，并没怎么受到这质问的影响，哪怕天主只是一种幻想。这是因为，如果他对于时间流逝的主观实在的观点是对的，那么我们便的确应该将注意力放在时间之外的东西上面，亦即，转向永恒的存在，转向现在的事物（虽然现在并不存在）。诚如上文所述，我们许多人在酗酒或打篮球的时候，无意间便在这样做了。也有另一种可能性：对永恒的搜寻，只发生在理论世界里。为了解释这一点，我们略微离题，讨论两个突兀而简短的题外话，这两个题外话，都在第六章的末尾有过预示。

题外话 1：毕达哥拉斯

学者告诉我们，毕达哥拉斯大约出生在公元前 570 年前后。他的著作（如果有的话）无一流传下来，因此，与其说他是个历史人物，他更像一个传奇。不过，学界有一个思想流派，唤作“毕达哥拉斯学派”，关于这个学派我们倒是略知一二。

首先，毕达哥拉斯学派认为，数值关系或者比例构成现实的理智结构。“他们假定数值的元素便是一切存在事物的元素”。其核心是：世界是数学的。音乐似乎启发过毕达哥拉斯本人，因而最好的例子便是音乐。

想象这样一个（完全虚构的）场景。年轻的毕达哥拉斯遇到了一位即将登台表演里拉琴（即七弦琴，现代吉他的祖先）的音乐家。他看着这位音乐家调试乐器。音乐家把所有琴弦扫了一遍，一根一根调紧或调松，直到调音准确。听到自己的乐器已经调谐融洽，他便开始弹奏起来。毕达哥拉斯很享受他弹奏的音乐，听着听着，突然顿悟了。不同长度的琴弦发出不同音高的声音，于是那美妙的音调不仅来自琴弦本身，还来自琴弦及其长度之间的关系；换句话说，来自比例。虽然发出声音的是个物体，听到这声音的是耳朵（也是物体），但这音乐却建立在一种数学关系上，这种关系既不是物体，也不能被听到。

随后，毕达哥拉斯发现，相似的声音或和声，是由另一位音乐家用另一把里拉琴奏出来的。当第三位音乐家，拿着一把和前两位极其相似的乐器登台，也开始演奏同样的音乐，他意识到三种不同物体奏出的这三种和弦，在某种意义上是相同的。它们各自十分准确地展现了琴弦之间蕴含的数值比例。毕达哥拉斯欣赏的音乐，主要不在于琴弦本身，而在于琴弦之间的关系，或者比例。

被这顿悟惊讶之余，毕达哥拉斯不由畅想了一番。如果我们所听、所见、所尝、所触的一切，如果这全部的可感知世界，都用这样的比例构成，又该怎样？如果，用很久之后伽利略常用的那个隐喻来说，“自然之书是用数学文字写成的”呢?

对毕达哥拉斯学派而言，自然像一本书一样，可以阅读；也就是说，它是可被人类心智所理解和领悟的。不过，自然事物的表面，也就是我们用眼睛和耳朵所发现的表象，并不能显露出事物的深层实在；它只能通过数学关系来揭示，这种关系本身是一种几乎无法察觉的（不知何故隐藏在了事物表象背后）结构，正是它们令一切可感知的现象称为可能。这样的比例，只能通过心智才能理解。正如毕达哥拉斯学派的那句谚语所说:“已知的一切事物都有数字;要没了这数字，那便什么也无法考虑，什么也无法知晓了。”

上文中我们想象的场景，第二步如下。第一位里拉琴乐手不小心将乐器留在了地上，有人在上面踩了一脚。这把琴碎裂一地，已然毁了。但是，第二位乐手仍然能够用自己的乐器演奏出同样的音乐来。不幸的是，他走的时候也落下了琴，又被人踩碎了。第三位乐手上来，用自己的琴又演奏了那音乐。见到这一系列事件，毕达哥拉斯意识到，这音乐背后隐藏着的比例，哪怕在发出自己所听到的音乐的事物并不存在了以后，仍然存在。事物出现又随即消失，但音乐中的数值结构却保留下来。这完全明了的、只能通过思想获得的、永恒不变的数值，较之调音准确的里拉琴演奏的音乐中所含比例的物理表现，要更加稳定和真实。

毕达哥拉斯和奥古斯丁一样，认为实在是一架梯子，一架认识论层次之梯。这梯子之上，某些存在，例如里拉琴和我们听到的音乐，是低等的存在：它们是物理性的，它们出现复又消散，总是在变化着。相较而言，音乐背后那仅由数值构成的比例，却是，而且会，从不改变的。音乐家在演奏乐器的时候，我们听到的只是那可被感知的（因而是短暂的）表象，而那比例却只有理性的心智［古希腊人会用“soul（灵魂）”这个词，希腊文为 psuche，正是我们今天“psyche（灵魂，心智）”和“psychology（心理）”二词的词根］才能发觉。

论证的下一步便到了：既然灵魂理解比例，那么二者之间必定有着基本联系。由于比例是不易察觉的、永恒的，那么，自然而然，灵魂也是如此。实际上，这正是毕达哥拉斯学派信奉的观点。他们持有灵魂转世或轮回再生的信条。他们认为，灵魂 / 心智不是物质的，也不会死亡。

此处的要点仅有一个：哲学家不一定要成为虔诚的教徒才能认为存在一个人类应追随的不可感知、亘古不变的永恒实在。许多思想家追随毕达哥拉斯主义——其中包括理性主义者，如笛卡尔，也包括物理学家像伽利略、牛顿、爱因斯坦——它认为世界建立在数学结构之上，这结构只能为理性思维所掌握。其中有的人同时也认同与其对立的观点，亦即：理解这些不变真理的灵魂或心智本身，既不会出现，也不会消亡。当然，要认识到这些人的思想至少还有点儿道理，你也不需要事先认同他们的思想。

奥古斯丁本人也有毕达哥拉斯学派的倾向，这一点他在《论意志的自由选择》中有充分阐述。他创造了一场自己和一个名为易阿丢（Evodius）的角色之间的对话。他的第一个任务，是说服易阿丢，人类理性是一切人类能力中最好的、最高等的。为此，他引用了算术来举例：

> 当我用身体感官去理解什么东西时，例如地球、天空或者别的物体，我不知它们还能存在多久。但我知道，七加三等于十，这一点不仅现在存在，而且永远存在。

算术的事实，永远是正确的。它永远不会发生丝毫改变，对一切透过“内心之光”去理解它的人来说，它永远是一样的。奥古斯丁想让自己的朋友理解，心智去理解算术的不变真理时展现的理性能力，要高于（认识论上优于）身体和感官。和这样那样的感觉不同，理性的真理不容辩驳，置之四海而皆准。因此，理解这种真理的心智，便高于物质的东西。他说道，“当我内心沉思数字那不变的真理……我已远离自己的实物性。”

至此，等级，也就是自然阶梯（scala naturae），已经架好了。这梯子上先是有石头这样的物质的东西，而后有理解物质的身体感官。再往上，是利用理性去理解数字的智思实在的人类灵魂。再往上，是数字本身，它们无限而恒久，它们是宇宙永恒的内在结构，正如毕达哥拉斯学派所认为的那样，它们对可感知世界的可理解性负责。

下面一段话中，奥古斯丁祭出了个极为重要的新名词：

> 想想天宇和大地，想想海洋和海里的一切生物，无论在浅层浮游还是在海底爬泳，想想那一切飞禽走兽。它们有形相（form）[即：它们可被理解]，是因为它们之中有数字；没了形相和数字，它们什么都不是。

规劝易阿丢“转变”（从可感知的或者短暂的状态——也就是在时间性的世界里所见的一切——转向那智思的永恒）的过程中，奥古斯丁让他密切注意形相。下一个题外话，我们会对此进行阐述，并试图给出解释。不过在开始之前，我们先回味下圣奥古斯丁最后的话。他劝诫易阿丢要“抛开一切与时间地点有关的挂碍，去理解那永远不变、永远一样的东西”。他这样说，是在尝试将这位朋友从特殊性——譬如这座房子或者那幅画，或者哪个人——之中推开，将他的注意力转到那些普遍性的、永恒的、完全相同的东西那儿去；换句话说，转向天主。这便是这个题外话的关键所在了。奥古斯丁这样的宗教思想家，和毕达哥拉斯这样的数学本体论者，其间不乏共同之处：都要让永恒凌驾于可感世界（它总是特殊性的）之上。一个通过祷告，而另一个则通过数理物理学。二人都一致对时间意识的结构做出了反应。今日尚在，明日不在。时光飞逝。但有些东西不会消逝：数字不会，存在不会，天主不会，形相不会。这最后一个词，对另一伟大的思想家而言重要无比，他就是：柏拉图。

题外话 2：柏拉图的形相

我们在日常生活里，一般没什么不便之处，原因在于：外界的事物总有其形相。走进教室，你知道坐在哪儿：椅子上。两旁散落着各式各样的杂物，但你会忽视它们，径自走向椅子。这些椅子，不论什么颜色，不论是铁做的还是木头的，看起来大致都是一样的。它们的外形告诉你，任何一把椅子都可以用来坐人。你也就不必在教室里到处找椅子了，因为它们共有着一个“外观”。[希腊语词汇“eidos”，英译为“form（形相）”，源自动词“to see（看）”]

西方哲学史上，“形相”这个词与柏拉图关系最为密切。要弄清楚原因，我们需要先简短地讨论《斐多篇》中的一段话。但是，我们的讨论必须与另一密切相关的思想合作：

苏格拉底所称的“回忆（recollection）”。

要回忆什么东西，必须事先知道它。打个比方，如果你见过你朋友鲍伯弹吉他，你在看到吉他的时候，或许会想到，或者回忆起鲍伯。更直接的情况是，如果你看到手机里有一张鲍伯的照片，立刻便会想起他来。吉他和照片都是提示物，但是提示的方式不同，一种是与鲍伯不相似的，而另一种是和鲍伯相似的，而鲍伯，我们称作“原型”。

如果提示物很像原型，那么它必定有不像原型的地方。你看到鲍伯显示在手机屏幕上，就会意识到，不论这照片和它的原型多么相似，屏幕上的人都不是鲍伯本人，它只是一个图像。你知道，这就是图像不如原型的地方。图像是二维的，而鲍伯真人是三维的。因此，看一幅图像，其实是一种双观（double-seeing）：你看着手机上的照片，同时也会看到它所提示你的原型，即曾经的鲍伯本人。换句话说，看到这照片的时候，你把它视为原型的一幅图像。

在这个基础上，苏格拉底作了进一步推演。他让你想象自己手里拿着两根棍棒，它们看起来一样长，但是，你不确定。于是，你拿出了尺子，量出来两根都是五英寸长，于是你满怀信心地说：“没错，它们是相等的。”苏格拉底一如往常，又开始挑战你的说法。他首先假定这两根棍棒的长度相等（虽然它们并不绝对相等，毕竟你的尺子并不是绝对精确的量具），然后，让你把它们放在称上。一个重三盎司，另一个四盎司。因此，这两根棍棒并不相等。苏格拉底说，“别把石头和棍棒划等号，即使它们看起来一样，但有时候它们在这方面是相等的，另一方面并不相等”。他解释道，你手里拿着的两根棍子，如你所见，只是不完美地相等；也就是说，它们既相等（长度上），又不相等（重量上）。但是，这个发现的背后，还有些别的东西。要确定什么东西不完美，你必须要有一个比较的标准，它所不能达到的标准。两根棍子或两块石头，你发现它们的相等性不完美，这就要求（无论多么隐约），你得具备一种纯粹相等或者完美相等的观念；也就是说，一种绝不存在任何不相等的相等性。苏格拉底称其为“相等本身”，或者“相等的形相”。

苏格拉底说，想一想是不是这样：我们说什么东西相等，不是说一根棍子和另一根相等，或者一块石头和另一块相等，或者别的类似的东西，而是，在这些东西之外的相等本身。

他继续道：

> 一个人看到一样东西，意识到眼前这东西似乎像别的什么东西，但又感觉比那东西少了些什么，因而不完全与那东西一样，那个东西必定在他脑海里有过原形，对吗？

我篮球打得很一般。对这点儿自知之明我十分自信，原因之一在于，我知道勒布朗·詹姆斯在我面前能随意得分，甚至不让我有出手投篮的机会，只要他想。如果我没有意识到他的厉害，我怎么可能知道我的篮球造诣那么低下？要想意识到不完美，首先要有一个能够揭示出不完美的标准，或者说，一个提示你何为完美的提示物。我用感觉和尺子所发现的两根棍棒的相等性（长度），只是类似于“相等的形相”，但它和真正的相等不同，它和我们眼睛看到或者用手摸到的别的东西一样，都有不足。毕竟，那两根棍棒重量不相等，只长度大致相等而已。但是，我们在衡量事物时用到的“相等的形相”，却是没有半点儿不相等之处的。即便我们不去想它，它也一定以某种方式存在，让我们意识到，手里的两根棍棒，只是不完美相等。一言以蔽之，两根棍棒可感知的、可度量的相等性只是原型——相等性本身——的一个图像而已。

这个论点可以归纳如下。通过那从开始到终结的不完美，我们意识到生命的短暂，于是我们不安，我们总要向前去，我们渴望改善。柏拉图认为，这样的意识正是激励我们的原动力。我们的经验因其缺陷而令人印象深刻，这经验提醒我们，必定存在更好的东西，完美的东西，于是这经验又激励我们去寻求它们。我们被各种图像环绕，但却渴望着（或者应该去渴望）原型。

这个思路，类似于奥古斯丁对埃伏第乌斯说话时的思路。奥古斯丁说“无论在浅层浮游还是在海底爬泳的那一切的飞禽走兽”，一切我们能通过感官感知的东西，都是有缺陷的。但是，它们能推动我们去寻求永恒、不变的东西，去寻求完美。这个认识，能够也应该是革命性的。

另一个例子：针对美国使用无人机击杀恐怖分子的做法，你和我展开了激烈的辩论。虽然我们都认同，美国击杀的人是那些密谋杀害我们的恐怖分子，但我认为，用无人机袭击是不公正的，因为，无辜平民经常在这类袭击中丧命。你针锋相对地说，这个做法没有错，因为它的精确度很高，能将平民伤亡控制在最低水平。我问，可是军方如何能肯定，袭击目标一定是一个计划发动攻击的恐怖分子呢？

开始这场辩论前，你我都认为，至少在原则上，这个辩题是可以解决的。如果你我认为毫无可能回答“何为公正？”这个问题，那么我们争论用无人机袭击恐怖分子是否公正，便毫无意义。我们的争议点，必定是我们的个人偏好，而且大相径庭；但我们确实在交谈，因此我们必定相信，存在着一个解决点，换句话说，原则上这辩论能够在这一点上尘埃落定。这个点，便是对这个问题的回答：“何为公正？”据柏拉图的观点，要回答这个问题，需要阐释“公正的形相”。在柏拉图看来，我们的日常交谈，尤其是那些我们互不认同但交谈却在继续的情况，便是这种“形相”存在的证据，亦即，我们所假定的那终局裁夺必定存在，虽然我们不确定它究竟是什么。

柏拉图认为，哲学家之所以是哲学家，是因为他意欲弄清楚这些“形相”是什么；换句话说，是因为他探求诸如“何为公正？”这样的问题。用柏拉图的话来说，我们的感官所遇到的世界，以及我们日常交谈中说到的世界，最终亦不过是一个提示物，或者说，一幅更高等实在的图像，“形相”的图像。

《斐多篇》中，苏格拉底接下来所做的，是阐明这关于“形相”的知识源自何处。“相等（事物）的形相”是完美的、普遍的、客观的。相比而言，我们眼见的东西，或者手触摸到的东西，没有一样是完美相等的。因此，我们无法透过自己的感官得到关于形相的知识。他说道：

> 我们从何处得到它的知识？是从我们刚才提到的，我们所见的棍棒或石头，或者别的什么，我们认为是相等（相等本身），但实际上却并不相等的东西吗？或者说，你不觉得它（相等本身）是不同的吗？

我们对两根棍棒的感官理解（其相等性被不相等性所

沾污），让我们想起完美的相等性，或者“相等的形相”。对形相的这种认识，本身不可能源自于感官经验，因为感官经验总是有缺陷的。相反，它必然是“先于”感官经验的：

> 因而，我们必定在第一次看到相等的事物——并意识到，所有这些事物尽管非常地相似，但终究存在缺陷（不相似）——之前，便已具备了“相等”的知识。

形相位列我们的感官经验之前，并让感官经验成为可能。这里，我们当回忆一下前文对休谟的讨论（第六章）。休谟用了一个拉丁语汇“先验”来描述这种独立于经验之外的知识。他所用的例子，是 7+5=12。休谟认为，这个表述反映了不同观念之间的关系，它并不需要经验或者实证数据来证明它是对的。笔者举的一个先验真理的例子，是“单身汉鲍伯是未婚的”。我们并不需要找到这个血肉之躯来验证这个表述不仅是而且必定是对的。相反，“火焰会灼痛我的手指”这个表述，只能从经验中得到，并依赖于（或者后验于）经验。只有通过那反复的火焰与手指灼痛的记忆，我才能将二者（火焰和手指灼痛）联系起来，并得出这个推论。休谟的观点是，我们对世界的一切知识，对因果联系的一切知识，都如出一辙，用另一个拉丁语词来说，是“后验”的；也就是说，它们依赖于经验，因而“滞后”于经验。

休谟是个经验主义者。

柏拉图则是个理性主义者，像毕达哥拉斯一样，不认同这一点。柏拉图认为，心智本身便让我们得知了形相的基本结构，而形相让我们对世界的经验变得可理解。我们与感官特殊性的相遇，并非我们对形相的知识的源泉，只是一个提示物，告诉我们这些形相在此。

和奥古斯丁一样，柏拉图也处在“转变”的博弈中。别忘了，“转变(conversion)”这个词源自拉丁文“vetere”，意为“转身”。奥古斯丁希望易阿丢“抛开一切与时间地点有关的挂碍，去理解那永远不变、永远一样的东西”，也就是说，要从特殊性中脱开身来，重新定位自己的渴望，让它转向那永恒的天主。柏拉图则希望我们将感官察觉的事物当做提示物，促使我们去寻求一切理性事业中最伟大的事业，亦即，去理解“形相”。我们认识到，两根棍棒的长度相等，但它们同样也不相等。因而这种相等性是有缺陷的，不是完美的相等性。我们还必须发问，“何为公正？”发问的时候，我们其实假定了，这个问题是可以回答的。我们假定自己对相等性的形相具备先验的领悟。因而，对形相的完全阐释，就成了我们渴望的对象，我们因此成了哲学家，成了爱智慧的人。

紧接着，苏格拉底也像毕达哥拉斯一样，实现了飞跃。因为可被理解的形相必定存在，它让我们的感官经验成为可能，又由于我们的心智对这些形相具备先验的领悟，因而我们的灵魂与形相之间，有着一种基础的联系。这种联系既不能被感知，又独立于变化无常的世界之外。简而言之，苏格拉底在《斐多篇》中论证的是，灵魂是不朽的。至于这个论证是好是坏，就是另一个问题了，这个问题，你应该在阅读整本对话录的基础上，自行去探索。

综上所述：奥古斯丁、毕达哥拉斯和柏拉图，是属于同一阵营的。他们是不满足的、不安的灵魂，他们绝不止步于日常（感知的）事物的来来往往。他们渴望永恒的东西，无论是神祇，是数学结构，还是可理解的形相。他们是反叛自身动物性的人类动物。他们活在时间中，但渴望超越时间。他们要的，是似乎不可能的东西：超然自我，怡然物外。

西方哲学史上，没有任何一位思想家比弗里德里奇·尼采更反对这种思想，更反对这种生活方式。对此，我们下文再表。

尼采（论赫拉克利特）论时间

弗里德里希·尼采，《古希腊悲剧时代的哲学》

尼采更有意思的著作之一，是一本名为《古希腊悲剧时代的哲学》（1873年出版）的小书。这本书里，尼采点评了一系列早期古希腊哲学家，这些"前苏格拉底"哲学家，生活在苏格拉底（公元前 469- 前 399 年）时期之前或之间。更有意思的是他对赫拉克利特（公元前 535- 前 475 年）的评价——尼采对其感到最深切的共鸣。

赫拉克利特最著名的话是："人类不可能两次踏进同一条河流"。[6]这里，赫拉克利特说的并不是水分子的性质，他是用一个隐喻来表达自己的基本思想。正如河流不间断地流动，世上（或世外）没有什么是静止不动的。一切都在流变，一切都在不断地变化。用学术语言来说，赫拉克利特认为，存在是不存在的，没有什么是"是"。相反，一切都在生成（becoming）：今天之所以在，因为明天它就将不在。

尼采感到自己与赫拉克利特之间如此接近，以至于代表他说：

> 赫拉克利特宣告："除了生成（becoming），我别无所见。不要让你们自己受骗！如果你们相信在生成（come-to-be）和消逝之海上看到了某块坚固的陆地，那么，它只是在你们短视的目光（myopia）中，而不是在事物的本质（nature of things）中。你们使用事物的名称，仿佛事物会执拗地持续；然而，甚至你们第二次踏进的河流，也不是第一次踏进的那同一

条。”

若你认为存在永恒不变的实在——譬如自然的数学结构，灵魂，神祇，或者柏拉图的形相——那你就是短视，就是目光短浅。如果你喜欢认为，在生成的汪洋大海里会存在一块坚实的存在之地，你就大错特错了，然后你就很容易变成像奥古斯丁和柏拉图这样的哲学骗子的口中猎物。

尼采认为，真正阻挡了我们看清世界的视线的，是“名称”；更普遍地说，是语言。想想“树”这个词。我们用这个词来指代后院里那高高的植物，指代森林里的树木，也指代街道两边的植物。所有这些特殊性，都在生成而来的世界里。就在不一会儿之前，它们都还只是种子；然后它们逐渐长成树苗，亭亭如盖，最后死去。它们不可避免地要经历出生到消亡的连续过程。可是，“树”这个词却是通用的，它指的是自己所指称的所有特殊性事物，但又与它们绝不相同。我们反复地用着这个词，哪怕老树已死，新树已生；这诱使我们去相信，“树”指的是一种不会改变的事物，而不是那许多的个体（可感知的）树木。顺着这个思路来看，可能我们用的词语（树），指的只是树木的某些本质或形相，即使我们眼见的所有的树都一刻不停地在改变，这些本质或形相总是不变的。或许，它们在认识论上是高于树木本身的，甚至是后者存在的原因。

要么，回想一下上一节里引用的柏拉图的例子吧。我们时常说，两根棍棒，或者两块石头，是“相等”的。可是，我们后来发现，用以度量的量具并不完美，我们量出来的“相等性”是存在不相等性的，于是我们可能觉得，这个词（相等）的背后真意，或许是一种与不相等性无论如何都毫无关系的相等性观念，或者相等性的形相。就其纯粹含义而言，它是高于我们手中握着的可感知事物的。这样一来，我们或许会追随柏拉图的指引，满怀希望地想象一种永恒的事物本质，它始终不变，哪怕特殊性在发生改变；它恰当地属于存在的领域，而不是生成的世界。从尼采的观点来看，这样的思想，正是充满诱惑的语言之诱饵。

尼采承认，柏拉图主义本质上是充满引诱的。这是因为，它几乎不可能正视一切都在流变的可能性，因而它不受时间的蹂躏。他解释道：

> 赫拉克利特教诲我们，永恒的、特有的生成，一切实在的永久性——它们不断地行动和生成，但从不会“是”——这是一种糟糕透顶、令人麻木无能的思想。它对人类构成的影响，大概只有在发生地震时，那些对坚固无比的大地失去了往日一贯的信心的人，才会喜欢。

没有任何牢固的东西可以依靠，脚下的大地在震动：存在的缺失可以是极其吓人的。用个最私人的例子来说：如果一切都在流动，那么我们的名字（大卫、吉娜、鲍伯）背后，便没什么东西固定不变地存在。并没有稳定的“自我”，也没有毫不动摇的“我”来结合或伴随那永不止息的“我的”意识体验的流动。相反，我赋予我自己的名称，以及我用来指称某种实在的名称，只不过是我的愿望的投射，是令我那以光速流经我心灵的思想、图景、观念、感受戛然而止的一把绝望的匕首。如果一切都在生成，那在时间流逝过后，“我”便无法保持还是那个相同的自己。

既然如此，早上为何还要起床？如果没什么能持续，包括我自身，那什么都不重要了。莫非尼采主张绝望？

完全不是。他代表赫拉克利特，更代表自己告诉我们：虽然“它需要惊人的力量”，但将潜在的那种令人气馁、乏力的“生成”思想，转变“成为它的对立面，成为令人惊讶的崇高和欣喜”，仍然是可能的。对尼采而言，目标不仅仅在于肯定赫拉克利特的洞察，更在于将其转化成为一个欢庆的时刻。

游戏

赫拉克利特还有一个表述给尼采留下了深刻印象。这位古希腊先哲说，“人生是个玩耍的孩子……天下属于孩子。”这句话里，赫拉克利特大玩文字游戏。希腊文的“孩子（child）”一词，和“玩耍（play）”一词紧密相关。“玩耍的孩子（a child playing）”，译自希腊文“pais paizon”。

若要理解他这句话，我们只需回忆一下前面对老子的简短讨论。玩耍的孩子是自发的，无目的的，顺其自然而富有想象力。最重要的是，他不受什么严格而死板的规则的制约。因而，孩子的玩耍是完全不同于大人的游戏的；大人的游戏，总是限制多多，紧锣密鼓，目的明确。例如打篮球，球员们不准用脚踢球，还要有裁判来确保这条规则贯彻到底。而孩子们的玩耍就不同了，没有裁判，没有规则，即便有规则，也总是在变的。孩子会手脚并用，乃至用脑袋撞，用尽一切方式来打球。没有预定的目标，没有时间规定，没有欲望的负担，孩子不争。他们不带目的，随遇而安，兴高采烈。

玩耍的孩子像小河一样，不仅反映赫拉克利特的世界观（万物且来且走），还反映对这世界最好的（最真实的）应对方式。尼采解释道：

> 这世界仅是游戏，生成和消逝，建设和破坏，没有任何道德评定，永远同样地无罪，是属于艺术家和

孩子的游戏。

孩子玩耍，并非因为他们应当这样做。他们只是出于深处的冲动，只为了乐趣，对自己行为的物理或社会后果，他们毫不在意。完全沉浸在玩耍中的他们，只是随波而流。大人们看到他们，往往会充满羡慕，感觉只有在回想起这童年的纯真无邪，才又重获生机。

面对着一张空白的画布，画家必须拥抱各种可能性，愿意去实验，去闲荡，去百般尝试。她不能将自己禁锢在自己要画什么这死板的先入之见里，而要为想象力的爆发留下心理的空间。否则的话，又怎么能创造出新奇的、激动人心的画作呢？

生物学家迷上了生物体的华丽与复杂，为之欣喜若狂，摩拳擦掌，游戏于各种想法与假设之间，陶醉在验证它们的实验室里。只有沉浸在这样纯粹的研究中，才能得到意料之外的结果，才能偶然发现些有意思的东西。科学史上的许多发现，都是无心插柳的结果。这无心插柳的人只是纯粹地寻找。

尼采的《查拉图斯特拉如是说》（*Thus Spake Zarathustra*）中有一段话，概括了这一思想：

孩子纯真而健忘，是新的开始，是游戏，是自我驱动的轮子，是初动力，是神圣的肯定（sacred Yes）。没错，朋友，造物的游戏需要神圣的肯定。

不受任何既定规则或道德律令的限制，没有任何不容更改的东西，不受任何目的或野心的驱使，玩耍的孩子只被身体里流经的能量驱动，他们自然而然地向前。因此，游戏是肯定那生成的实在的一种方式。可惜的是，像柏拉图或奥古斯丁这样的严肃哲学家们，却只将我们领向歧途。他们建议我们去寻求存在和永恒，他们是骗子，是目光短浅的小人，他们无法理解一切都在流变这个事实，而且，他们对此还自以为是。尼采的目标，不是躲到那死气沉沉的存在的虚幻里，而是要去肯定生成，去为之庆祝。

论辩的解决：存在，还是生成？

有些人能尖锐地意识到人生之短暂。我们重视的一切，很快便要消逝，死亡是既定的结局。急于躲到那永恒或者超越时间之地去寻求避难，这不难，连那些认为这是误区的人也认为可以理解。希伯来《圣经》的《诗篇》确当地表达了这种愿望：

耶和华，我的力量啊，我爱你。

耶和华是我的岩石，我的堡垒，
我的救主，
我的神，我的磐石，
我所投靠的。
他是我的盾牌，是拯救我的角，
是我的高台。

这形象坚不可摧，不可毁灭，给人庇护。神是“岩石”，永远矗立，毫不动摇，这正是我们以及世上的一切所不具备的。《诗篇》的作者敦促，我们应在祂那所向披靡的“堡垒”里求得庇护，因为只有那儿能拯救我们脱离流变，才能从那将一切变为不存在的时间流逝中解脱出来。

虽然这世界，以及世上的一切事物——尤其是我们自己——不断地生成又消逝，但这个绝妙的比喻告诉我们，我们能依赖神。正如“7+5=12”是普遍、客观、永远地正确一样，神的用户和不灭的存在也是普遍、客观、永远真实的。这数字与神之间的联系，成就了奥古斯丁与毕达哥拉斯二人相投相似的灵魂。[7]他们都从生成转向存在，转向了“是（IS）”。虽然一个是出于信仰，另一个出于理性，但二人殊途同归，都在骚动中寻求皈依。

尼采和赫拉克利特（以及老子）则拥护生成。对他们而言，最卓越的不是石头，而是水。他们提醒我们，一切都在流变，我们无法两次踏入同一条河流。

究竟谁是对的呢？怎么决定？

或许你会疑心，认为这对论辩可以通过实证（科学）来加以解决。太阳看上去永远挂在天空中，但天文学家告诉我们，绝非如此。实际上，有预测表明，太阳的寿命是100亿年，现在的太阳已人到中年。我电脑下面的桌子，感觉十分牢固。但物理学家告诉我，在那胶合板表面的下方，小得无法想象的微粒正在飞散。邻居家的狗，貌似属于一种似乎自古就存在的物种。但达尔文告诉我们，不是这样的。几千年前，世上没有狗，只有狼。那些显得稳定不变的事物，科学家们告诉我们，其实它们始终在流变；科学家似乎认同尼采的生成论。

可是，达尔文主义者和天文物理学家们都面临一个挑战：他们旨在阐释物质运动的理论，本身既非物质又非运动，对这个事实，他们如何解释呢？人类心智似乎能通过理解万物的流变，进而超越这流变，他们能说出所以然吗？奥古斯丁，毕达哥拉斯学派，柏拉图，对这个问题都有自己的回答，但当代科学家之中，似乎没人倾向他们任何一位。

我们方才谈到了另一种哲学举动，即第四章中，那针对相对主义者的自我参照之辩。要想自圆其说，相对主义者的信条“一切真理都是相对的”须能适用于自身。这就意味着，“一切真理都是相对的”这一真理也不是客观、普遍的，而是相对的。这样一来，他们必须证明，“某些真理并不是相对的”这一反方表述与正方表述同样有效，而他们显然不愿意这样做。总之，信奉相对主义的一系列理论难以为继，至少那自诩客观真实的理论站不住脚。

而生成论的支持者们，上自尼采，下至当代天文学家们，也面临类似的困境。“一切都在变化”，是他们的座右铭；可是，如果真是这样，那这句话本身也在变化，并最终消逝。因而，其反面表述“某些事不变”，或许有一天会具备相同的认识论价值。

我们将上述辩论策略，用在第一章中引用的理查德·道金斯的那句话上：

> 达尔文主义包囊了所有生命——人类、动物、植物、细菌……甚至外星人。它为我们为何存在、为何我们以这种方式存在这个问题提供了唯一令人信服的解释。它是一块基石，在这块基石之上，是我们所有的人文学科。（《盲眼钟表匠》）

如果达尔文主义果真像道金斯笃信的那样正确，那么人类便在演进。但是，这难道不正寓示着，自然选择理论本身（作为一种人类发明，一条名言）不也在演进着，并因而，丝毫不能作为“基石”？就好像狼演进成狗，达尔文的理论，未来某一天，难道不会演进成新的理论吗？它难道不也像个生物体一样，处在流变之中吗？这样一来，道金斯便没必要死守着岩石的比喻了，相反，他应诉诸流水的比喻。

或许，认真而持续的流变主义者（fluxist）应追随老子，并使用本身便不固定的语言，因为，只有这样，才能免受自我参照的挑战。赫拉克利特便支持这种策略。他肯定流变，但却用一种似是而非的语言来肯定。即使他宣称“不可能两次踏进同一条河流”，他同样也说，“我们能踏进同一条河流，但又不能踏进同一条河流。我们是，我们又不是。”他还说，“变化亦休止”，“向上与向下，既为一体，又为相同。”这些话，我们无法给予定论，它们在摇摆、振荡，这恰好让其熨帖地说明了“生成”这一本质上难以捉摸的思想。但另一方面，这也让它们变得无法把握。

存在论的支持者们，或者说，永恒的传道者们，极易受到类似的刁难。他们告诉世人，神是亘古不变的，是绝对永恒。关于比例，毕达哥拉斯学派也说了同样的话，关于形相，柏拉图主义者的说法如出一辙。但是，他们的这些说法，他们对于永恒、存在的论证，本身并不永恒；相反，它们不过是一系列音节组合起来，需要一定时间来表达和理解。因而，语言似乎并不能充分捕捉存在的本质，因为在这样做的过程中，它们已然在“生成”。那么，存在和生成一样不可捉摸吗？存在也同样是逻格斯（logos）所无法企及的吗？

这个僵局表明，事物的真理就躲在存在和生成这两大极端之间的某处。这一对论辩的解决，将不会以一方的胜利告终，而是二者之间的合作。

首先，毕达哥拉斯的观点是，即使物理世界的一切，包括太阳，包括我们的大脑，都将消逝，但是人类理智仍有可能发现那些数学等式（这些数学等式掌管着事物的运动）的无关时间的真实性，因而人类理智也是无关时间的。在人类研究世界构成的同时，人类也存在于这个世界里，因而，人类虽不过是世界这块屏幕上一闪而过的一个光点，但它却超出了这屏幕，掌握了这世界永恒且可被理解的结构。其次，想一想柏拉图的观点。柏拉图主义认为，虽然握在手里的两根棍棒长度相等，但也仅是不完美的相等。毕竟，我们用来度量的尺子是不精确的，而这一对棍棒的重量并不相等。柏拉图从中推导说，两根棍棒那可度量的，或者可感知的相等性，只不过是一个提示物，提示我们何为完美的、无关时间的相等性：相等本身的形相。虽然形相本身不可感知，但两根棍棒若要能被感官理解和度量，便需要形相。最后，奥古斯丁的《忏悔录》讲述了他的转变的故事，即他如何成为虔诚的宗教徒，进而从生成转向存在。因为它是一个故事，有着开端、中途、结尾，它的展开需要历经一段时间；虽然作者本人宣称，真理是超越时间的。

关键在于：生而为人，注定介于存在与生成之间。虽然我们的肉体一刻不停地新陈代谢，稳稳地走向不存在，但是我们的逻格斯能力——语言、推理、忏悔、辩论、祷告、解释——让我们得以一窥自己的存在（无论这一瞥多么短暂）。可是同样的，逻格斯也停留在生成的范畴里，逻格斯需要时间，历经时间，走向尽头，但从不完结。本质上，逻格斯——亚里士多德认为它是人类物种的决定性特质——让我们同时脚踏两个世界：永恒（数字、柏拉图形相、神）的世界，和持续变化（心脏、肺、短暂的神经元放电）的世界。因而，我们是分裂的人，不是低等动物，也不是神祇。我们永远不会完全安宁，因为我们都在奋斗，并且将继续奋斗下去。我们发问，寻求答案，渴盼那超越自身的东西；我们本来就不是一成不变的，更不是永久的，我们介于中间，我们在路上。我们的天性，便是奋斗不止。正因如此，我们才会心存疑虑，尤其对我们自己。

注：

1. 本·勒纳的科幻小说《10:04》探索了人类的时间体验。这本小说的题目是电影《回到未来》中的大钟上显示的时间；当时马蒂的车刚刚起飞。
2. 《拆弹部队》是凯瑟琳·毕罗格导演的一部电影作品，2008 年上映。
3. 有关“正念”的当代版本视频，请见：http://www.youtube.com/watch？ v=01Pfs3VuizM.

4. 埃德蒙德·胡塞尔作品《内时间意识现象学》(*On the Phenomenology of the consciousness of Internal time*)，是一本浩繁的技术著作，笔者憾未研读。
5. 亚瑟·拉夫乔伊的名作《存在的巨链》(*The Great Chain of Being*),是一部描写中世纪的自然等级及其在18世纪的衰落的标杆之作。
6. 本书引用的赫拉克利特的文字，源于《一位前苏格拉底读者》(*A Presocratics Reader*)中的“赫拉克利特”，帕特丽夏·柯德编撰。
7. 戈弗雷·哈罗德·哈代的作品《一个数学家的辩白》(*A Mathematician's Apology*)是一本意义非凡的小册子，描写了数学中涉及的美学及宗教。西蒙·迈克伯尼的一部同样了不起的戏剧作品《消失的数字》(*The Disappearing Number*),就在哈代这部作品的基础上创作，于2007年问世。笔者强烈推荐这两部作品。

后 记

正同文首一样，本书的收尾亦合乎苏格拉底那耐人寻味的原则：问题有时也是答案。问题反映的，是我们自己。身处知识与无知之间，探求答案（哪怕这答案并不易得），长于竞争。

不过，光发问是远远不够的。有的人咕哝一句“这意味着什么？”之后便离开了，这人断不可能是哲学家。相反，对答案我们必耐心揣摩，审视其是否一致，用尽可能强的对立物去验测，然后修正它们。再者，问题并不都能等量齐观。苏格拉底劝诫我们，要检视他所说的“最最重要的事情”（例如，此刻我为何坐在这儿？），如若不然，我们便过了一种未经审视的生活，这种疏忽，便十分危险了。

苏格拉底的劝诫着实奇怪。问题怎么可能比主张更能代表理智的成就？问题总是需要答案的，如果答案的探索失败了，岂不是全盘皆输？

并不。正如问题并不都能等量齐观，答案也一样。虽然没什么答案能彻底地胜利，或者能免受一切批判，但的确有高下之分。好的答案虽不能回答一切问题，可确实揭示更多的东西。正因如此，或许你早已发现了，正文章节里呈现的那些论辩中，我的立场并不完全中立。譬如，全文中用以陈述这些论辩的语言表明，我并不完全站在尼采、赫拉克利特或老子这一边。这本书里，笔者首肯了对古典的逻格斯（logos）的崇尚，以及对直截了当的理性解释的信奉，这是那些或好诡辩或善诗词的思想家们所不齿的。可如果要我来为前者辩护，我定然也无法通过自我参照的考验。

在我们是否天生孤立的问题上，我也并不与卢梭为伍；这从本书的引语可见一斑，它表达了我们能共同努力、共同探索的希望。因而，在这个问题上，我更感同身受的是亚里士多德的观点：我们本质上是健谈的，所以我们是社会的、政治的存在。

本书的目录本身，也表达了一种信念。目录里列出了众多持对立观点的作者，肯定了哲学丰富多样的繁殖力，这是笛卡尔所不能认同的。本书只用了一章的篇幅讨论穆勒和康德的道德理论，而亚里士多德、尼采、孔子、老子的人类卓越学说却用了两章，本身就说明了这一点。

毋庸讳言，本书中的某些回答，笔者认为更高明一些。不过，我并不武断地否定我们讨论过的任何一人，达到这种高度的思想家，决不可能轻易犯错的。实际上，他们无一不令我受益良多，哪怕我本人最不认同的，也是如此；每一位思想家，都让我对自己的思考更为深入。譬如，每当我逃离到泳池的静谧之中，便经常想起卢梭对“自尊（amour propre）”——我们拿自己与别人作对比的那种着魔般的需求——的引人入胜的分析。在泳池里，远离了为博得专业认同而推销自己的压力，我暂忘了一切，兀自在那泛着消毒粉味道的水里来来回回地游。孤独，但喜悦。

对卢梭的“自然状态”的故事，我也是这样看待的。尤其是，每当不得不去看医生的时候。“野蛮人”不懂想象未来的苦难，不懂得采取措施去避免它们；相反，他感觉舒服的时候，便觉得好，感觉痛楚的时候，便蜷缩起来待伤口愈合。他从不为什么事业或者死亡忧虑。如果我能做得到，我也会这样做。

不过，我却并没有感觉到，野蛮人的自发性和孤独性比我的社会联系和社会责任感（及其造成的忧虑）来得更自然。在这一点上，我非常认同儒家思想，因而不可能这么想。没错，社会及其顽固的附属物——自尊——会威胁甚至破坏我们对真我的感受，可是，没有了人生中的别人——家人、朋友、学生、同事、健身伙伴、市民们——我一定备受内心折磨。我那亚里士多德式的倾向十分强劲。

奥古斯丁对时间意识的分析，在我眼中是无与伦比的。

在解释那流经我们的肉体和心灵——很多时候也使之支离破碎——的不安的能量时，它襄助莫大。未来尚不存在，过去已然消逝，而现在，这“存在”唯一可能存在的时间范围，只不过是一个无法量度的、看不见的关口。可是，这始终不存在的现在，的的确确在向我高喊，诚如奥古斯丁所言；而我也向往着它。我渴望着别处。正因如此，他关于转变——从生成转向存在——的论证，实在叫人喝彩。可是，当他宣布“我们的心灵永远不安，直至安于你”，当他劝诫我们，只有在祷告中才能得拯救，只有与爱我们的神建立爱的联系才能被救赎，我们便分道扬镳了。

用电脑时，我很开心；医生治好了我，或者我爱的人，我很感激。为此，我必须感谢笛卡尔，这位高科技的伟大预言者之一。但我与他不同，我怀疑我们对科技进步无止境的自信和热情（很多时候是无心的）很可能产生灾难性的后果。

是的，这本书里，我决不是中立的。不过，我仍然肯定本书所列出的阅读书目。前面几章中简述的那些伟大著作，它们的分歧或许很大，然整体而言，就像一个顶级的教师团队。而我们身为读者的任务，便是做好他们的学生。这意味着，我们须仔细聆听他们，允许他们挑战我们。我们必须阅读他们，然后反复重读。不过，我们也必须保持批判性，不仅要肯定他们的积极方面，也要扬弃消极的东西。然后，我们也须反其道而行之，用与我们相左的观点，再次挑战我们自己。因此，虽然我现在拥护的是柏拉图和亚里士多德，但我也期待着再次遇到像卢梭、康德、笛卡尔、穆勒、奥古斯丁、尼采、老子这样的对手。哲学需要摩擦，我也欢迎竞争。我希望你和我一样。